U0076929

幼兒教育課程模式

（第四版）

簡楚瑛　著

作者簡介

簡楚瑛

【學歷】

國立政治大學教育研究所博士

【經歷】

國立新竹師範學院幼兒教育學系教授
國立政治大學幼兒教育研究所教授
香港教育學院幼兒教育學系教授
上海華東師範大學幼兒教育學系客座教授
南京師範大學陳鶴琴講座教授
美國洛杉磯加州大學（UCLA）、美國哈佛大學（Harvard）、加拿
大卑詩大學（UBC）教育學院訪問學者

【著作】

簡楚瑛（1988）。幼兒・親職・教育。臺北市：文景。
簡楚瑛（1994）。方案課程之理論與實務：兼談義大利瑞吉歐學前
教育系統。臺北市：文景。
簡楚瑛（1996）。幼稚園班級經營。臺北市：文景。
簡楚瑛（2001）。方案教學之理論與實務。臺北市：文景。（簡體
字版由華東師範大學出版社於 2005 年出版）
簡楚瑛（2004）。幼兒教育與保育之行政與政策（歐美澳篇）。臺
北市：心理。（簡體字版由華東師範大學出版社於 2005 年出版）

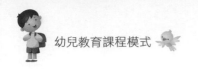

簡楚瑛（2009）。課程發展理論與實務。臺北市：心理。（簡體字版由北京教科所出版社於 2009 年出版）

簡楚瑛（2016）。幼兒教育課程模式（第四版）。新北市：心理。

簡楚瑛（2019）。幼兒園課程發展：理論與實務（第二版）。新北市：心理。

簡楚瑛（編審），簡楚瑛、陳淑娟、黃玉如、張雁玲、吳麗雲（譯）（2009）。幼兒語文教材教法（原作者：J. M. Machado）。臺北市：心理。

簡楚瑛、黃潔薇（編著）（2018）。「生活學習套」（第三版）：幼兒班、低班、高班學生用書暨教學資源手冊（各 1～10 冊）。香港：教育出版社。

簡楚瑛、歐陽遠（編著）（2018）。「生活素養資源套」：托兒班、小班、中班、大班學生用書（計 38 冊）暨教學資源手冊（計 8 冊）。北京市：現代出版社。

簡楚瑛、歐陽遠（編著）（2019）。「STEAM+小實驗大發現」：小班、中班、大班學生用書（計 24 冊）暨教學資源手冊（計 8 冊）。北京市：現代出版社。

第四版序

驀然回首，還清晰的看見近二十年前的自己，坐在桌前、看著窗邊的雪景、思考著課程以及課程模式相關問題時的情景。當時我比較關心的問題，好像是各種模式的實質內涵以及它們之間的差別。經過近二十年的歲月，我以其中幾個模式做過學術性研究，也嘗試經歷過其中幾個模式的實務教學，我慢慢地體會到課程模式的價值性，也慢慢地看到其實在都稱之為課程模式之際，其中還是有課程本身以外的差別。以前，我看到的比較是模式之間課程內容的差別；現今，我深刻體驗到課程內容背後之信念以及追求之目標對教育結果的影響力，也看到多元的信念在幼教課程與教學裡百花爭妍的美麗與魅力。

事隔近十年的時光，再看第三版的課程模式一書時，覺得好像房子有些陳舊的感覺，需要修整一下，做些改變，這代表思緒上的確是有些許變化了。第四版增修的三個重點如下：

一是，增加了一些課程模式，有的未必完全符合本書對課程模式的定義，但因為它們是正在發展中的模式，值得肯定並支持後續發展為更成熟的模式，例如：安吉遊戲教育、金字塔課程模式。

二是，將課程模式在概念上分成兩類：一類是課程本身的模式，如第二篇裡的模式；另一類則是有配套支援系統的課程模式，如第三篇裡的模式。個人主觀上覺得第二篇裡的模式之生命可能容易消逝而去，第三篇裡的模式之生命可能容易延續傳承。其主要原因是個人覺得，一套

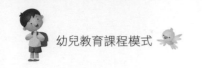

好的課程需要透過教師去運用出來,此時,教師專業素養就會影響課程實施的效果。因此,教師素質需要透過系統化、品管化的職前與在職進修制度去維護與提升該課程模式原有的系統,課程模式才能傳承下去;同時,行政上的領導與管理也是促成良好課程延續的重要因素之一。

三是,強調教師在教學與課程裡的重要角色外顯化,以及連絡與強調教師是課程模式精神傳遞的關鍵人物。

在此感謝在我的幼教行旅中,成就我、協助我的師長、同學、學生、朋友與家人;也感謝心理出版社林敬堯總編輯與本書的責任編輯,費心地協助本書的修改與出版。

另外,亦感謝沙迪亞賽祥笛幼兒園鄧美雲老師接受訪談並提供相關資訊(第七章);感謝 Jef J. van Kuyk 博士提供資料(第八章);感謝台北蒙特梭利幼兒園創辦人胡蘭女士多年來提供研究場域,供筆者進行相關的研究工作(第九、十五章);感謝程學琴老師提供資料(第十三章);感謝 World Organization for Early Childhood Education(OMEP)現任的世界主席孔美琪博士提供資料(第十四章);感謝國立臺灣大學附設幼兒園園長戴曼女士與老師們提供研究場域,供筆者進行相關的研究工作(第十五、十六、十七章)。

筆者才疏學淺,雖盡心寫作,但難免會有疏漏、錯誤不足之處,敬請讀者能不吝指正,讓我有修改之機會。

簡楚瑛　謹誌

2016 年 9 月

目次

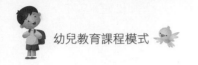

Part 1

導論

　　在談課程模式之前，本篇先就課程模式涉及到的課程與教學間之關係、所關心之問題——「什麼時候」以「什麼方法」「教些什麼給孩子」、定義、要素、幼教課程模式發展史，以及本書介紹之幼教課程模式的比較等，先做一個導論式的陳述。

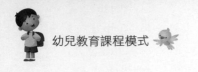

第 一 章

課程與教學的基本問題

第一節　課程與教學的關係

關於課程與教學的關係，最為簡化的說法，就是「課程」（curriculum）是指「該教什麼」，而「教學」（instruction）則是指「如何去教」（Oliva, 2005; Parkay & Hass, 2000; Sowell, 2000）。仔細地說，Oliva（2005）認為課程是教育的方案、計畫、內容，以及學習經驗，而教學則是教育的方法、教學活動，以及課程的實踐與呈現；課程的決策講求計畫性，教學的決策講求方法論；課程計畫先於教學，在計畫過程中，既為課程也為教學而做決定。Johnson（1967）則定義課程為具結構性的預期之學習成果，而定義教學為教學者與一個或多個學習者之間的互動。MacDonald與Leeper（1965）將課程視為是為了進一步行動所做的計畫，而教學則是將計畫付諸實踐。

課程是教學的藍圖，教學是課程的實踐，課程與教學都包含在學校或教育系統之下，兩者的目的都是使學生學習與成長。為了達成教育目的與目標，課程與教學缺一不可，兩者之間的關係非常密切。Oliva（2005）提出以下四種模式來說明課程與教學間的關係。

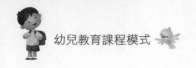

壹、二元模式

　　該模式將課程計畫與教學實務區分開來，認為課程是課程計畫者所做的事情，而教學則是教師的行為，因此課程與教學各自獨立、互不影響（如圖 1-1 所示），例如：出版社設計課程、出版教科書，教師使用教科書教學，教師沒有參與課程計畫的過程，而教師的教學，也不影響出版社之課程設計。這就是課程與教學各自獨立的二元模式。

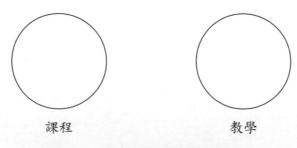

課程　　　　　　　　　　　　　教學

圖 1-1　課程與教學關係圖之一

資料來源：Oliva, P. F. (2005). *Developing the curriculum* (6th ed.) (p. 8).
Boston, MA: Allyn & Bacon.

貳、連鎖模式

　　該模式將課程與教學視為一個整體，互為連鎖、彼此不可分離（如圖 1-2 所示），例如：全語文的課程與教學取向之教室環境，皆布置成具有豐富、自然的語文資源之情境，如在教室中貼出每日菜單的海報，以文字書寫，教師則依照海報內容一一介紹餐點；在此情境中，菜單是教材、是課程的一部分，同時也是教師教學活動的一部分。

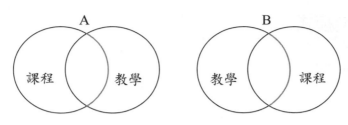

圖 1-2　課程與教學關係圖之二

資料來源：Oliva, P. F. (2005). *Developing the curriculum* (6th ed.) (p. 8).
Boston, MA: Allyn & Bacon.

參、同心圓模式

　　在此模式中，課程與教學同屬教育系統之下的系統，且兩者是層級關係，一個包含另外一個，如圖 1-3 的 A 與 B 所示。A 表示課程的層級在教學之上，也就是說教學完全依循課程來決定；B 則表示教學的層級在課程之上，教學是主角，而課程是教學的衍生物。A 顯示的是，教師的教學範圍均在設計好的課程範疇內；而 B 顯示的是，教師是已設計好之課程的詮釋者，教學內容會因個人化之經驗與專業能力，而將設計好之課程以舉一反三之方式或是個人詮釋的原因，使得教學範圍大於課程的範圍。

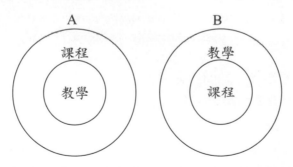

圖 1-3　課程與教學關係圖之三

資料來源：Oliva, P. F. (2005). *Developing the curriculum* (6th ed.) (p. 9).
Boston, MA: Allyn & Bacon.

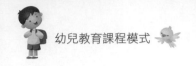

肆、循環模式

　　此模式將課程與教學包含在一個循環系統之中，重視課程與教學之間互相回饋的機制。課程與教學兩者的實體雖然分開，但是兩者之間卻有持續不斷的循環關係——課程決定先訂定之後，教學決定才隨之而生，在教學決定付諸實踐與評鑑之後，又回過頭來影響課程決定（如圖 1-4 所示），例如：建構式的課程與教學之間，就存在著循環的關係；建構式的課程是教師依照教育目標所做的規劃，而後於教學中實踐，在教學過程中，學生與教師共同建構新的想法與概念，再用於發展後續的課程，因此課程和教學的關係持續循環、互相影響，並視為一個整體，都包含在教育系統之下。

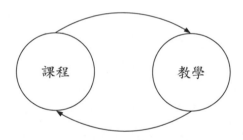

圖 1-4　課程與教學關係圖之四

資料來源：Oliva, P. F. (2005). *Developing the curriculum* (6th ed.) (p. 10).
Boston, MA: Allyn & Bacon.

　　隨著教育的演變、時間的遷移、教育新知的發展，以及新觀念的產生，使得課程與教學的觀念、定義以及兩者間的關係也隨之改變。上述的模式沒有「對」和「錯」的分別，而是從不同角度、不同情境下所呈現的課程與教學間的關係之分析。總體而言，不會有人反對下述的課程與教學間之關係的描述（Oliva, 2005）：

　　1. 課程與教學是互相有關聯，但卻是彼此不同的兩個東西。
　　2. 課程與教學是兩個既互相牽扯卻又互相獨立的東西。
　　3. 課程與教學可以分開來研究與分析，但無法獨立地發揮其功能。

第二節　課程與教學關切的問題

　　基本上，課程設計所關心的應是在「什麼時候」以「什麼方法」「教些什麼給孩子」。課程模式即是針對「何時教？」、「如何教？」，以及「教些什麼給孩子？」提出的一套具體作法與理論依據。下面即針對「教什麼？」、「何時教？」及「如何教？」，三個方向來看幼教課程模式所關切問題的文獻。由於一個理論基礎影響到實務層面是全面性的，因此在談到上述三個問題時，會有資料重複應用與解釋的現象，或是探討內容歸類時難以絕然分割的情形，在此先做說明。

壹、教什麼的問題

　　自古以來，「何謂真理？」、「何謂知識？」，以及其「起源處何在？」一直是哲學家思考的主題。由於對「知識」有不同看法，就使得教學時應教什麼以及如何教的問題產生了一些分歧的走向。什麼才是知識？基本上有以下三個觀點（Case, 1996）。

一、經驗主義的觀點

　　英國的 J. Locke、愛爾蘭的 G. Berkeley 和英國的 D. Hume 是經驗主義的代表者，他們認為知識是由後天的經驗所產生的，透過個體感官的經驗形成個體的知識。實證主義知識論的觀點引申到心理學派的觀點時，對「學習」的看法是：能分辨新的刺激之過程（知覺學習）、能偵測刺激連結的過程（認知學習），以及將新的知識應用到別的情境之過程（遷移學習）。20 世紀前半世紀的學習理論即被此派觀點所主掌著，J. Watson、E. Thorndike 和 C. Hull 為主要代表人物，其根據經驗主義對知識源起之觀點，產生了心理學上的行為學派。行為學派理論用在課程與教學領域時，編序教學法（programmed instruction）（Skinner, 1954）為最有名的代表，本書之直接教學課程模式即屬持此觀點的模式。持經驗主義觀點所設計之課程與教學的特性有四：

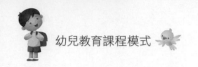

1. 知識的主要來源是經驗，知識是透過對外的認知所形成的，因此認為知識是客觀性的存在。
2. 課程目標係以行為分析方式陳述，且以學業目標為主。
3. 學習成果係以結構式測量方式評量。
4. 從學習起始點到終點，整個學習步驟的秩序均以直接的、講授的、邏輯的方式呈現。

二、理性主義的觀點

R. Descartes 和 I. Kant 是理性主義的代表，他們認為知識是客觀地、永恆地存在個體之外的，理性是自存，是先天即存在個體之內。學習是由內而外的，並非由外而內的。教育的目的是在啟發理性而不在於經驗的充實。持此觀點的學者主張：兒童與生俱來即有不同的結構，這些結構會依年齡的變化而依序地發展，Piaget 為此派之創始者與代表人物。本書中的河濱街、卡蜜—迪汛思、金字塔、蒙特梭利，以及高瞻等課程模式，都可歸屬此類觀點。持理性主義觀點所設計之課程與教學的特性是：

1. 知識來源是靠理性作用形成，人有先天理性可以發現真理，真理是普遍、永恆性的存在。
2. 課程以啟發理性為主要目標，因此所提供之學習內容以事物法則、原理、系統觀念等永恆不變、普遍性知識為重點。
3. 學習方法上強調啟發式教學方式，屬於學生中心與教師中心教學法之折衷。

三、社會歷史理論的觀點

G. W. F. Hegel 和 K. Marx 等人認為，知識不是起源於客觀的實體世界，如實證主義者所主張的；也不是起源於主觀的認知世界，如理性主義所主張的；更不是如 Piaget 所說的來自於個體與客觀世界的互動過程。社會歷史學派主張：知識來自於社會和文化歷史，個體屬於社會、文化歷史之承繼者，同時也是社會和文化歷史的創造者。

社會歷史理論的觀點引申到心理學的觀點時，即為社會、文化心理學派的重心，Vygotsky 為主要代表人物。他們認為知識乃經由個體與社會、文化、歷史的互動過程所產生的，並特別強調社會性互動和社會文化脈絡在

建構知識中的重要性。持社會、歷史、文化觀點所設計之課程與教學的特性是：

1. 知識的來源是個體與社會互動後所產生的，「何謂真理？」、「何謂知識？」，要視該文化情境脈絡中的詮釋。

2. 課程目標在引導學生進入所處之社會、文化、歷史的知識思想體系，進而培養其思考的自由（Stenhouse, 1975）。

3. 學習方法強調同儕互動、師生互動以及與環境、情境間的互動；重視合作學習方式和情境學習；支持「學徒制」或「合法的表面參與」，即先讓生手象徵性的參與社會實務，直到其到達精熟之後，才得以擔當全部的角色責任。

4. 就課程評量而言，重視學生的學習過程。

　　從知識論的觀點來看幼教課程模式時，可以發現基本上，本書中的幾個模式多未從知識論的觀點來看應該教什麼給孩子的問題，但由於哲學為一切學科之母，因此當哲學影響到心理學領域，而心理學又影響到幼教課程模式主要（或唯一）的學科之際，追溯各模式對知識的看法時，是用推論的方式來予以歸納的。就直接教學課程模式而言，影響課程內容的因素主要是實證心理學，強調環境的重要性；人類價值教育課程模式和華德福課程模式受哲學與人智學影響外，其餘的課程模式深受發展心理學、認知及生理心理學的影響，強調學習者本身所具備的生理基礎、認知結構與發展順序，以及與外界互動後對本身認知結構上的影響。

　　對於文化、社會、歷史對個人知識之起源的影響力，只有金字塔課程模式與瑞吉歐課程模式直接提及。Spodek（1988）曾提到自 1800 年末期以來，幼教課程的發展多數是以兒童發展心理學為其理論之基石。以兒童發展心理學為課程理論或課程發展基石本不是問題，問題出在以它為課程發展之唯一基礎，這樣會使得課程內涵窄化與脫離學生之生活情境。同時，發展心理學告訴我們的是「實然」的資訊，即孩子在不同時期會有什麼發展狀況；而無法告訴我們「應然」的方向，即應該培養什麼樣的孩子？應提供什麼樣的知識才能培育出所預期的孩子？這部分即牽扯到哲學、社會學和倫理學領域的探討。另外，認知與發展心理學近些年來的研究新發現在各模式中較少看到有所著墨之處。

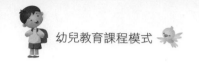

　　課程模式本身意謂著課程是可以事先予以概念化，然後傳遞給不同地方的教師，教師即可以一致性地施行在不同學生身上。在運用這樣的想法與作法時，要注意社會、文化、歷史與個體發展間不可分的關係，換言之，即使主張教育目的是在培養兒童的獨立自主性，強調是以兒童為中心的課程模式，在理論上強調知識是兒童內在心智建構的結果，是比持經驗主義觀點者更以兒童為中心，但從情境脈絡角度來看時，可以看出在談知識建構時，其將焦點放在個體上，強調知識是由內建構形成的時候，筆者還是要問其道德價值觀、情感走向等問題，自我是如何建構出來的？誠如Bruner（1990, p. 85）和蔡敏玲（1998，第 90 頁）所懷疑的：「有那麼一個超越文化的、本質上的自我，由人的普全性質所界定的自我嗎？」從教學實務例子來看，亦可看出對於知識論起源忽略社會、文化、歷史觀點時，所帶來的潛在危險性，例如：當一位教師對知識的定義、起源有固定的觀點，在使用與自己理念不同的課程模式時，他所表現的教學行為絕大部分還是依自己原有之信念（Kagan & Smith, 1988; O'Brien, 1993; Spidell, 1988）。這就可以說明為什麼有時候到標榜是某種課程模式的幼兒園參訪時，會發現不同的教師在執行該課程模式時，符合其精神之程度會有所不同。依此類推到兒童身上，無論在思考應教些什麼、如何教以及何時教給他們時，亦不能忽略兒童所生活、成長的文化、社會、歷史背景。這種背景範圍可以小自父母的文化價值觀，擴大至其生活的社區、學校、城市、國家的文化價值觀，甚至該時代的文化背景。筆者認為，唯有將個體知識建構過程放到社會文化體系之互動系統上來對照時，才能稱為「以兒童為中心」的課程與教學。

　　歸納前面探討「應該教什麼？」的文獻後，筆者認為在發展課程、做課程決策及實務教學時，除了以心理學做參考外，應包括社會學、哲學、人類學和課程研究等相關領域的知識，不斷地建構自己的課程內容與教學方法。

貳、何時教的問題

　　在思考何時可以介入教學時，有兩個基本的問題浮現出來，即關鍵期和準備度的問題。

一、對「關鍵期」觀念的檢視

　　自從下列兩個現象發表後，關鍵期的觀念即成為幼教界用來支持幼教重要性的理由之一，加上 Bloom（1964）以及 Hunt（1961）的著作，更增強了兒童最初五年關鍵期可以做為未來智力發展的指標之觀念：

　　Lorenz 發現動物的銘印現象（即指個體出生後不久的一種本能性之特殊學習方式）。銘印式的學習通常是在極短的時間內完成，且習得的行為持久存在、不易消失（張春興，1991）。Wiesel 與 Hubel（1965）探討剝奪對貓的視覺刺激對貓視覺系統發展的影響。方法是自貓出生開始即將一眼矇住，不予視覺刺激，結果發現將矇住的眼睛打開後，另一隻未矇過的眼睛中只有85%的貓能對刺激有所反應；而有15%的貓，其兩眼都無法對刺激有所反應。這些研究強調關鍵期的重要性，而關鍵期的觀念即成為幼教界用來強調幼教重要性的依據之一，好像過了關鍵期，孩子的學習就無法補救了。後來有研究，如 Chow 與 Stewart（1972）即針對貓視覺刺激被剝奪對視神經系統的長期影響做追蹤性研究，結果發現視覺被剝奪的貓之視覺系統會逐漸建立其應有的功能，同時經過訓練後，視覺被剝奪的貓可以在 Wiesel 與 Hubel 所說的關鍵期之後恢復功能。

　　Bruner（1997, pp. 8-9）指出，至目前為止，神經科學的研究提示我們，關鍵期指的不是過了這個關鍵期的時期，學習就無效了、關閉了，而應該說關鍵時期指的是腦部在彈性上的轉變，亦即腦部被重塑、改變之能力的轉變，而這種腦部彈性能力轉變的發生是終生都存在的（Greenough, Black, & Wallace, 1987）。腦部能力的彈性不是在某特殊環境下之特殊經驗才培養的，而是在正常環境下即已提供了許多有助於腦部發展的刺激與途徑。換言之，如果認為早期是兒童學習之關鍵期的看法是指過了關鍵期時刻，兒童就無法學習的觀念而言，現在應該是已被終身學習的觀念所取代了。關鍵期對課程發展之提示為：由於幼兒腦部改變與塑造彈性上之特殊性，就應在教學方法上探討可以如何去教導才能讓幼兒這種彈性的特性充分發揮功能，而不是只一昧地強調在「年齡」上的關鍵期。

　　對於教師而言，關鍵期的重要點應該在對兒童感官問題的認定與處理（如白內障、視覺失衡、慢性內耳炎），因為這些問題沒處理好時，其影響的確是長期的、甚至是永久的。

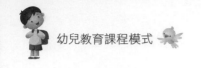

二、「準備度」的問題

從多元智能理論和後 Piaget 學派的觀點來看，個人的能力可能會隨著不同的領域而有所不同，例如：兒童在某些他們熟知領域中是能夠表現出如成人般的推理模式。每個兒童由於先天資質上的差異和後天成長環境上的影響，使得教師碰到「何時應教給兒童什麼東西最恰當」的問題時，所要考慮之「個別差異性」情況就顯得更複雜，且更需具專業知能去做判斷與選擇。「準備度」的定義也就在需要注意兒童的個別差異性之認知上思考，不應只是從年齡或學前準備度的角度去思考。

根據研究顯示（Bauer & Mandler, 1989; Meltzoff & Moore, 1983; Pinker, 1990; Wellman & Gelman, 1992），幼兒的認知能力遠超過成人所預期，同時對於幼兒知識產生的起源有新的詮釋（Carey & Spelke, 1994; Gopnik & Wellman, 1944），例如：Fodor（1983）提倡之特定領域知識（domain-specific knowledge）和類理論知識（theory-theory, theory-like or theory-based knowledge）。Fodor 認為，不同的知識領域內有其領域內的解釋原則，知識的取得即受限於個體已有的結構或傾向，不同領域而有不同的限制（constraints）。知識的取得深受已習得之特定領域知識所影響，推衍該理論至學習中，即學習者不論其年齡大小，只要在某種特定領域內的既有知識相同，那麼幼兒與成人都可以相同的運思結構來解決問題。類理論知識提倡者認為，幼兒自出生即已具備了類似理論性的知識，稱之為「樸素理論」（naive theories 或稱為 framework theories）（Wellman & Gelman, 1992），幼兒即根據自己已具備的知識去思考所面臨到的問題，在不斷地嘗試與修正過程中逐漸形成與成人相似的理論，稱之為「特定理論」（specific theories 或稱為 explicit theories）。認知心理學中的特定領域與類理論之觀點對「準備度」概念之提示至少有以下兩點（Watson, 1996, p. 166）：

1. 所謂學習的準備度應是兒童認知傾向（cognitive dispositions）與教學內容之形式間的配搭。
2. 在不同的領域內會有不同程度的準備度，因此各知識領域之準備度的發展時程會因人、因知識領域之不同而不同。

歸納上述知識理論與提示，筆者贊同 Watson（1996, p. 166）所說的：
準備度的問題不僅是「何時教」的問題，同時要考慮的是「如何教」以及
「教什麼」的問題。

參、如何教的問題

　　Piaget 和 Vygotsky 二人在知識建構論的觀點有其差異性和共同性的存
在，就與教、學有關的部分來看，二人的理論都強調知識的產生在於個體
與環境的互動；個體是主動的學習者。兩者間最大的不同點在 Vygotsky 強
調文化在學習中所扮演的角色。

　　社會文化學派認為每一個社會都有其表徵系統，該系統將社會中的文
化呈現出來，這個表徵系統所蘊含的意義是社會成員所共同建構、塑造、
承繼、創新而成的。因此對於「如何教」的問題之啟示至少有以下兩點
（Salomon & Perkins, 1998）：

　　1. 教學角色的主動性：根據 Vygotsky 之鷹架理論（scaffold），兒童的
　　　學習是在「他人」提供幼兒最佳學習區內所需之指導、示範、鼓
　　　勵、回饋下，所進行之解決問題形式中建構與內化知識的過程。此
　　　時，他人（包括同學、教師、父母、其他成人等）的角色就需是主
　　　動性地，例如：頻繁地互動、立即地回饋、因人因情境之不同而給
　　　予不同的指導。與其提供事先準備好的資訊直接教導、糾正錯誤等
　　　方法，不如透過解釋、建議、自省等方式去誘導出學生的反應。

　　2. 學習是建構知識的過程而不是傳遞知識的過程：社會文化學派主張
　　　知識是靠個體與社會、文化互動所產生的成品，因此它深具情境脈
　　　絡性與變動性。教學方法就要注意教學情境（包括社會、學校、班
　　　級的情境）的意義、內涵與重要性。

　　從教學角色之主動性觀點來看，本書所提及之課程模式都強調教師的
角色，不同點在於：教師角色的主、被動性；直接或間接介入以及介入程
度多少的問題。在實踐層面上，教師主動性的程度應該如何？何時教師應
主動介入學生的學習，何時不應介入？何時介入可稱之為引導，而何時介
入則稱為干擾學生的學習？介入時應如何介入？如何判斷介入的導向？這
些問題都是課程模式未必交代，但在教學上必定會碰到的問題。當一位教

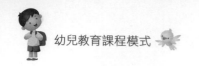

師面臨到「如何教」的問題，若他（她）服膺（或標榜）某一種課程模式時，就需回溯到該模式之理論基礎去思考答案；若某位教師並不認為課程該以模式方式運作，而是強調配合師生、情境等因素而自行設計課程時，就需思考自己的教育觀、兒童觀和教學觀，在追溯與建立自己的課程理論基礎之過程中，思考「如何教」的問題。

第 二 章

課程模式的定義與要素

第一節　課程模式的定義

Zais（1976）指出，課程模式可謂是以簡要的、概念的、總結及綜合性的方式對一套課程的表達和說明，包括：課程目的、內容、教學方法、評量、師生關係等要素，以及各要素間之關係。一個課程模式，就是代表某種課程理論以及根據該理論進行的某種課程發展與構想。

Evans（1982, p. 107）指出，課程模式是教育計畫中之基本哲學、行政與教育成分之概念性的表徵，它包含了內部一致性的理論前提、行政政策和教學秩序，以達到所預期的教育成果。這種概念性的模式可以做為教育決策時的基礎。當決策轉換成行動時，就稱為模式的應用。

本書將課程模式分成兩類：一類課程模式（如第二篇裡的各模式）產生的影響力或重點在課程本身；另外一類課程模式（如第三篇裡的各模式）是除了課程本身外，還有系統性的元素，例如：師訓系統、地方行政系統的搭配，使得該課程模式得以有更久及更遠的傳承軌跡。

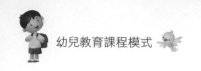

第二節 課程模式的要素

從課程模式的定義來看，每一種課程模式都應有其理論上的基礎以及課程本身所包含的要素。

壹、理論基礎

課程模式的理論基礎基本上應包括心理學、哲學、社會學和知識論之觀點，但過去幼教課程模式的教育目的實際上深受心理學和哲學觀點所影響，其中包括了基於兒童發展與學習的假設而設立之教育目的。

貳、課程要素

一、教育目的

各幼教課程模式雖受其哲學思想所影響而有不同的教育目的，但歸納來看，可以分成兩個顯著不同的傾向：一是傾向於社會化的目的；二是傾向於學業性的目的。另一種分法是：為未來學習與未來生活做準備（這種目的之課程模式是偏於由上而下的課程設計），以及豐富化學生的經驗（這種目的之課程模式是偏於由下而上的課程設計）兩種目的。

二、課程內容

課程內容通常是與教育目的息息相關的，其內容之彈性程度可以分成三種基本類型：一是事先設計好，且不能改變的，為固定式的內容；第二種類型是由學生決定學習的內容，因此沒有固定式的學習內容；第三類形式是教師提供一個學習的範圍，在這範圍內，學生有選擇與決定的機會。

課程內容除了可以從彈性程度來劃分外，也可以從另外兩個角度來區分：一是認知傾向或社會情緒傾向之內容；二是傾向於讀、寫、算技巧能力或是傾向於認知技巧的培養（如探索、歸納、問題解決策略等技巧）。

課程內容要談的是「要教學生什麼？」和「如何安排要教給學生的東西？」，前者牽涉到的是「課程範圍」上的問題，而後者指的是課程的「組織原則」。

　　範圍是指內容的廣度或多樣性。有的模式所包含之內容範圍可能很廣，例如：美學（繪畫、音樂、舞蹈、戲劇等）、認知技巧（分類、序列、推理等）、基本概念（時間、空間、數字等）、學業（讀、寫、算）、社會—情緒技能（自我控制、成就動機）都包括在內；有的模式可能只強調其中幾項技能。

　　組織原則主要是指課程內容縱貫上之「繼續性」與「程序性」（指哪些學習內容在前、哪些在後）的安排和橫向上的「統整性」（指不同學習內容間之互相聯繫與統整之安排）。

三、教學方法

　　一般教學方法有講述法、討論法、實驗法、角色扮演等。若從師生關係來看時，教師的角色可以從唯一主角的主導性到輔導者不同介入的程度，而形成不同的介入方式；也可以從大團體教學、小組教學和個別教學方式來看各模式的主要教學方法。

四、評量

　　評量基本上是依據教學目標，透過測驗、量表、晤談和（或）觀察等方法與技術，蒐集到量化和（或）質性的資料，採取觀察觀點，對學生之學習結果做價值判斷的歷程。

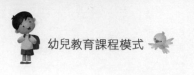

第 三 章

幼教課程模式導論

第一節 美國幼教課程模式發展簡史

　　雖然本書介紹的幼教課程模式跨越全球性，但限於筆者語文能力的關係，本章介紹的幼教課程模式發展簡史是以美國為主。

　　美國在 1950 年代晚期前，具系統性的幼教課程之多樣性是有限的，最早具體且有系統提出幼教課程內涵的是 1837 年在德國創設幼兒園的福祿貝爾（F. W. A. Frobel）。到了 20 世紀初，一些美國幼教學者（如 S. Blow 與 E. Peabody）（Weber, 1969）開始對福祿貝爾的幼教理念、哲學觀、教具和教學內容提出質疑的看法，批評福祿貝爾的課程太結構化、太僵化以及不夠科學化。後來，進步主義者（如 P. S. Hill、J. Dewey 與 E. Thorndike）的加入，使得幼教課程在 1960 年代前深受進步主義所影響。到了 1960 年代時，由於早期介入方案的出現，例如：「提早開始方案」（Head Start Project）和「繼續方案」（Follow Through Project），以及聯邦政府研究經費的支援，促使不同課程模式的產生與發展。因此，幼教的發展與早期介入方案是息息相關的。在美國歷史上，對幼教感興趣的高點是在 1960 年代和 1990年代，間接地也就帶動對課程模式之探討的興趣（Goffin, 1994, pp. 26-28），以下即針對美國幼教課程模式的產生與發展之背景因素與發展軌跡加以追溯。

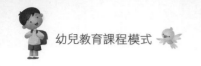

在 1965 年「提早開始方案」出現之前，美國的幼兒教育大致分成三個分支：幼兒園（專收 5 歲大的幼兒）、托兒所（Day Nursery，現稱 Day Care，有的收比 2 歲還小的幼兒），以及 3~4 歲幼兒園（Nursery School，專收 3~4 歲大的幼兒）。

美國自 18 世紀末起即有托兒所的存在，是整天的形式，專門提供給母親在外工作之家庭托育的服務。因此，其主要的服務對象是低收入的家庭，服務重點是屬於社會工作的性質，而非專業教育之性質。

Nursery School 盛行於 1920 年代初期，是半天性質的方案，其服務對象是以有錢家庭為主，服務重點是在提供家長養育子女的建議和豐富化幼兒社會—情緒層面的生活，而不是為了減輕職業婦女的壓力，或是協助文化不利或被忽視的幼兒。

5 歲幼兒園被視為是幼兒第一次經驗到的正式教育之第一步，雖然多數公立學校不提供幼兒園的服務，但它常被視為是公立學校教育向前紮根的一個延伸。在 1920 年代到 1960 年代「提早開始方案」出現之前，幼兒園深受「智力不受環境影響」的信念所影響，使得當時幼兒園的目標傾向於培養幼兒積極的社會—情緒之發展。

從歷史上來看，在 1960 年代以前，上述三支系統是分別獨立且服務不同的族群，雖然課程的重心都在培養幼兒社會與情緒的發展，但還是有強調從保育到豐富化幼兒上學前之準備度的不同程度。

Hunt（1961）以及 Bloom（1964）的研究指出：人類智力是會受環境影響而改變的。這樣的主張深受大眾所歡迎與接受，政治人物即以此為政治訴求；發展心理學家並開始探討學前教育對幼兒長期與短期的影響力。原本 1965 年「提早開始方案」和「繼續方案」等幼教方案的出現是基於以下兩個主要的前提：(1)出生前五年是幼兒發展的關鍵時期；(2)早期的經驗可用來預測學生的未來能力。幼兒提早介入方案的出現，最初的假設是貧窮家庭中的孩子由於家庭環境的因素，無法提供足夠的刺激，導致他們產生文化不利的學習背景。因此，若能提供早期介入，即可幫助幼兒追上中等家庭背景出生幼兒之常模，此有助於幼兒未來正式學校的學習，也有助於打破貧窮家庭循環於文化不利環境下之困境。所以早期介入方案的目的是屬於「補償教育」（Compensatory Education）。1957 年，蘇俄發射第一枚衛星的消息震驚全美朝野，課程的改革與對幼教的重視應運而生。由此可

見，在 1960 年代，幼教得以蓬勃發展、幼教方案得以不斷有新的設計出來，實在是學術界、政治界和社會上共同關切的影響下所形成之局勢。

　　自 1965 年「提早開始方案」開始後，幼兒園、托兒所、3～4 歲幼兒園開始合併，其服務對象、服務重點不再像以往一樣的壁壘分明。心理學家認為，傳統上幼教領域所提供的課程──強調社會和情緒的發展，對低社經背景家庭的孩子幫助不大，加上心理學家強調智力的可鍛鍊性，因此他們主張幼教課程應強調認知和學業上的協助或豐富化。各種不同類型的提早介入之課程型態（programs），由於其所立基的學習與發展心理學的觀點不同，以及對於教育目標的認定不同，導致 1960 年代不同課程模式的出現。

　　聯邦政府欲了解未來幼教政策之走向，因此提供經費給研究人員，企圖找出哪一種課程對孩子最有益處。這種期望是美國人相信可以透過科學來改造社會之信念所影響，這種發展和幼教課程模式間之比較的顛峰情形大約維持了十年左右。自 1970 年代末期到 1980 年代初期，有關幼教方案效果的研究指出：幼教效果到了小學後就逐漸地消失了。這種研究結果產生後，研究者對探討哪一種課程模式最有影響的興趣降低了，取而代之的是探討到底幼教課程是否真的有助於文化不利孩子未來的發展。由於欠缺顯著差異效果的說明，加上聯邦政府對相關議題支持度的降低、大樣本比較設計與實施上的困難等因素的影響，使得研究方向轉到全日托兒影響方面的研究。由於當時婦女加入工作行列的人數眾多，將幼兒放入托兒所的情形愈來愈多，因此成為另一研究重點，此時的研究重點在了解托兒對幼兒之發展，尤其是情緒方面的發展，是否有害（Adcok et al., 1980; Applegate, 1986; Donofrio, 1989）。

　　雖然普遍來說，研究者對幼教課程模式的興趣轉移了，但還是有一些研究人員繼續做長期的追蹤研究（Copple et al., 1987; Howard, 1986; Lazar & Darlington, 1982; Lee et al., 1989; Schweinhert & Weikart, 1980; Weikart, 1989），同時也對不同課程模式所產生之不同效果的分析，以及幼教在教育改革中所扮演的角色等議題感興趣（Pinkett, 1985; Stallings, 1987）。這些因素互動的結果，使得幼教課程模式於 1990 年代再次受到重視。

　　1990 年代對課程模式探討之焦點不再是尋找哪一個模式最好、最有用，而是幼教課程應如何去設計，以因應不同特質孩子的需要與能力，以

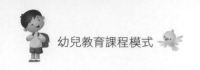

協助他們發揮最大的學習潛能。接著,第三波的研究趨勢是幼教課程與家庭環境互動的影響力,亦即每個幼兒自家庭環境中帶了很多家庭文化特質到學校,再參與學校活動,這兩種文化的互動對幼兒的影響是什麼(Goffin, 1994, pp. 27-28)。這種研究趨向即在否定了「有一個理想模式,適用於任何環境下,任何一位小孩身上,且是最有效果的模式」之概念。

　　雖然在 1990 年代幼教再次被重視,但其關心的焦點和基礎觀點已與 1960 年代幼教關心的焦點有所不同。1960 年代幼教受重視的原因在於單一的、經濟的和文化不利因素對孩子產生的不良影響,因此而受到重視;1990 年代再度重視幼教,已不只是因為幼教是減輕貧窮影響力的一個途徑,它同時被視為是增進美國國際競爭力和孩子成功地進入與完成國民教育的一個基礎。

　　從美國幼教課程模式發展之歷史的追溯來看,我們得到的啟示應該是:每個幼教課程模式的產生都有其文化、社會之脈絡與意義性。隨著歷史的演變,各個課程模式是否可以延續性地生存或是移植到他國去,應視該課程模式本身理論基礎之合時性和調整之彈性空間的大小而定。

第二節　幼教課程模式之比較

　　各幼教課程模式之比較從表 3-1 來看,可以歸納出一些結論。

壹、歷史層面

　　從歷史層面觀之,河濱街和華德福課程模式出現於第一次世界大戰之後,瑞吉歐、高瞻、卡蜜—迪汎思和直接教學課程模式出現於第二次世界大戰之後;蒙氏、人類價值教育、IB 課程模式亦是因應世界和平與多元文化交融的願景而產生。金字塔課程模式和安吉遊戲教育則是新出現的課程模式,在 1990 年代才開始出現和發展。

　　幼教課程模式產生時,多數是以戰後、移民、多元文化背景、特殊兒童或低社經地位的兒童為主要教育對象。

表3-1　各幼教課程模式之比較

課程模式 變項		河濱街	卡蜜-迪汎思	直接教學	人類價值教育（SSEHV）	奎字塔	蒙特梭利	華德福	瑞吉歐	高瞻	安吉遊戲教育	IB
歷史層面	起源年代	1916	1960s	1964	1980s	1990s	1907	1919	1960's	1960s	2000s	1997
	起源地	美國	美國	美國	印度	荷蘭	義大利	德國	義大利	美國	中國	美國
	創始人	Mitchell	Kamii & DeVries	Engelman	Sai Baba	Kuyk	Montessori	Steiner	Malaguzzi	Weikart	程學琴	國際文憑組織
	起源時期針對的教育對象	中等社經地位孩子	低社經地位孩子	低社經地位孩子	所有4～6歲孩子	移民兒童	低社經地位孩子與特殊孩子	工廠員工	一般兒童	低社經地位孩子	農村兒童	一般兒童
	年齡層	3～14歲	3～6歲	3～12歲	4～6歲註	2.5～7歲	0～18歲	3～18歲	0.3～6歲	3、4歲	3～6歲	3～12歲
系統層面	理論基礎	浪漫主義、Dewey進步主義、心理動力論、發展心理學	Piaget、Sinclair、Kohlberg、Selman	行為主義	「心育」（Educare）的哲學	Piaget、Vygotsky、Gardner、Siegel、Geert	生物學、Itard、Seguin	人智學	Kilpatrick、Dewey、Bronfenbrenner、Vygotsky、Bruner、Piaget	早期深受Piaget結構論影響；後來受Piaget建構論影響	型塑中	Piaget、Dewey、Neill、Bruner
	理論基礎來源	心理學、哲學	心理學	心理學	哲學	心理學、社會學	生物學	哲學	心理學、社會學	心理學		心理學、社會學
教育目的	教育目的	提升能力，發展獨立個體之認同、社會化、創造力與統整性，除智力上的進步，也塑造價值觀、自我概念和理想，以及對人類生活遠景之關創	培養幼兒不斷發展的可能性：自主性、去中心化、警覺心、好奇心、判斷力和信心，思考並誠實主動表達	培養低成就學生基本的學習基本技能，讓其具備補救學習的能力，爭力，幫助5歲幼兒能在國小三年級達到該年級的學業水準	培養基本的人類價值，符合倫理教育的行為，以及教導何謂自我控制，使人們具有人格和美德	以更有效率的方式提高學生的學習水準	發展自己，為進入社會做準備，未來革新社會	發展身體器官組織，重視啟發潛意志能力並培育語言感恩之心，在物質世界實質人的靈性	發展關係，學習合作，依據不同的想法及表達方式	培養學生上小學所應具備之認知能力	重視環境的作用和幼兒的多元發展，結合獨特的材料，培養幼兒的愛、冒險、愉悅、多變和思考	培養勇於探究、知識淵博、善於思考、博聞通、有原則、想開明、有愛心、勇於挑戰、均衡發展、善於反思者

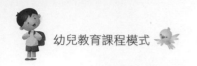

表3-1　各幼教課程模式之比較（續）

課程模式　變項	河濱街	卡蜜—迪韋思	直接教學	人類價值教育（SSEHV）	金字塔	蒙特梭利	華德福	瑞吉歐	高瞻	安吉遊戲教育	IB
教育目的取向	兼顧社會化與認知課程；最初強調自我社會發展，而後加強認知課程	兼顧認知與課程；初期調為進入小學做準備，後來強調培養孩子之可能發展性	學業；為了進入小學做準備	強調社會化；強調個人經驗豐富化	兼顧學業、認知與社會化；最初調個人經驗，後來強調為未來做準備	兼顧學業、認知與社會化；為未來做準備	強調身、心、靈的發展；強調個人經驗豐富化	兼顧學業、認知與社會化；強調個人經驗豐富化	學業、認知、社會；初期調為進入小學做準備	兼顧學業、認知與社會化；強調個人經驗豐富化	兼顧為未來做準備與強調；調圖為個人經驗豐富化
教育內容	無具體、詳列的課程內容	提出有關認知、道德方面色取替原則之教學活動與設計範例	閱讀、語言、算術	真理、正義、和平、愛及非暴力	語言、多元智能	日常生活教育、感官教育、數學教育、文化教育	創造遊戲、故事、藝術	無具體、詳列的課程內容；以視覺藝術和創意藝術為主	初期強調認知發展方面的課程；後加入了社會情境發展方面的課程	觀察、思考、表達	概念、知識、態度、技能
課程組織原則	沒有固定的學習內容、僅提供選擇課程內容之原則	沒有固定的學習內容、僅提供選擇課程內容之原則	事先設計課程	老師選擇主題	沒有固定的學習內容、僅提供選擇課程內容之原則	老師提供學習範圍和方向、學生與決定	沒有固定的學習內容、僅提供選擇課程內容之原則	沒有固定的學習內容、僅提供選擇課程內容之原則	老師提供學習範圍和方向、學生提供選擇與決定	沒有固定的學習內容、僅提供選擇課程內容之原則	沒有固定的學習內容、僅提供選擇課程內容之原則
教學方法	課程內容方式由師生共同決定	課程內容的組織方式由師生共同決定	具程序性與繼續性；屬結構性課程	靜坐冥想、勵志小語、祈禱、說故事、唱遊、團體活動	方案教學、解決「問題」方案的終極目標，透過遊戲學習過程，培養幼兒解決問題的能力	具連續性、秩序性與系統性；屬結構課程，亦可屬半結構課程	韻律、節奏、重複，做中學	方案教學、視覺藝術	課程內容方式由師生共同決定		借助於學生的先備知識，透過新的體驗提供刺激，提供機會去反思和整理

表3-1　各幼教課程模式之比較（續）

課程模式 變項		河濱街	卡蜜—迪汎思	直接教學	人類價值教育（SSEHV）	金字塔	蒙特梭利	華德福	瑞吉歐	高瞻	安吉遊戲教育	IB
	教師角色	協調者、輔導者、引導者、支持者、觀察者	輔導者、觀察者、引導者	教導者	教導者、示範者	輔導者、引導者、觀察者	輔導者、觀察者、引導者	榜樣與被模仿者	輔導者、觀察者、引導者、紀錄者、合作學習者、研究者	輔導者、觀察者、引導者	環境創設者、材料提供者、觀察者、紀錄者、守護者	學習推助者
教學方法	環境與時間	有規律的上課時間表；角落為其環境布置之重點	教學三個階段：活動開始之初→活動的延續→活動結束後	強調反覆地練習與回饋；讀、寫、算都有一套教材、按序學習	讓「眼睛看見好的事物」之圖片；鼓勵小孩說定句；讓「耳朵聽見好的事物」之音樂	一年維期循環：認識→示範→擴展→深化；長期循環三個循環包含三年；短期循環當；高層次結構、具挑戰性的環境	教具為教室環境中的焦點	有節奏和規律的生活作息；要有「家庭」的感覺和美感；混齡班	環境定位「第三位」老師；社區、家庭與學校合作	例行活動架構見：計畫-工作-回顧；興趣區為其環境布置重點	開放式的環境、不決定或指向遊戲的經驗或結果	培育兒童了解和尊重不同的文化，創造和平友好的世界
教學評量	評量方法	行為評定量表：Behavior Rating Analysis of Communication in Education (BRACE)	觀察法	標準成就測驗	品格的九項評量	幼兒評量、老師評量和活動評量	觀察法	觀察法	觀察法	High/Scope觀察法：High/Scope Child Observation Record (COR)	觀察法	形成性評量、總結性評量：PYP成果展

註：根據文獻資料，人類價值教育中學教育到中學有的課程，但筆者只看到幼兒園的課程，因此將年齡寫為4～6歲。

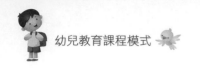

貳、系統層面

　　大部分的課程模式以 3～6 歲年齡層的孩子為教育對象，河濱街、蒙特梭利、華德福、IB 課程模式有延續到高年級的規劃，這幾個模式畢業的學生有小學、中學可以銜接。

　　大部分課程模式之理論背景都深受心理學所影響，高瞻、卡蜜—迪汎思和直接教學課程模式更是以心理學為其理論的唯一來源，安吉遊戲教育亦是以心理學為理論基礎，不同之處在於安吉遊戲教育注重孩子在遊戲中的學習。金字塔課程模式以多元智能為理論基礎，華德福和人類價值教育課程模式則是偏重於哲學、靈性和價值觀的教育。

參、教育目的

　　就各個課程模式之教育目的而言，幾乎都是以「為入小學而做準備」為其主要目的或是目的之一。直接教學課程模式就是以學業（讀、寫、算）為其教育目的；金字塔課程模式亦強調學業水準的提高；蒙特梭利課程模式除了為孩子入社會而準備外，也強調孩子的自我發展；河濱街課程模式原本是為中產社經背景孩子而規劃的課程，因此強調自我和社會情緒發展的教育目的，後來因為「提早開始方案」的實施與採用，為低社經背景孩子入學做準備，因此亦強調為入學而準備的教育目的，即兼顧學業、認知與社會化的教育目的；高瞻和卡蜜—迪汎思課程模式發展到後期，都亦強調認知與社會行為之發展的教育目的；華德福注重靈性的培養，而人類價值教育和華德福課程模式更為了強調愛、心靈、品格和價值觀的養成，強調個人經驗的豐富化；瑞吉歐和 IB 課程模式強調合作、思考和表達，兼顧學業、認知與社會化。

肆、教學內容

　　就教學內容而言，蒙特梭利、高瞻和直接教學課程模式都有具體詳盡規劃的教學內容；河濱街和人類價值教育課程模式僅標列出教學內容之選

擇與組織原則；卡蜜—迪汎思課程模式則除了原則外，還提供活動設計範
例供使用者參考；瑞吉歐、金字塔、華德福、安吉遊戲教育和 IB 課程模式
則沒有固定的學習內容，僅提供選擇課程內容之原則。因此，就課程內容
之選擇彈性而言，直接教學課程模式的課程內容是事先即設計好，教師改
變教學內容的彈性很小，上課是依固定內容、固定程序進行教學；河濱
街、卡蜜—迪汎思、瑞吉歐、金字塔、華德福、安吉遊戲教育和 IB 課程模
式沒有固定的學習內容，僅提供選擇課程內容之原則而已；蒙特梭利、人
類價值教育和高瞻課程模式則屬於教師提供一個學習的範圍、方向，在這
範圍和方向內，學生有選擇與決定的機會。

　　就課程範圍之廣度而言，直接教學課程模式係以學業之準備為其主要
目的，因此課程內容之範圍較窄；蒙特梭利有教具的呈現，容易由於教師
專業知能之不足，導致教學內容以教具為限，也有教師以教具為依據，但
加以刪減或增加深度，使得蒙特梭利課程可寬可窄。根據蒙特梭利之學
理，拋開教具來教學時，其課程所涵蓋之範圍可以很寬廣；河濱街、卡
蜜—迪汎思、瑞吉歐、金字塔、華德福、安吉遊戲教育和 IB 課程模式由於
僅提供課程選擇與教學原則，因此課程範圍就易受教師的專業知能與專業
精神所影響。

伍、教學方法

　　就教學方法而言，直接教學課程模式是強調反覆學習與回饋制度，教
師是教導者的角色；華德福、人類價值教育和蒙特梭利課程模式強調身教
的重要性，教師應做出良好的示範讓幼兒模仿；蒙特梭利課程模式的教師
也同時強調觀察者的角色，除蒙特梭利之外，河濱街、卡蜜—迪汎思、瑞
吉歐、高瞻課程模式也都強調教師非教導者，而是引導、支持輔導與觀察
的角色，安吉遊戲教育和瑞吉歐課程模式強調教師作為環境創設者的重要
性，安吉遊戲教育和 IB 課程模式同時也強調教師在幼兒學習過程中的輔助
角色。

　　就課程內容之組織原則而言，直接教學課程模式強調程序性與繼續
性，屬結構性課程；蒙特梭利課程模式之教學若強調教具為教學，即屬結
構性課程；若教師可以抓住蒙特梭利教育的精神，強調學生自主性的重要

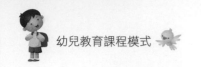

性時，其課程組織原則可以變成半結構性的課程；高瞻、河濱街和卡蜜—迪汎思課程模式的課程之組織原則，則視師生互動與課程發展的情形而定；華德福和人類價值教育課程模式有固定的流程環節，課程內容由教師引領安排；金字塔和瑞吉歐課程模式的課程組織以方案課程為主，其終極目標為解決問題，透過有步驟性的學習過程，培養幼兒解決問題的能力。

陸、教學評量

　　直接教學課程模式屬量化評量方式；人類價值教育課程模式原本沒有固定評量，後加入量化評量九項品格；河濱街、金字塔和高瞻課程模式有標準化成就測驗方式評量學生學習成果；IB 課程模式屬於形成性評量；蒙特梭利、華德福、瑞吉歐、安吉遊戲教育和卡蜜—迪汎思課程模式，均強調以觀察方式做教學評量。

Part 2

課程自身的模式

　　本篇所介紹的課程模式是單純的課程本身之內涵，這些模式比較沒有推動時所需要的系統化和模組化之行政系統以及師資培育系統的設計，因此，筆者將這些模式與第三篇的模式分開來呈現。

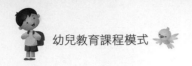

第 四 章

河濱街課程模式

第一節　河濱街課程模式的發展源流

　　大致上來說，河濱街課程模式（Bank Street Approach, BSA）的發展歷程可分成三個時期，即自 1916 年至 1920 年代、1930 年代至 1960 年代，以及 1965 年以後至今。河濱街課程模式起源於 3～4 歲托兒所的實務，而不是由理論出發引導的實務運作。1916 年，L. S. Mitchell 在親戚的支援下，成立了教育實驗處（Bureau of Educational Experiments, BEE），此即為河濱街教育學院（Bank Street College of Education）之前身；1919 年，H. Johnson 成立了現今的河濱街兒童學校（Bank Street School for Children，是河濱街教育學院的實驗學校）。Mitchell 和 Johnson 即為河濱街課程模式奠下理論基礎，此即為河濱街課程模式的起源。河濱街課程模式最初深受浪漫主義和 Dewey 進步主義影響，強調教育就是在提供兒童一個可以激發其內在發展動力的環境。1930 年，教育實驗處和其實驗學校搬到紐約市河濱街 69 號繼續發展實驗其理論與實務，這時教師皆稱他們的方法是「河濱街模式」。1928 年，B. Biber 加入協助河濱街課程模式的理論與實務之發展，這時心理動力學的影響顯著地增加，使得這時期河濱街課程模式的宗旨是以兒童為中心，強調兒童個別潛能與自我表達能力的重要性，亦強調學校對兒童情緒與人格發展的影響力，因此強調其教育目的在促成「完整幼兒」（whole

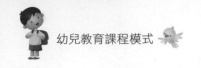

child）的發展。

　　1965 年，由於「提早開始方案」的推動，促使幼教實務界追求更高層次的理論基礎。同時，「提早開始方案」之對象係以低社經背景的家庭為主，而河濱街課程模式的起源是從私立學校開始，學生的家庭背景多屬中等或具專業背景的家庭，因此，當它欲將其模式推展到低社經背景或文化不利的兒童身上時，即面臨到須協助兒童認知與語言能力發展的壓力，而不僅僅是如 1930 年代到 1960 年代單單強調自我與社會情緒之發展即可以滿足社會對幼兒園的期望。至 1971 年，河濱街課程模式正式重新命名為「發展─互動模式」（Developmental-Interaction Approach），此時，課程的形成不再是以教師的實務為引導，而是根據概念化、系統化的課程模式引導實務的發展。這時的重點在尋找並拼出所謂河濱街課程模式的基本要素是什麼，而不是一種繼續開展式的課程模式。「發展─互動」之「發展」一詞是在強調學生對世界之變化與成長的了解與反應，視其每日之生活經驗持續累積之結果；「互動」一詞指的是兒童與環境互動後所產生之認知與情緒間互動的發展。其最主要的要義是「認知功能」（如資訊的獲得、推理和表徵符號）的使用，而無法與個人的或人際間的處理過程（如自尊、控制衝動的內化以及人際關係）分離。這個詞彙的出現，主要在對抗當時行為學派和認知發展學派對認知發展的偏重，忽視了發展中的情緒層面而起的（Biber, 1977, 1981; Biber, Shapiro, & Wickens, 1977; DeVries & Kohlberg, 1990; Goffin, 1994）。

　　歸納來說，河濱街課程模式在 1920 年代時是實務主導課程的發展；1930 年代至 1960 年代是實務與理論的互動，帶動著課程的發展；到了 1970 年代以後，則是理論帶動實務課程的發展。

第二節　河濱街課程模式的理論基礎

　　雖然河濱街課程模式之理論係整合許多不同理論於一身，但依然可以找出其基本的源流係來自於下列三方面（Biber, 1977; DeVries & Kohlberg, 1990; Gilkeson, Smithberg, Bowman, & Rhine, 1981）。

壹、心理動力學理論

受到 S. Freud、A. Freud 與 E. Erikson 等人之影響，強調情緒與動機以及自主性自我的發展。

貳、發展心理學理論

受到 J. Piaget 與 H. Werner 等人所影響，雖然這些學者的研究在認知發展，而未特別關心到教育領域，但河濱街課程模式也只運用到 Piaget 學派之學說來對應於當時盛行的行為學派。基本上，河濱街課程模式對當時的教育目標僅限於認知發展的強調亦有所批評。

參、教育理論

基本上，河濱街課程模式的理論基礎是以 J. Dewey 的進步主義為其基石，然後 H. Johnson、L. Mitchell 與 S. Isaacs 等人即以 Dewey 的理論為基礎，開始建構河濱街課程模式之奠基工作。K. Lewm、L. Murphy 與 L. Vygotsky 等人的理論亦為河濱街課程模式所借重，後來 Biber 長期地參與，協助其將心理學與教育理論結合以及理論與實務結合。

河濱街課程模式的理論基礎有六個原則（Biber, 1977; DeVries & Kohlberg, 1990; Mitchell & David, 1992）：

1. 發展不是量的變化，而是質的轉變，而且發展階段是關鍵的觀點。
2. 個人的發展不是固定在發展線上的某一點，而是在一個可能的範圍內進行變化，上一個階段的成長是下一個階段的基石。
3. 發展過程中包括了穩定性和不穩定性。教育人員的責任就在發現和協助幼兒強化新的理解，以及提供能促成幼兒成長之挑戰間的平衡點。
4. 幼兒隨著生理的成長，其與外界環境互動的動機也愈強烈，形式也愈多。幼兒隨著年齡的增長，愈會善用自己的身體去探究環境，在探索的過程中，其操弄技巧也就愈來愈精熟和完美。在不斷地接觸

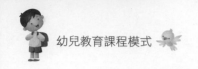

真實物理世界的過程中，就在不斷地練習各種技能，以及產生相關的知識。隨著語言上的精熟和各種非語言形式表徵的接觸，幼兒開始以表徵方式去處理他的經驗。幼兒這種主動與外界接觸的動力是與生俱來的。

5. 幼兒的自我概念係來自於與他人或別的事物互動後之經驗。

6. 成長過程中充滿著衝突，自我的衝突與他人間的衝突，這些均是發展過程中所必需的，解決衝突的方法深受文化和其身邊重要他人所影響。

第三節　河濱街課程模式的內涵

壹、教育目標

　　河濱街課程模式中的一個主要觀點是：學校的影響力不僅在於智力上的超越，也在塑造一個人的感覺、態度、價值觀、自我概念、自我理想，以及對於人類生活遠景之開創等。價值觀是隱藏在教育目標與教學過程中傳遞出去的；認知、情意與社會化發展過程是彼此相依相成的。因此，河濱街課程模式的一個基本前提就是認知功能的發展（指資訊的獲得與排序；判斷、推理、表徵系統的運用；問題解決策略等），是無法與個人和人際間之發展分離的（例如：自我認同、自尊心、自我控制、人際間的關係等）。這樣的前提係源於人本主義的觀點，Biber（1977）稱這種人文主義是個人適性發展和社會組織中的要素。因此，教育目的不僅在個人的自我表現，同時亦對照到每一個人的獨立性。

　　從上述的觀點來看，河濱街課程模式有以下五個廣泛性的教育目標（Biber, 1977; DeVries & Kohlberg, 1990; Mithchell & David, 1992）。

一、提升能力

　　河濱街課程模式中的「能力」涵義，不只是客觀性的內涵，例如：知識技能，同時也包括了主觀性的內涵，例如：自尊、自信、彈性、有能力

的感覺、表現的卓越性、表達和溝通能力等均涵蓋在內。

二、獨立個體之認同

這個目標強調的是對自己獨特性的了解、自己對自己不同角色（例如：學生、孩子、團體的一員等）的知覺與分野，以及符合實際的期望與抱負。這部分目標有部分是與第一目標重疊，難以劃分的。

三、社會化

這個目標同時包括了自我控制及自我拓展，目的在自我控制，以便進入教室裡的社會性秩序。這包括了學習將個人的驅動力轉成團體的目的，修正自己的行為使之成為一種內化的規則。根據 Biber 的看法，這個目標下有兩個重要的內涵：

1. 具有容易感知他人的觀點，以及在工作、遊戲、談話、討論過程中能合作或互動的能力。
2. 溝通形式的多樣性，藉以了解人們的感覺、衝突，以及知識的拓展、情緒上的充電。

四、創造力

這個目標不只是強調結果，同時也強調過程，包括了各種表達、情感、構想、邏輯、直覺等方式。創造力的表達形式很多，包括：律動、繪畫、雕塑、旋律、數學與科學的構想等。

五、統整性

Biber 用「統整性」（integration）一詞來相對於「區分」（compartmentalization）一詞，係指內在世界與外在世界思想與情感的整合。Biber 對這項目標並未詳加詮釋，因此 DeVries 與 Kohlberg（1990）認為，Biber 的這個目標可能是指統整上述四個目標而言。

根據上述五個廣泛性的教育目標，河濱街課程模式將 3〜5 歲幼兒之教育目標更予以精進化而成為以下八條（Biber et al., 1977），並提出建設性的活動，以協助目標的達成：

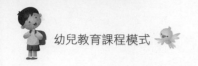

1. 讓幼兒透過與環境的直接接觸與操作去滿足他的需要，包括：
   (1)物理世界的探索，例如：設備、空間等。
   (2)提供建構、操作性的活動。
2. 透過認知策略去提升不同經驗的機會，包括：
   (1)拓展資訊的接收與反應機會。
   (2)擴展表徵的模式，如姿態表徵，用鉛筆、蠟筆表現出兩個向度的概念，用陶土、木頭、磚塊表現出三個向度的概念。
   (3)語言的發展。
   (4)將經驗與資訊用 0 與 1 概念的方式予以組織，如將過去與現在予以整合；強調在不同經驗情境之分類、順序、關係和轉換等概念的意義與應用。
3. 提升幼兒有關周邊設備的知識，包括：
   (1)觀察學校裡的環境，如廚房、電梯、冷氣等。
   (2)觀察學校外的環境，如交通規則、蓋房子、參觀警察局、消防隊等。
   (3)說故事，如故事中提到的職業分工、大自然等內容。
   (4)討論幼兒聽到當時社會上正發生的重大事件，如戰爭、示威、遊行、地震等。
4. 支持能提供各種不同經驗的遊戲，包括：
   (1)提供幼兒想像遊戲時所需的道具與舞臺設備。
   (2)讓幼兒有超出現實的自由與再現和預演經驗的機會。
5. 幫助幼兒將衝動之控制予以內化，包括：
   (1)溝通，設定一組不具威脅性的限制，如規則。
   (2)建立功能性的成人權威角色。
6. 符合幼兒在其發展階段中因應問題的需求，包括：
   (1)當幼兒與熟悉之環境或事物分離時，應予以安慰，使其情緒緩和。
   (2)協助處理從家裡帶到學校會起衝突的特質，如引導獨子與其他幼兒分享事物。
   (3)要能接受幼兒在獨立與依賴間的衝突，如要能接受當幼兒在壓力下，其行為會退化到依賴的行為上。

7. 協助幼兒發展出自己是獨立、有能力的個人之自我形象，包括：
   (1) 增加幼兒有關自我的知識。
   (2) 更進一步地統整自己，如在表徵遊戲中，透過再次地表達去進一步確認自己。
8. 幫助幼兒建立互動過程中相互支持的模式，包括：
   (1) 建立成人與幼兒、幼兒與幼兒間非正式的、口語與非口語的溝通管道。
   (2) 提供幼兒合作和團體活動的機會，如討論時間、共同完成一項工作。
   (3) 提供支持的成人角色。
   (4) 建立人際間價值觀點交流的模式。

貳、教育內容與教學原則

　　河濱街課程模式並未提供具體的教育內容，它只提出教育目標與教學原則，之後就是由教師自主地去選擇和組織教學內容。Biber（1977）將課程與教學原則簡要地條述如下：

1. 幼兒在教室裡經驗到的不同經驗，正是幼兒提升語言發展與思考過程中的主要素材。
2. 將幼兒的經驗與類化的主題連結，以協助幼兒了解。
3. 提供給幼兒的活動，能讓幼兒將對周遭環境的興趣與想法表達出來和加以精進化。
4. 戲劇式的遊戲有助於幼兒各方面的發展。
5. 課程內容應反應兩個主要的主題：(1)方法：如做一樣東西，修理、裝訂一樣事物的作法和過程；(2)起源的問題：如某樣東西是怎麼來的？何時出生的？等問題。
6. 適當的學習就是主動地學習，在主動學習中要先賦予幼兒發問、探索與計畫的角色。
7. 課程的組織要有彈性，這樣幼兒才能在已建立好的課程架構中去做選擇。
8. 教師在設計課程時要以幼兒的生活環境、關心點為基礎去做計畫。

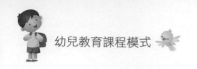

9. 教師須隨時運用適當的機會,鼓勵幼兒用心地觀察在不同的經驗與轉換經驗過程中做比較。

10. 要常運用到幼兒的親身經驗,去澄清其認知的意義。

11. 思考是一種繼續性的經驗,和感受、想像、做東西是同時並進的。

12. 學習經驗的順序應該是從開放和探索性地進入到較結構性的活動;隨著自我開始的探索活動漸多,應該是有結構性的去了解如何做的問題。

13. 透過廣度、豐富性和適度的複雜性,以增進認知性的增長。

14. 事先做好的、有結構性的材料,是用來讓幼兒複習已自複雜的環境中習得的概念。

15. 教師應將事先設計好的教學計畫與幼兒活動中所引發出來的相關活動交互運用。

16. 不論學習內容是什麼,接觸、探索、觀察與透過口語和非口語的再表達等要素,一定要包括在學習歷程中。

參、教育方法

這部分將從:(1)環境的規劃;(2)教材;(3)教師的角色等三方面來看。

一、環境的規劃

河濱街課程模式強調,教室空間的規劃、教學時間的安排等,在符合教育目標之精神下,教師都有自己變化的空間,亦即空間的安排要兼顧個人活動與團體活動的需求,有接觸各種不同活動的可能性,幼兒有選擇活動的機會。整個環境所提供的就是一個快樂的、學習的、生產性的社會環境。典型河濱街課程模式的教室是界線清楚、功能分明的角落區式之規劃。

在時間的規劃方面,為了讓幼兒有秩序的感覺,每天的作息安排有一定的順序。表 4-1 是河濱街教育學院實驗學校一週作息表範例。

表 4-1 河濱街教育學院實驗學校一週作息表範例

	星期一	星期二	星期三	星期四	星期五
8:30~9:00	抵達	抵達	抵達	集會*	抵達
9:00~9:30	遊樂場	遊樂場	遊樂場	遊樂場	遊樂場
9:30~9:45					
9:45~10:00					
10:00~10:15	討論	討論	討論	討論	討論
10:15~10:30	點心	點心	點心	點心	點心
10:30~10:45	工作	體能	美勞	角落	角落
10:45~11:00					
11:00~11:15					
11:15~11:30		△	1/2 組音樂		
11:30~11:45			1/2 組角落	1/2 組音樂 1/2 組圖書館	
11:45~12:00	1/2 組圖書館 1/2 組角落	音樂	1/2 組律動 1/2 組角落		
12:00~12:15					
12:15~12:30	午餐	午餐	午餐	午餐	午餐 分享討論
12:30~12:45					
12:45~13:00	休息	休息	休息	休息	Good-bye
13:00~13:30					
13:30~13:45	西班牙語	角落／戶外	1/2 組律動	角落／戶外	
13:45~14:00					
14:00~14:15	△		角落		
14:15~14:30					
14:30~14:45	故事	故事	故事	故事	
14:45~15:00	Good bye Meeting				

註：＊：3～7 歲班級集合在一起唱歌、分享學校新聞（林士真老師提供）。
　　△指老師彈性利用。

二、教材

　　河濱街課程模式強調，提供給學生之材料應是能提供幼兒自發探索、實驗和表徵用途的素材。非結構性材料，例如：積木、黏土、水、沙、顏

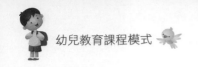

料等,是讓幼兒自由運用的最佳材料。教材應放置在開放式的架子上,讓幼兒可以自由取用。

三、教師的角色

河濱街課程模式同時強調教師在幼兒認知發展和社會情緒發展方面所扮演的角色。

(一)在認知發展方面的角色

從 Biber 等人(1977)所提之大要,指出教師在協助幼兒認知發展方面所扮演的角色是:

1. 評量幼兒的思考,然後在控制下引導幼兒的概念精熟程度或加廣內容的範圍。
2. 對幼兒的反應、困惑或建議,予以口語上的回應、澄清、重述和糾正。
3. 培養幼兒直覺的和連結性的思考。
4. 提出問題,以提升幼兒歸納性的思考。

(二)在社會情緒發展方面的角色

河濱街課程模式深受心理學的影響,因此特別強調教師和學校在培育幼兒的自我發展和心智健康上扮演著重要的角色。教師和學校是居於家庭和外在世界間的協調者,教師是幼兒可以信賴的一個重要人物,一旦幼兒開始離開家庭,接觸到一位可信任的教師時,他就會有安全感,較能接受別人或別的事物,這將有助於幼兒克服分離焦慮以及離開家庭走入另一個社會時所面臨的衝突。

教師需要鼓勵與支持,以提升幼兒自發性的自我。從社會情緒發展角度來看河濱街課程模式中的教師角色時,可以發現教師的角色融合了許多好媽媽和心理治療師所具備的特質。雖然河濱街課程模式強調師生間的關係是息息相關且互動的,但由於其強調發展幼兒的信任感,因此教師的角色相當具有權威性。河濱街課程模式所強調的權威性,是屬於一種積極性的動機面,而不是順服在權力下的權威。唯有幼兒信任教師的時候,他才能接受教師是廣大社會性知識和社會道德規則之代表的權威性,也必須當

幼兒信任教師的時候，他才敢接受教師在控制幼兒衝動時的權威性。由教師的各個角色來看，河濱街課程模式強調教師角色的權威性是有其理論基礎。教師教育的五大原則為（Nager & Shapiro, 2007）：

1. 教育是一種創建和促進社會公平、鼓勵參與民主進程的工具。
2. 教師要透過正式學習、觀察和參與等來積極深入了解某一主題。
3. 在家庭、社區和文化背景下去了解孩子的學習和發展的教學需要。
4. 教師自我要繼續成長，作為一個人，也作為一個專家。
5. 教學需要有教育哲學觀——對學習和學習者、知識和認知的視野包含了所有教學元素。

由這些原則可知，其權威性與一般學校要求學生放棄自己的意願去聽從大人的權威性態度是不一樣的。

肆、評量

河濱街課程模式強調真實性評量，以蒐集學生的各種作品、教師的觀察紀錄等資料，建立檔案式的個人評量資料。評量資料是用來說明學生成長和學習的情形，以及了解學生之需要、興趣與長處。

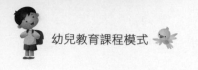

第 五 章

卡蜜—迪汎思課程模式

第一節　卡蜜—迪汎思課程模式的發展源流

　　1962 年，當 D. P. Weikart 在美國密西根州的 Ypsilanti 成立高瞻計畫時，卡蜜（C. Kamii）是該計畫的研究助理。1966～1967 年，卡蜜拿到博士學位後獎學金到幾內瓦大學（University of Geneva）在 Piaget 手下做研究。1967 年，卡蜜回到 Ypsilanti 負責該公立學校裡的課程，並另外發展了一套托兒所課程（Kamii, 1972a, 1972b, 1973a, 1973b）。在這時期裡，卡蜜發展出的課程目標與高瞻計畫之目標類似，都在強調使教育不利的孩子能夠在學校中獲得成就。1969 年，卡蜜與 Piaget 的同事 H. Sinclair 對談，對卡蜜而言產生相當大的影響力。Sinclair 指出，Piaget 從未想到要將他的理論應用在教育中，而成為「教導性的模式」（instructional models）；同時，Sinclair 注意到 Piaget 對於知識的分類中，是將「物理性知識」（physical knowledge）與「邏輯—數學性知識」（logical-mathematical knowledge）加以區分（Sinclair, 1971）。自此以後，卡蜜的觀點開始產生轉變，並透過觀察幼兒操弄物品時之活動與反應，設計有關物理性知識的活動。1970 年，物理性知識出現在卡蜜設計課程中之目標內（Kamii & Radin, 1970），自此以後，卡蜜的課程模式逐漸與其他以 Piaget 理論為理論基礎之課程有了顯著的差異。

　　1970 年，另一影響卡蜜的人物是迪汎思（R. DeVries）。卡蜜—迪汎思

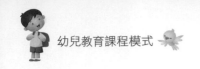

課程模式之啟動者是卡蜜，他原先的課程設計重點是放在 Piaget 的結構論上，至 1970 年與迪汎思開始合作，逐漸將卡蜜原本的課程架構從 Piaget 的結構論轉至強調 Piaget 理論中的建構論，並加入 L. Kohlberg 的道德發展理論和 R. Selman 的角色取替發展理論，而形成卡蜜—迪汎思（Kamii-DeVries）課程模式。

第二節　卡蜜—迪汎思課程模式的理論基礎

卡蜜—迪汎思課程模式是以 Piaget 學說中的建構論精神為理論基礎，強調自主性的互動、去中心化的發展，以建構知識的過程。同時，卡蜜和迪汎思在應用 Piaget 學說時，係強調 Piaget 知識論對幼教課程的啟示，而不是從心理學觀點去探討其對幼教課程的應用價值。以下係根據卡蜜與迪汎思應用 Piaget 學說到幼兒教育（特別是針對 3～5 歲之幼兒）時所強調之理論觀點（DeVries & Kamii, 1975, 1980; Kamii & DeVries, 1977, 1978），所謂從知識論觀點來看，是指探討「什麼是知識？」及「知識是如何產生的？」等相關的議題。

壹、知識的種類：回應「什麼是知識？」之問題

實證主義者認為，知識的來源係來自於外在世界，而 Piaget 則認為知識的產生係同時來自於個體的內在和其外在世界。物理性以及與人相關的知識主要來自於外在的世界，而邏輯—數學性知識則主要來自於個體的內在。因此 Piaget 將知識分成以下三種。

一、物理性知識

物理性知識是指客觀性、可觀察到的外在實體性知識，因此物理性知識之來源係來自於外在世界之物體本身。了解物理性知識的唯一方法就是對該物體採取行動（action），然後觀看該物體對自己之行動反應是什麼，例如：將信封和玻璃丟到地上，觀看相同的行動會有什麼不同的結果。透過對物體的擠壓、推拉、折放、搖晃等活動，孩子對物體之特性就會愈來

愈清楚。因為這部分知識的獲得多是透過五官對外在世界的認知，因此這部分知識可以部分地稱為實徵性知識（說它是部分屬於實徵性知識，是因為邏輯—數學性知識的產生亦在物理性知識產生之過程中所形成的）。

二、邏輯—數學性知識

邏輯—數學性知識強調的是事物間的「關係」（relationships），係來自於個體內在的建構。

三、社會性知識

社會性知識（social knowledge，又稱為 conventional knowledge）是指人與人之間共識下所產生的知識。這部分的知識，又可分為風俗習尚知識〔又稱武斷知識（arbitrary knowledge），會隨著不同的社會而有不同的內涵（例如：12 月 25 日是聖誕節；不能在桌上跳）〕，以及道德推理（moral reasoning）兩部分。風俗習尚知識屬於約定承襲的知識，而道德判斷是對於一件事物之好、壞、對、錯的判斷。

貳、知識建構的歷程：回答「知識是如何產生的？」之問題

Piaget 知識論的重點包括結構論與建構論，因為卡蜜和迪汎思後來在教學之應用上強調 Piaget 之建構論，因此以下以卡蜜對建構論之詮釋為本，介紹此模式之立論。

Piaget 將知識產生之方式分成兩類：一種是實徵性抽離〔empirical abstraction，又稱為簡單化抽離（simple abstraction）〕；另一種是反省性抽離（reflective abstraction）。實徵性抽離是指，個體透過感官所產生的感覺，或是經由實際對物體之行動而產生的感覺，都屬於實徵性抽離的歷程。在實徵性抽離的過程中，個體的焦點是放在物體的某一特性上而忽略其他的特性，例如：當幼兒將顏色從積木中抽離出來時，他就忽略了積木的重量、材質等特性。實徵性抽離的歷程是透過物理性的行動（physical acting）進行的，以此種方式進行所產生的知識稱之為物理性知識。

反省性抽離包括了物體間之「關係」的建構。如前所述，「關係」是

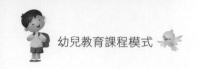

不存在於外在實體上的，例如：兩個積木間的「差異」，並不存在於其中一個積木裡，也不存在於外在實體上，這種關係只存在於能在腦中從兩個積木間「創造」出來的人身上。對個體而言，這種反省性抽離過程不是源自於一次或一個行動而已，而是累積了多個行動的結果所加以抽離出、創造出的一種關係。

個體利用實徵性抽離的過程建立其物理性知識，再以物理性知識做為其思考之對象（例如：「紅色」積木和「藍色」積木），透過反省性抽離的過程建構了邏輯—數學性知識。這種邏輯—數學性知識進一步影響到個體的物理性與已有的邏輯—數學性知識，使個體成為認識的主體，而不斷地開展個體自身的發展。

第三節　卡蜜—迪汎思課程模式的內涵

壹、教育目標

卡蜜—迪汎思課程模式的長期目標是「培養幼兒不斷發展的可能性」，其針對 3～5 歲幼兒教育提出以下三個基本的教育目標（Kamii & DeVries, 1980）：

1. 與成人有關的：透過安全的關係，成人權力的介入愈少，就愈能培養幼兒自主性的態度。

2. 與同儕有關的：培養幼兒發展「去中心」（decente）和協調不同之觀點與能力的發展。

3. 與學習有關的：培養幼兒的警覺心、好奇心、判斷力和信心去思考問題，並誠實地將所想的說出來，而主動地提出想法、問題以及將許多事情放在許多觀點來看。

卡蜜和迪汎思認為，當幼兒有上述之各項品質時，其他能力就會隨之發展出來，例如：語言發展未列在上述目標內，卡蜜和迪汎思認為當成人權力盡可能地減少時，談判就會產生了。當幼兒參與在決策過程中時，他們就必須經常地說話，同時需盡可能地將其想法合乎邏輯地、具說服力地

說出來。有意義地運用語言會鼓勵幼兒語言的發展。在與成人或同儕談判、協調過程中，幼兒需做很多的判斷、決定、傾聽與表達，這些均有助於語言、智力、社會行為等的發展。又例如：社會與情感目標、積極的自我概念等也未列在上述目標之列，卡蜜與迪汎思認為在幼兒時期，其認知、情緒、社會等各領域的發展是不可分的，是互相依存的。

讀、寫、算能力的培養也未列在上述目標之列，主要是因為卡蜜與迪汎思認為，一個好奇、警覺的幼兒不可能對生活周遭所出現的街名、交通號誌、罐頭上的標籤等環境不感興趣；不會對於「班上有多少位同學？」、「今天有幾個人沒來？」等都毫無知覺。教育目標是有概念上的層次，同時是在發展架構內的，因此當幼兒的警覺性與好奇心被激發時，讀、寫、算能力就會得到發展；反過來看，單教幼兒讀、寫、算的能力時，就無法達到上述三個基本目標中的任一個目標，也不可能達到所期望的長期目標。

以下再將上述三個基本目標詳細闡述。

一、與成人有關的

透過安全的關係，成人權力的介入愈少，就愈能培養幼兒自主性的發展。自主性是相對於他律性而言，自主性不是指為所欲為，而是包括了慾望的相互規範、協調，最後做出兼顧各種考量的決定。成人常運用獎懲來維持其權力，只要大人權力的介入，幼兒就無法自由地與成人合作和自願地建構他們自己的規則。這就是為什麼在本目標中強調成人權力的介入要愈少愈好。盡量減少大人權力的介入並不是指完全不介入，有些環境還是需要大人的介入。在運用獎懲時，成人與幼兒間需有積極和良好的關係，否則獎懲是不會發生效果的。

自主性不只是指社會性的，同時也是智力的。如同社會性知識與道德判斷一樣，知識的獲得都得靠幼兒自己去建構，才會成為自己的知識。若幼兒被期望去接受他們所未必了解的「正確答案」時，他們就會對自己理解問題的能力欠缺信心，也就會逐漸地習慣於做一個他律性的學習者。

二、與同儕有關的

培養幼兒發展以脫離自我中心和協調不同觀點與能力。Piaget 認為，同

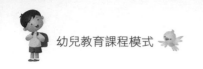

儕間的互動是幼兒之社會、道德和智力發展所不可欠缺的條件，由於同儕間的關係屬平權關係，因此幼兒較易透過與同儕間的互動，去建構自己有關社會性、道德性和智力方面的知識，能與他人協調和合作就必須能去中心化，亦即能從他人的角度去思考問題。

三、與學習有關的

培養幼兒之警覺性、好奇心、批判力和信心去思考問題，並實際地將所想的說出來，而主動地提出想法、問題以及將許多事情放在各種關係中來看。這個目標也是從建構主義來的。如果知識的產生不是如同將知識倒入空瓶中式之灌輸過程得來的，而是透過幼兒主動建構的話，警覺性、好奇心和批判思考是必須的條件。幼兒自己去建構知識首先必須要有自信，要有那份相信自己能理解事物之能力的自信。

建構主義不僅重視孩子要以自己的方式去了解事理，同時強調要能自己提出問題。當孩子可以自己形成問題時，表示是以自己的方式（非以教師的方式）在處理知識建構的過程中產生認識認知失調的處境，這種處境即成為孩子不斷探索知識之動力。同時，強調知識的獲得是不斷地創造各種事物間的關係，而不是一個獨立的事實與概念。

上面所談與學習有關的概念，歸納來看就是指智力的自主性而言。

貳、教育內容與教學原則

由於 Piaget 將知識分成：(1)物理性知識；(2)社會性知識（又分成風俗習尚和道德推理）；(3)邏輯—數學性知識，因此卡蜜—迪汎思課程模式針對不同知識領域提出不同的教育內容與教學原則，並設計出一些活動，以提供使用者參考（DeVries & Kohlberg, 1990; Kamii, 1972a, 1972b, 1973a, 1973b, 1982）。卡蜜和迪汎思一再地強調，他們提出的原則要比活動設計本身來得重要；換言之，卡蜜與迪汎思強調了解 Piaget 的理論後，參考其所提示之活動設計與教學原則，即可發展出自己的教學內容，而不應限於他們所提出來的活動內容。由於卡蜜與迪汎思認為在社會性知識中，風俗習尚知識只有從人才能獲得，因此教師成為這種知識的提供者，也就因此未出書針對這部分的知識加以申述。唯針對物理性知識（Kamii & DeVries, 1993）和

社會─道德之培養（DeVries & Zan, 1994）方面提出專書探討。另外，由於卡蜜與迪汎思強調，透過遊戲可以同時促進幼兒之社會、道德、認知、情緒等方面的發展（Kamii & DeVries, 1980），因此也針對團體遊戲提出活動設計之原則、範例以及對學習助益之分析。針對幼兒時期數字（number）的學習，他們也有專書深入探討（Kamii, 1982）。以下即分：(1)物理性知識；(2)社會─道德教育（socio-moral）；(3)團體遊戲；(4)「數」的活動等領域，分別敘述其設計之標準、活動分類情形以及教學應注意的原則。

一、物理性知識

有關物理性知識的活動設計，所強調的重點在孩子主動性地對物品事件採取行動和觀察物品事件的變化情形，因此就物理性知識而言，採取行動和觀察物品事件之變化情形都很重要。物理性知識活動可分成以下兩類。

（一）包含物體移動的活動

在這類活動中，孩子對物體採取之行動（action）是重點。孩子可以從自己對物體所採取之不同行動來觀察其不同的後果，例如：「推球」（這是一個活動）活動，孩子用不同的力量推不同的點，球就會有不同動向與遠近移動的變化。在這類活動中，物體只有移動，但並未改變（change）其特質。孩子必須觀察，體會自己行動之變化與物體移動間的關係。

（二）包含物體改變的活動

在這類活動中，物體本身會產生變化，其變化的原因是來自於物體本身的特質，而非孩子的行動造成的，例如：果凍的解凍和顏料的混合都是屬於物體的變化，這類活動是在某種環境下（熱度）造成物體某種形式（果凍融化）上的改變。孩子在這種活動中，就需觀察並建構環境變化與物體變化間的關係。

在第一類活動中，孩子的行動與物體變化的關係屬顯而易見的，而且是立即可見的；而在第二類活動中，造成物體變化的因素不是立即可見的。卡蜜和迪汎思針對這兩類知識分別設計了活動做範例（Kamii & DeVries,

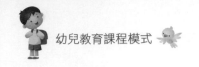

1978）。針對第一類物理性知識之活動設計，卡蜜和迪汎思提出以下四大參考標準：

1. 必須讓幼兒透過自己的行動去造成物體的移動。
2. 必須讓孩子有機會產生不同的行動：唯有在孩子有不同的行動，產生不同物體移動的結果時，孩子才有自己去建構這些規則的機會。
3. 物體的反應必須是可觀察的。
4. 物體的反應必須是立即性的。

教學原則可分成以下三個階段來看。

（一）活動開始之初

原則一：在介紹活動時，要以最能讓幼兒啟動活動的方式介紹。介紹活動的方法可以參考下述三種：(1)把材料呈現在自然會被吸引的幼兒面前；(2)把材料放在幼兒面前，並說：「想想看這些東西可以如何使用？」；(3)把材料放在幼兒面前並提出問題，要幼兒想出各種可能的解決方法。

原則二：從平行式遊戲著手：雖然同儕間的互動是教育的主要目標之一，但是在物理性知識活動中，最好讓幼兒擁有自己的材料，並鼓勵他們平行式地遊戲，因為這時幼兒活動的焦點是物體本身，成人要鼓勵的就是這種自動的啟動動力。如果此時教師鼓勵學生活動，就會影響幼兒啟動活動的傾向。

（二）活動的延續

一旦開始活動後，下述原則可以使活動更具精進性：

要了解幼兒在想什麼並適度地回應，如果幼兒在建構自己的物理性知識時，是沉浸在自己的思考中，而不是與環境互動，教師就必須放下原先已設想好的活動，去跟隨孩子的想法，等孩子不再感興趣時，教師再回頭提出原先要給的建議。這樣看來，教師的角色就似乎變得被動的多了，但事實上不然。卡蜜和迪汎思提出三個例子，是教師可以介入引導的例子：

1. 幫助學生食物問題的實驗與觀察，有時幼兒能力有限，無法做到想做的，這時教師可予以協助。

2. 提供材料、協助比較：當教師覺得做某些事物比較有助於幼兒的學習時，可以提供材料與引導。

3. 示範新的可能性：在教學過程中，學生的啟動和教師的介入同等重要。重要的是教師的介入一定要適度。

（三）活動結束後

在活動結束後，教師應協助學生透過討論方式去反思他們做過的活動，「在該活動中學到什麼？」、「看到什麼？」等問題。整個活動的目的就在培養學生對行為的知覺以及其他人、事、物對某種行為的反應。

二、社會—道德教育

社會—道德教育之近程目標在協助孩子的道德發展層次，促使建立一個正義的學校社區。長程目標即在透過完全發展之個體去開創一個更大的、有正義的人類社會。最初，社會—道德的領域是指社會角色取替和道德判斷而言，後來覺得光是運用社會—道德兩難問題情境的討論和團體遊戲方式，並不足以符合孩子對於社會—道德發展的需求。因此，Kohlberg 與 Lickona（DeVries & Kolberg, 1987, pp. 143-181）針對社會—道德教育提出更廣的目標與方法，亦即在教室裡建立一個正義的社區。這樣的目標是視教室為一社區。對幼兒而言，正義、合作的學習是在親身經歷的事件中學習，而非說教式的或坐著談的方式學習而已。要使得教室成為一個正義的社區，以培養學生的社會—道德發展之作法如下。

（一）讓學生參與討論、制訂班規之民主過程

教師提出之問題（此即為社會—道德教育的一部分），包括：
1. 什麼叫規則？
2. 為什麼我們要有規則？
3. 班規應該由誰決定？
4. 教師是否也應該和學生一樣遵守班規？
5. 班上應該有哪些班規？
6. 如果有人不遵守班規時應如何處理？
7. 一旦班規設定後，可以改變嗎？如何決定一個班規是否要改變？

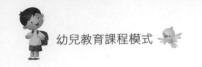

（二）利用機會教育

　　教室裡發生之學生間的衝突是教導學生社會和道德推理與行為應用的最好機會。一個衝突事件的發生包括了角色取替（社會推理）和公平性（道德推理）間的誤會而起了衝突。當學生起衝突時，教師應做的事是：

1. 幫助學生了解彼此的觀點。
2. 幫助學生想出一個公平的解決方法，這個方法是可以兼顧兩人的觀點的。
3. 幫助學習解決紛爭問題的技巧。
4. 提出班上發生的衝突問題，全班討論其解決策略。
5. 有些衝突是適合全班共同討論、學習的問題，可以用團討方式處理。
6. 在教室裡，要培養學生看重每一個人之福利的責任感和一種社會責任感，讓學生在生命一體的共識中，營造一個彼此關懷的社區風氣。
7. 提供合作學習的環境與機會。

　　在實施社會—道德教育時，教師的角色是既複雜又重要。教師必須知道：

1. 如何以不同形式去運用其不同程度的權威力量。
2. 引導討論所需的技巧：包括提出學生感興趣討論的問題、做總結、探索社會與道德方面的推理、和學生分享主持會議的角色與維持會議規則的責任、協助學生問題解決的進度、如何結束會議。
3. 要有能設計支持學生社會—道德行為產生之環境的想像力。
4. 如何將社會—道德教育活動化之能力。
5. 身教的重要性並身體力行之。
6. 承諾的重要性：即在教學中不可避免的會有挫折、失敗的經驗，教師必須持續相信自己在學生發展中所扮演的角色。

三、團體遊戲

　　根據卡蜜和迪汎思的報告指出（高敬文等人，1985；Kamii & DeVries,

1980），透過遊戲規則的制訂可以發展兒童之社會性與政治性行為，有助於邏輯思考和道德方面的發展；透過遊戲規則的維護過程，可以促進兒童主動機警和誠實說出其想法的信心，亦能促進兒童創造力的發展；透過遊戲的過程，可以達到前面敘述的三大廣泛之教育目標、可以同時促進幼兒社會、政治、道德、認知與情緒的發展。因此，卡蜜和迪汎思課程中強調運用團體遊戲的重要性。他們舉出八大類遊戲（分別是：瞄準遊戲、賽跑遊戲、追逐遊戲、躲藏遊戲、猜測遊戲、口令遊戲、玩牌遊戲、盤面遊戲），分別分析每類遊戲對幼兒認知學習方面的價值，並提示教師可以參考使用的介入方式。

　　針對團體遊戲的選擇標準，卡蜜和迪汎思提示了以下三個基本的參考指標（高敬文等人，1985；Kamii & DeVries, 1980）：

1. 內容有趣，具挑戰性，能讓兒童思索如何去做。評量一種遊戲是否達到第一個標準，首先可看看該遊戲的內容，有多少機會讓兒童活動或思考。假如一種遊戲對任何階段的兒童都不能提供太多的思考機會，那麼它實在不值得一試。

2. 能夠讓兒童自己評定成功。這個標準，使得兒童遊戲的評量不必受到成人權威的介入。

3. 在整個遊戲過程中，能讓所有兒童積極參與。「主動參與」的意義是「從兒童觀點而言，能做心智的主動思考及情感的投入」。也就是說，一個兒童能否在遊戲中發現有事可做，要視其發展程度而定。

　　根據前面從 Piaget 理論推演出來的三個幼兒教育目標為指引，卡蜜和迪汎思指出，團體遊戲教學時最基本的兩個教學原則。

（一）修正遊戲構想，以配合兒童思考的方式

　　幼兒的思考異於兒童與成人，真正的發展指的是「兒童根據他已知的去建構新的東西」。用外力強加於兒童的「正確方法」，並不能促進其發展。硬性要求兒童正確無誤地玩某種遊戲，是打敗我們的幼兒教育目標——培養自主性、學習與同儕協調，以及鼓勵主動學習的最佳武器。

　　在「修正遊戲，以適應兒童思考」這一原則下，在實際教學的應用中，有三個方面要注意：

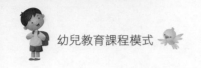

1. 教師不加以干涉，隨幼兒的玩法去玩。
2. 新介紹一種遊戲時，用非競爭的方式開始。
3. 鼓勵兒童在遊戲中不斷修正規則。

（二）盡可能減少成人權威，並鼓勵兒童間的合作

在團體遊戲中，減少成人權威，鼓勵兒童做決定，可促進兒童知識與社會的「自主性」發展。教師運用此原則的最好方法是參與遊戲，並且和其他玩者一樣遵守規則。此時成人的角色是：一方面參與團體，成為遊戲的一員；另一方面協助兒童遵守規則或發展新規則。

四、「數」的活動

卡蜜認為，「數」方面教學的主要目標是培養幼兒獨立自主的能力，在此前提下，只要能把握數學教學原則，日常生活中許多情境，例如：分點心、排餐桌、觀察記錄等，都可用來成為教學的內容。所謂教學原則比較是強調間接式的教學，包括：鼓勵問問題、安排學習環境等方式。卡蜜提出以下六點原則：

1. 鼓勵幼兒對周遭事物保持警覺，並盡量將所有物品、事件放入各種關係中去思考。
2. 在有意義的情況下，鼓勵幼兒去思考數目與物品量的問題。
3. 鼓勵幼兒合邏輯地去定量，並對兩組東西做比較。
4. 鼓勵幼兒將物品予以不同方式加以分組。
5. 鼓勵幼兒多與同儕互動，透過互動，幼兒可以自己建構出自己的認知。
6. 注意幼兒思考之過程，而非答案之正確與否。

參、評量

卡蜜—迪汎思課程模式強調過程式評量，同時是以臨床法（clinical method）觀察幼兒的學習與發展情形，例如：欲了解幼兒是否有數目的概念時，透過觀察幼兒數數之順序與數法以及問答方式，就可了解幼兒的數目概念發展之情形。

如果幼兒之數法如圖 5-1，同一個扣子重複地數了，表示幼兒尚未發展出數數時之順序關係，如圖 5-2 所示；當我們問幼兒「指給我看 6 個」時，若幼兒只指最後一個扣子，就表示幼兒尚未將「6 個」這個數視為一個整體，而是一個個體，如圖 5-3 所示；換言之，幼兒尚未發展出「包含」的關係，如圖 5-4 所示，表示在幼兒心智中：1 是包含在 2 裡面，2 是包含在 3 裡面……。

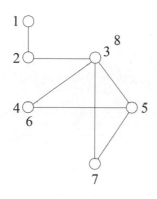

圖 5-1　4 歲幼兒數數的數法

圖 5-3　數字圖

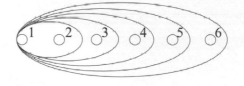

圖 5-2　數數時物體排列的心像圖

圖 5-4　數的包含圖

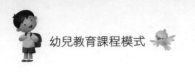

第 六 章

直接教學課程模式

第一節　直接教學課程模式的發展源流

　　1960 年代中期，C. A. Bereitor 與 S. Engelmann 在伊利諾大學（University of Illinois at Urbana）成立一個附設幼兒園，即以他們的名字為名（Bereitor-Engelmann Preschool），是專為 5 歲幼兒而設的學校。Bereitor 在 1960 年代初期和中期，主要努力的方向是教導學前的幼兒，讓他們具備上小學前之幼兒園（指 5 歲幼兒）和國小低年級時所需的基本能力。Engelmann 的興趣也是教導 3、4 歲幼兒基本能力之增進。Bereitor 與 Engelmann 深信所有的孩子都是可被教育的，只要教導低成就的孩子更多的學業技巧，他們就可以趕上同儕的學業水準。因此他們設計了一個每天 2 小時直接教文化不利孩子讀、算、語言的課程，此時大家稱此課程模式為 Bereitor-Engelmann 模式（Bereiter-Engelmann Model，以下簡稱 B-E 模式）。

　　1967 年，Bereitor 離開伊利諾大學，W. C. Becker 加入，從此時到 1981 年，這個模式就以 Engelmann-Becker 直接教學模式之名稱見聞（Engelmann-Becker Direct Instruction Model）。Becker 是一位心理學家，原本的興趣是兒童臨床心理學，後來由於對兒童臨床心理學的傳統方法不滿而努力地建立一個行為導向的方法。Becker 加入後，對該課程模式的貢獻包括：(1)幫助父母更有效地去教導孩子；(2)訓練教師應用行為學派的原則；(3)應用效標

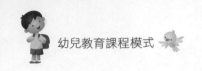

參照測驗（criterion referenced tests）來評估學生的進步情形；(4)透過兩週一次的報告來評量教師的成長；(5)應用電腦技術來評量和管理學生的學業情形（Becker, Engelmann, Carnine, & Rhine, 1981）。

1970年，Engelmann-Becker直接教學模式和其成員離開伊利諾大學，移到奧瑞根大學（University of Oregon）。由於「繼續方案」（Follow Through Project）的需要，直接教學模式即發展由幼兒園到國小三年級的課程，自1981年起，這個模式被稱之為直接教學課程模式（Direct Instruction Model，以下簡稱 DI 模式）。

1960年代，DI 模式和 B-E 模式盛行，受歡迎與肯定是有其社會和政治背景因素：

1. 由於 DI 模式和 B-E 模式強調，透過環境的改變可以改變學生的學習成就，此無疑地是對智力固定論的挑戰，此種觀念深受當時社會和家長所接受。

2. 美國普遍性的貧窮所附帶而來之低成就學生的問題：DI 模式和 B-E 模式強調，低成就的孩子是因為他們接受較少的文化刺激，換言之，如能給予低社經家庭孩子有系統地直接教導未來上學所需的能力，就可縮小低社經地位孩子與中等階層家庭孩子間的差距，也就能解決貧窮所帶來低成就學生的問題。

3. 1957年，蘇俄發射第一枚火箭上太空，嚴重打擊到美國的尊嚴，因此在教育上加強讀、寫、算課程的呼聲大起，B-E 和 DI 模式的內容正符合當時的需要。

4. B-E 模式和 DI 模式與多數公立學校課程最能銜接。

第二節　直接教學課程模式的理論基礎

B-E 模式和 DI 模式與其他課程模式不同的地方是它們的理論基礎，不是來自於兒童發展理論。參與這個模式的研究者多為教育學家和行為心理學家，而不是發展心理學者，因此其學習理論強調學生行為的改變和個別差異是來自於學習，而非來自於發展，其視學生在學習中是：

1. 接收體而非參與者。

2. 教育人員可以透過事先周詳的設計，使學生與環境互動來增加學生的學習。

3. 應用行為學派理論中的增強、塑造、處罰、消弱等方法，可用來促進刺激與反應間的連結，使其產生學習行為。

第三節　直接教學課程模式的內涵

B-E 模式和 DI 模式雖有其承繼之脈絡關係以及共同的理論基礎，但因教學對象的年齡層不同，因此在課程內涵部分也就有差異性存在。以下即將兩個模式分開來說明。

壹、B-E 模式

一、目標

B-E 模式（Becker et al., 1981; Bereiter & Engelmann, 1966; Goffin, 1994）的長期目標是讓 3、4 歲學習不利的孩子具備上幼兒園和小學時所需之程度。在細分成具體目標時，則分成十五條最基本的目標，其中包括一般說話時會用到的字彙與句型結構，例如：「回答問題時，肯定句與否定句的使用能力」、「能正確地數到十」、「能分辨母音和至少十五個子音」等。

與數有關的部分，例如：非常細的小目標，這些目標都是仔細分出來，被認為是有助於未來學習成就的主要技能。

二、內容

課程內容主要有兩個來源：(1)從小學一年級的課程去分析，小學入學前的學生應具備的能力是什麼；(2)從「比西智力測驗」去分析學生普遍應具備的概念是什麼。根據此來設計課程，其結果決定顏色、大小、形狀、數字、順序、分類、位置、行動、材料、部分與整體的關係等概念是入小學前應學會的概念，因此加入其課程內容內。

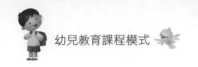

三、教學方法

在教學方法方面，B-E 模式有五個特性：(1)快速度的學習步調：20 分鐘內要完成五種或五種以上的工作，學生會被不斷地要求反應，可以多到五百次以上；(2)與工作無關的行為盡量減少，上課時強調工作導向；(3)強調口語的反應；(4)課程是事先周延地設計好的，每次以小單元方式進行，同時不斷地給予回饋；(5)課程要求學生許多的工作，因此學生需要用心、努力地工作，這樣才會有獎賞。

四、每日作息表

B-E 模式的作息表是：每天上課 2 小時，每班十五位學生，五位學生為一組，每天上三門課；讀、算和語文課，分別由三位不同老師上各科的課，每堂課 20 分鐘。另 1 小時全班一起做一些「較次要的活動」（minor activities），例如：點心時間、上廁所和半結構式的活動等（如表 6-1 所示）。

表 6-1　作息時間表

	第一組 （五個學生）	第二組 （五個學生）	第三組 （五個學生）
第一個時段（10 分鐘）	非結構性活動		
第二個時段（20 分鐘）	語文課	算術課	閱讀課
第三個時段（30 分鐘）	點心	音樂	時間
第四個時段（20 分鐘）	算術課	閱讀課	語文課
第五個時段（20 分鐘）	半結構性活動		
第六個時段（20 分鐘）	閱讀課	語文課	算術課

貳、DI 模式

一、目標

DI 模式（Becker et al., 1981; Bereiter & Englmann, 1966; Goffin, 1994）的長期目標是培養低成就學生基本的學習技能，好讓他們具備與文化背景較

好的學生競爭社會中更高教育和機會的能力。近程目標是幫助 5 歲幼兒到國小三年級學生達到該年齡的學業水準。DI 模式設計者也看重學生社會與情緒領域的發展，他們認為 DI 課程有助於學生積極自我概念的發展，因為當學生成績好時，他們對自己和別人對他們的看法都會較正面。DI 模式的教育目標非常以學業目標為導向，因此其核心科目是閱讀、語言和算術，每個科目分成三個程度，計九套課程內容，由科學研究學會（Science Research Associates, SRA）以 DISTAR 註冊商標出版。每一套課程都有其各自的目標。

二、內容

1. 閱讀：DISTAR 第一套和第二套閱讀課程的目標是閱讀的解碼技巧（decoding skills）和理解技巧；第三套的目標在培養學生能從閱讀中獲得新知，並會使用所得的新知。
2. 算術：第一套的算術課程目標是基本的加、減法運算及應用問題的運算；第二套的目標是基本乘、除法的運算和時間、長度、重量、金錢的加減運算；第三套的目標是加、減、乘、除混合運算和代數的運算。
3. 語言：第一、二套語言課程的目標是教物品的名稱、特質、類別，以及彼此間的關係，學生學習完整的敘述和細節的描述；第三套的課程目標是幫助其加強學生基本文法規則、語言的應用，以及寫作和拼字能力。

三、教學方法

DI 模式的教學方法強調小組教學，並運用行為學派的增強原則。為了能進行小組教學，學前一年、國小一年級和二年級的班上除了一位主教教師外，都有兩位助理教師，國小三年級則有三位助理教師，和 B-E 模式一樣，每位教師都是以學科為專長，專門負責班上某一科的教學。

四、每日作息表

DI 模式的作息表係以分組方式進行教學活動：每天 5 小時上課時間，3 小時在學業學習上，2 小時在學業學習以外的活動；每班學生分成四組，每

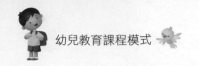

組約四～七人，輪流上三個科目，每個科目如是第一套和第二套課程時，教學時間是 30 分鐘，第三套時，學生需自己先做練習簿 30 分鐘後，才有 15 分鐘的教學時間。程度好的學生，教師會要求他每天完成 1.5 課，程度最低的學生每天要完成 0.7 課。

參、評量

上述兩個模式的評量都是以標準化成就測驗為主，每一課結束時都有標準化參照測驗。

第 七 章

人類價值教育課程模式[1]
（SSEHV 課程模式）

第一節　人類價值教育課程模式的發展源流

壹、SSEHV 的發展源起

　　沙迪亞賽巴巴（Sathya Sai Baba），1926 年 11 月 23 日出生於印度南部布達峇地（Andhra Pradesh）縣的偏遠村落（臺北市人類價值教育學會，2010a）。賽巴巴提倡價值教育，重視道德價值，其教育目標在啟發人們辨別是非的能力，最終目的在「啟發人類潛在的優點」（臺北市人類價值教育學會，2010a）。「沙迪亞賽人類價值教育」（Sathya Sai Education in Human Values，以下簡稱 SSEHV）強調人類精神層面的教育、啟發孩子內在的智慧與良知，以及運用早已存在於內心的美好價值，使孩子成為真正有價值的人（湯維正譯，1999f）。

---

1. SSEHV 目前在臺灣尚未成為一個完整的普及化教育系統，本章的參考資料與書籍以臺灣人類價值教育學會翻譯、編印成冊的書籍為主。

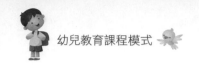

隨著社會變遷，家庭的穩定性與凝聚力降低、學校強調知識與技能的習得，以及一般文化中，例如：消費文化、電視文化等，孩子大多接觸到負面的價值觀與訊息。在家庭、學校和文化的改變下，人們對於信仰、價值傳遞的重視降低，為這個社會帶來諸多危機，例如：道德感的喪失、缺乏正確的價值判斷，甚至缺乏對不同文化的包容而帶來歧視與戰爭等。因此，賽巴巴追求人類價值教育的理念乃試著從「心」的教育開始，從「心」找回力量去面對這變動的世界。

賽巴巴說：「世上只有一種階級：人的階級。世上只有一種宗教：愛的宗教。世上只有一種語言：愛的語言。」SSEHV 的教育不分種族、階級、宗教，賽巴巴認為宇宙相互共存的信念便是「愛」（臺北市人類價值教育學會，2010a）。

賽巴巴在故鄉創立了幼兒園到中學的一套完整教育體系，也在諸多省分創辦了許多學校（臺北市人類價值教育學會，2010b）。SSEHV 強調無私的奉獻，認為教育與金錢之間不應有任何掛勾，因此世界各地合法的賽學校教育皆為免費，在這樣的環境下，希望培養學生成為真心渴望為他人服務和奉獻的人（臺北市人類價值教育學會，2010a）。

貳、臺灣的 SSEHV

1996 年，國際沙迪亞賽組織首次到臺灣舉行會議。1999 年，正式成立了「臺北市人類價值教育學會」，且不定期舉辦「教師研習」、「為人父母」、「義工培訓」，以及 SSEHV 親師讀書會，致力於推廣及運用 SSEHV 的理念於教育中。2000 年，開辦「沙迪亞賽祥笛幼兒園」，免費招收 4～6 歲幼兒（臺北市人類價值教育學會，2010a）。

第二節　人類價值教育課程模式的理論基礎

SSEHV 課程的產生，是沙迪亞賽巴巴對社會過於物質化、過於強調功利性、外求式教育之反思後提出的教育觀點與作法。他融合了各個宗教的精神、論述，形塑出自己的一套「心育」（Educare）哲學。這套哲學簡單

易懂，與教育哲學或一般學術性的哲學理論是不同的。

第三節　人類價值教育課程模式的內涵

壹、教育目標

　　SSEHV 課程模式的教育目標在於培養孩子基本的人類價值、教導符合倫理的行為，以及教導何謂自我控制，使人們具有品格和美德。而教育的成果便是人格的建立（湯維正譯，1999a）。

貳、教育內容

　　人類的五個基本價值分別為：「真理」、「正義」、「和平」、「愛」及「非暴力」，這五項人類價值是每個人應受的完整教育及靈性教育的核心，也藉由傳遞此五個價值以建立完整的人格。人格的五層面分別為「智能」、「身體」、「感情」、「心理」及「精神」。人類的五個基本價值和人格的五層面是相通的，以下說明五個價值的內涵及其與人格層面之相關（湯維正譯，1999f）。

一、真理（智能領域）

（一）定義

　　1. 真理是思想、言論、行動的和諧統合。
　　2. 真理是亙古不變的。
　　3. 真理是覺悟於天地萬物性靈的啟示。
　　4. 真理是永遠無法摧毀的。

（二）與人格的相關

　　真理與人格中的「智能」是相通的，此代表理智的能力及直覺的力

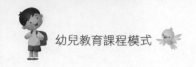

量。透過真理，孩子不再僅追求世俗的知識，而是追求智能、真理、哲學思維與人生的價值等。當真理被充分彰顯時，孩子便有一套內在價值判斷的標準，而能辨別是非，且碰到問題時能做出正確的決定。

二、正義（身體領域）

（一）定義

1. 正義乃與人類自我之身體層面的發展有關。
2. 發展強健的軀體，同時發展控制規範軀體的方式及習慣。

（二）與人格的相關

正義與人格中的「身體」是相通的，但並非僅在運動技能上，而是發展強健的身軀，其目的是讓人透過「行動」來展現道德與自我控制和規範，進而擁有意志力以導正慾望，例如：孩子學會控制自我的情緒，抑制衝動，並運用正面能量去做正確的事。

三、和平（感情領域）

（一）定義

1. 和平是內在精神的寧靜、精神的平衡及平靜心。
2. 和平存在於每個人之中。
3. 當人心從外求轉向內省時，並將慾望減到最低且懂得知足時，才會有平靜的心。
4. 和平並非靜止不動，而是透過藝術活動等美麗形式來表達，例如：音樂、舞蹈、美術等。

（二）與人格的相關

和平與人格中的「感情」相通，透過除去衝動，以達到和平。

四、愛（心理領域）

（一）定義

1. 愛是人類的基本價值。
2. 愛是每個人無時無刻不在發散與接收的能量。

（二）與人格的相關

　　愛是人我關係的表現，透過正向的思緒與情緒，將愛擴展至親情、友情上。且愛與人格中的「心理」相通，透過愛的方式，讓孩子轉變成仁慈、關愛、慈悲，且能幫助他人無私奉獻，此乃人格中的心靈層次。

五、非暴力（精神領域）

（一）定義

1. 普遍的愛，幫助人們明瞭本身對構成這宇宙萬物應有的義務，以及必須擴展對萬物的愛，例如：對萬物的愛實踐在「不殺生」上，因此不殺害動物，也不食用肉類食物。在 SSEHV 的學校，也皆不食用肉類。
2. 非暴力超越自我與同類的關係，乃涵蓋所有無生命的事物。
3. 非暴力是指在思想、言論、行為等三方面，都不去傷害他人。

（二）與人格的相關

　　非暴力與人格中的「精神」相符合，當人們了解「萬物渾然成一體」，擁有非暴力的精神想法時，非暴力才能實現。非暴力可謂一切行為的引導，賽巴巴曾說：

> 非暴力展現在思想上就是與萬物融合；
> 展現在語言上，就是同理與諒解；
> 展現在行為上，就是利他——主動滋養所有的生命體。

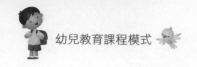

參、教育方法

　　SSEHV 的教學方法及其相應的教學活動之目的，在讓孩子不只是用腦，同時是用整個身體在學習，透過主動的參與，使價值能更深植孩子心中。SSEHV 教育方法的核心有三：教學方法、環境規劃，以及成人角色，詳述如下（臺北市人類價值教育學會，2010a）。

一、教學方法

　　SSEHV 採用三種學習方法，包含：直接教學、將價值融入科目的間接教學法，以及將價值融入課外活動的間接教學法，傳遞人類價值教育給孩子。其各自具體的實施方式，說明如下（湯維正譯，1999e）。

（一）直接教學

　　直接教學指以直接的方式傳遞人類價值。學校每兩個星期裡強調同一個價值，並在這段期間讓全校師生皆浸淫在此價值的氛圍中，例如：在校園內到處張貼海報、勵志小語、藝術作品，以及吟唱人類價值歌曲等。教師的預備步驟，包含：

　　第一步：每一至兩個星期專注一個基本價值觀，教師需從五個「人類基本價值」中挑選其中一個基本價值：真理、正義、和平、愛、非暴力。

　　第二步：每個教案以一個價值觀為主，教師設計活動細節（例如：說故事、唱遊、諺語、箴言等），以配合鞏固此價值觀。

　　在教學活動上，共有「靜坐冥想」、「勵志小語、肯定句、祈禱（箴言、諺語）」、「說故事」、「音樂、合唱」，以及「團體活動」等五種教學活動與技巧，說明如下。

1. 靜坐冥想

　　(1) 原則

　　　「平靜」是學習所必須，學生要先能平靜下來，靜得下心後，才能將教師在課堂上講授的東西加以吸收，對課程內容的了解和對正向價值的吸收才能更有效率與透徹。初期，教師可先讓孩子在上課前靜坐 2

分鐘，過一段時間待教師發現孩子已將此視為規律的行動，且學生於專注力、接收訊息能力上有些轉變後，教師可再延長靜坐時間至 5 分鐘，接著再逐漸延長時間至 10 分鐘左右。

(2) 技巧

　　a. 教導孩子利用呼吸的調整來靜心，例如：「閉上眼睛，深呼吸，吐氣」等反覆動作。

　　b. 冥想三階段：專注（心意的集中）、沉思、冥想。

　　c. 「光的冥想」：用光來淨化身體的一切感官，讓自己能想好的、看好的、聽好的、說好的、做好的。其冥想步驟為：

　　第一步：請孩子圍一個圈，盤腿坐在地上。

　　第二步：教師關燈，並點亮蠟燭。

　　第三步：播放引導「光之冥想」的音樂。

　　第四步：請孩子閉上眼睛，跟隨著音樂的指示，進行「光之冥想」，指示如：

現在把光　帶到心中
讓我們的心中　充滿了光
想像　心中有一朵蓮花
花苞在心中　一瓣一瓣地　綻放開來
願我們的心中　充滿了愛與和平

2. 勵志小語、肯定句、祈禱（箴言、諺語）

(1) 原則

　　a. 利用正面的思緒能導致正向的心理動力。

　　b. 正向的想法→正向的行為→正向的習慣→正向的人格→正向的命運。

(2) 技巧

　　透過勵志小語及肯定句等富含智慧和真理的話，使其深植於潛意識內，從而影響心念，而心念最終和人格有關，例如：

　　a.「讓我學會傾聽師長的話語，不僅是因為他們比我有智慧，而且他們也愛我。」

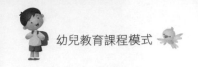

　　→ 教導孩子傾聽師長的話，並非為了服從而服從，而是教師以愛
　　　與智慧引導、指示幼兒。

b.「願我有力量及勇氣，面對生命中所有的困難；願我勇敢又堅強，
　　能克服自己內在、外在的所有障礙。」

　　→ 教導孩子給予自我內在的力量，用心的力量去克服困難與障
　　　礙。

c.「向著光前進，影子便落在你的後頭；背著光而行，你便得跟隨著
　　你的影子。」

　　→ 光代表著光明，且會驅逐所有黑暗（「光的冥想」），亦代表
　　　正向的能量，教導幼兒凡事朝著正向前進，則負面的一切皆會
　　　被驅逐。

3. 說故事

(1) 原則

故事能描繪一幅各種人物、情境狀況，以及道德上的難題與解決之道
的圖像，讓孩子聯想到相對應的價值，使孩子對社會規範、社會期
待、可接受的態度，以及行為目標較為敏感，進而能將價值深植於心
中。

(2) 技巧

結合三個要素，包括：「故事本身」，依據孩子的發展，挑選適宜長
度、符合理解程度的故事；「說故事的人」，喜歡、投入故事，且能
與孩子分享故事感受，以及「聽故事的孩子」。

4. 音樂、合唱

(1) 原則

和諧的音樂可為我們帶來放鬆，使人處於喜悅與安樂的狀態；相反
的，嘈雜、尖銳、不和諧的聲音則會令人緊張。當合唱或音樂與價值
相連結時，孩子有機會透過它得以體驗到正面的價值，它能從中給予
孩子靈感與啟示，成為對孩子有益的指引。

(2) 技巧

a. 樂器演奏：鼓勵孩子學習、操作不同的樂器。

b. 音樂欣賞：播放音樂（如古典音樂或正向價值的音樂）。

　　c. 靜坐時聆聽音樂：如古典音樂或正向價值音樂，讓幼兒專注。

　　d.合唱和組織樂隊：引導孩子在團體中意識到融入與協調的重要。

5. 團體活動

　(1) 原則

　　團體活動具有雙重意義——人類乃社會性動物，因此急切需要在「團體」社會活動中與他人互動；「活動」則相對於「聽講」而言，重視引發幼兒興趣。

　(2) 技巧

　　a. 故事扮演：透過不同角色的扮演，讓孩子學習如何解決各種狀況。

　　b.默劇：孩子不講話表演一個主題，讓其他孩子猜測他所要傳達的訊息。

　　c.團體工作：鼓勵孩子們合作，讓孩子學習傾聽不同意見、使用不同觀點看事情，也可以學習他人之優點。

（二）將價值融入科目的間接教學法

　　此教學方法乃在各科目的教學中融入帶有「正面價值」的知識，以說故事、舉例等方式，讓題目背後隱含著正面的價值意義。以融入數學課程為例，教師並非僅教導數學算式，而是透過自編故事，將價值整合進去。這樣的作法可以用在各個科目裡。以下分別以負面價值範例及正面價值範例舉例（湯維正譯，1999c）。

1. 以數學「10−7 = ?」為例

　(1) 負面價值：「一位農夫有十頭牛，七頭牛被偷走了，現在農夫還有幾頭？」

　　→在此數學算式中，便隱含了「偷竊」的意涵，無形中也將「偷竊」的觀念融入孩子的價值觀中。

　(2) 正面價值：「一位農夫有十頭牛，他為了『感謝』鄰居總是在他需要的時候『幫忙』他，農夫決定送給鄰居七頭牛，請問現在農夫還有幾頭牛？」

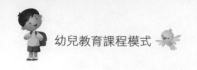
→在此數學範例中則傳遞了正面的價值觀——「感恩」與「幫助」。

2. 以科學「重力」為例

　　一般教師會講解因重力因素，水會向下流動。但在此課程中，教師會融入「價值觀」，例如：把水比喻為「愛」，若內心充滿驕傲，則「愛」無法流向我們；反之，若我們很「謙卑」，則愛會朝我們這邊流動（如圖7-1 所示）。這是將正向價值觀融入科學科目之作法的案例。

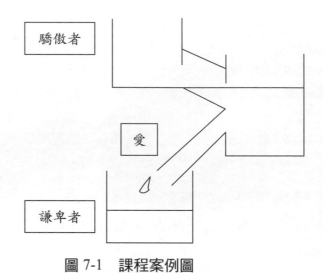

圖 7-1　課程案例圖

3. 以歷史為例

　　歷史故事中有許多的榮耀和失敗，可在課程中強調歷史故事之正面價值觀，例如：愛國心、慈悲、合作、忠誠、正義、堅毅等，以故事的方式傳達正面價值。就「堅毅」為例，可以「國父孫中山」的故事，強調不畏失敗、愈挫愈勇的價值。

（三）將價值融入課外活動的間接教學法

　　這是在各種課外活動中強調價值，例如：園遊會、運動會、戶外教學、參觀活動、義賣活動、服務活動、社團活動等，都可以在適當的時機點，以及活動內容的設計上，與「價值」有所連結（湯維正譯，1999d）。

1. 以「運動會」為例

(1) 輸與贏：在運動比賽中，教導孩子「運動家精神」，例如：「君子之爭」，以光明的態度獲得勝利；「勝不驕、敗不餒」，教導孩子明白人生不可能永遠贏或輸，無論輸或贏，贏家不應驕傲，敗家也應為贏家開心。並且要教導孩子要勇敢去面對各種狀況，甚至明白失敗中也有美好的一面，例如：了解自己的不足，從失敗中明白自己能繼續努力的方向。

(2) 讓孩子在運動中學習「合作」與「團隊精神」，盡心盡力結合每個個別的力量，讓 1 ＋ 1 ＞ 2，了解「團隊力量大」。

2. 以「辯論」為例

以高年級學生為主，讓學生分成兩隊，並採取相反立場。由教師擔任裁判，以確定結論是奠定在良好的價值觀上。題目如「門禁」，正反觀點可以讓孩子們討論門禁的好處與壞處；或者站在不同角度，站在孩子的角度以及父母的立場觀點來討論門禁，例如：

(1) 正、反兩面立場談門禁

　　a. 門禁的好處

　　　(a) 安全考量：夜間較危險，遇到壞人可能求助無門；交通則視線較差。

　　　(b) 身體健康考量：有門禁可以限制回家的時間，即可避免太晚回家，因而影響睡眠時間。

　　　(c) 時間管理：從門禁學習時間管理。

　　b. 門禁的壞處

　　　(a) 時間無法彈性：可能打斷孩子與同儕的聚會，易感覺掃興。

　　　(b) 親子關係：增加父母與孩子間的磨擦。

　　　(c) 被動遵循規定，而非主動的自我管理。

(2) 從父母、孩子的角度談門禁

　　a. 孩子的角度

　　　時間無法彈性：聚會尚未結束，自己得先回家，易感到掃興。

　　b. 父母的角度

　　　(a) 因為關愛而有門禁：父母擔心孩子隻身在外的安全考量。

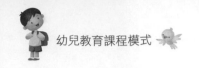

(b) 為了增加家人相處時間：限制孩子在外的時間，以增加家人之間的相處時間。

在此過程中，孩子能學習不同角度的思考，也能在辯論中，釐清自己的概念與想法，並了解同樣的事件背後可能隱含不同的意義。

3. 以「環保活動」為例

讓孩子在生活中更重視環保，「愛護」及「感激」大自然所提供給我們的一切，並珍惜保護大地一切的資源且「不浪費」。活動例如：種樹、種花草、資源回收等。

二、環境規劃（學習環境）

SSEHV 教育課程強調讓孩子沉浸在正向的價值之中，因此對環境的規劃主要有以下二種：

1. 勵志小語、肯定句：為了讓「眼睛看見好的事物」，教師會將勵志小語及肯定句等貼或畫在牆壁上，讓孩子隨時可看見正向的語言，藉由視覺的沉浸，進而深植心中。
2. 音樂：為了讓「耳朵聽見好的事物」，教師時常會播放並帶領孩子一同吟唱正向價值的歌曲，藉由聽見好的話語，接收正面的價值。

三、成人角色

SSEHV 教育課程重視成人的身教，如果孩子真的要了解某一特定的價值，最有效率的方法就是成人得先肯定與重視該價值觀念，才能藉由「口」說出的言教來與「行為」做出來的身教，對孩子傳遞正向的價值訊息，以對孩子發揮正向的影響（湯維正譯，1999b）。

肆、評量

Taplin（2006）曾經針對SSEHV教育課程的評量標準進行說明。他認為價值教育的成效難以評量，基於以下兩個原因：

1. 教育者難以避免將自己的價值納入評價中，無法客觀評價。
2. 教育並非要兒童在一開始便有立竿見影的成效，教師也無法立即看

見價值教育對學生的影響。

　　雖然價值教育並沒有特定的評量標準，但有了標準不僅可以評量學生獲得的成果，且能幫助學生了解行為的本質，因此 Taplin 試著以賽巴巴所言：「教育的結果是人的品格」，將「品格」做為期望的結果，並採納 Anoos（2001，轉引自 Taplin, 2006, p. 54）之建議，將品格的評量指標分為以下九項，並且分為「完美、很好、中等、不很好、不好」五等級標準，進行評量：(1)誠實；(2)承擔角色的責任；(3)講真話；(4)尊重他人；(5)關心弱小；(6)有原則（良好品性）；(7)不會被福祉寵壞，不會被不幸壓垮；(8)忠誠；(9)誠信。

　　Taplin 認為，標準可以透過各種不同的方式來提升，例如：教師與學生共同討論、學生自評、同儕互評，甚至家長、教師、學生共同討論等。最好的方法則是讓學生制訂自己的標準，以調控自己的價值。

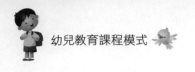

第 八 章

金字塔課程模式

第一節　金字塔課程模式的發展源流

　　1990 年代，荷蘭經歷前所未有的移民潮，大量湧入的移民兒童令學校教育措手不及。荷蘭教育心理學家 J. J. van Kuyk 博士為 2.5～7 歲學前幼兒設計了一套課程與教學的方法，期望能藉此有效提升幼兒各方面的能力，尤其是語言、思考與學習的能力。此課程模式被廣泛應用在荷蘭，現在逐漸被推廣到世界各地。

第二節　金字塔課程模式的理論基礎

　　金字塔課程模式的形成融合了 J. Bowlby 的依附理論、J. Piaget 的認知發展理論、L. Vygotsky 的社會文化建構理論、H. Gardner 的多元智能論、I. Sigel 的距離理論，以及 P. van Geert 的動態系統理論等觀點。

　　Kuyk 博士發展出來之金字塔課程模式的理論架構包括四個基本概念、三種智能、三個行動與思考的層級，以及四種課程活動，說明如下。

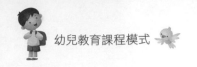
壹、四個基本概念

　　圖 8-1 為金字塔課程模式中的四個基本概念，分別為親近（Nearness）、距離（Distance）、學習者的主動性（Initiative of the Learner），以及教師的主動性（Initiative of the Teacher），以下即針對四大基本概念進行詳細闡述。

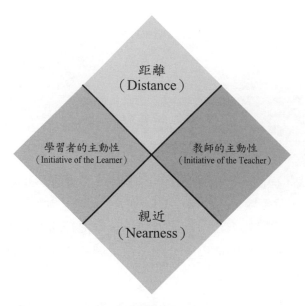

距離
（Distance）

學習者的主動性
（Initiative of the Learner）

教師的主動性
（Initiative of the Teacher）

親近
（Nearness）

圖 8-1　金字塔課程模式的四大基本概念

一、親近

　　親近是指師生之間的貼近關係，與依附理論（Theory of Attachment）的概念相似，認為良好的依附關係是重要的，因此在進行教育時，讓孩子感受到教育者陪伴左右是重要的原則。若教育者與幼兒建立穩固的依附關係，就能幫助幼兒獲得足夠的安全感，幼兒就得以自由地邁向世界、探索世界。

　　金字塔課程模式認為，幼兒的自由必須伴隨著結構與限制，在教育者支持、鼓勵與尊重兒童自主性的同時，也要創造一個清楚的架構以及建立

規則；此架構與規則同樣能提供幼兒安全感，使他們能在安全的情境中主動進行探索。必須要留意的是，這些架構與規則代表著遊戲及學習的空間，能給予幼兒秩序和歸屬感，而不是用以限制孩子的行動。

在師生建立友善關係的過程中，金字塔課程模式提出「敏感的回應態度」（sensitive response attitude）是一個關鍵，其認為教師在現場的任務就是關注幼兒發出的訊息，透過適當調節、回應以配合幼兒的發展（訊息反饋），例如：應該覺察並尊重幼兒顯示出他們並未準備好加入團體活動的訊號。

二、距離

距離一詞源自 1993 年 Sigel 提出的概念架構，Kuyk 由此發展出距離理論（Distancing Theory）。教育者必須從幼兒此時此地的學習點開始，從近距離的具體情境與事物著手教學，以幫助幼兒的知識與經驗由近而遠的建立。

換句話說，教師需要提出幼兒眼前的問題，也要提供機會讓幼兒討論不在眼前的事物，如此幼兒便有機會想像從未看過的事物，或思考過去發生的與未曾發生的事。進一步的，幼兒能從中習得表徵能力，學會如何創造得以用於思考、回想的各種抽象表徵（representations），進而呈現不在自身眼前的事物。

教師的任務是透過課程中、短期（short term）或長期（long term）進行的方案規劃，來促進兒童與未知經驗間的連結（關於短期和長期進行的概念，會於「四種課程活動」段落說明）。此概念與 Vygotsky 於 1962 年所提出之「近側發展區」的指導原則與應用類似，相信教師能以策略拓展幼兒的能力與經驗，並強調教師角色的重要性。

三、學習者的主動性

Piaget 認為，幼兒能透過接觸外在世界的事物來建構自己的知識，他們有足夠的認知能力主導自己的發展。孩子採取主動是教育過程的開始，也是教育的目標。兒童在嬰兒時期，即展現他們主動探索世界的行動，例如：用手抓取物品、注視感興趣的事物等（林慧麗、胡中凡、曹峰銘、黃啟泰、蔣文祁、簡惠玲譯，2013）。

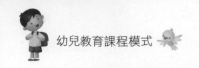

金字塔課程模式強調，教師應支持孩子主動探究的行為，由教師提供豐富的環境與刺激，予以幼兒主動探究和自由探索的機會。這是金字塔課程模式的第一個目標，也是最終的教育目標，以培養能夠管理自己每日生活的獨立兒童。

四、教師的主動性

如同 Vygotsky「近側發展區」的學習概念，金字塔課程模式認為，教師的角色是扮演幼兒學習過程中的鷹架，在幼兒無法獨立達成的工作上給予協助，或進一步提供豐富的資源與刺激，在具發展潛能的區間內拓展幼兒的認知與能力。

教師的主動可以單純透過鼓勵的方式支持幼兒，也可以運用多元的教學技巧創造可能性、提供示範、給予指導，引導幼兒主動學習技能和概念，以培養思考和解決問題的能力。

五、四大概念間的關係

金字塔課程模式的四項基本概念是極為重要的理念基石，其強調概念間彼此消長的緊密合作關係。分別舉例如下：

1. 學習者的主動性 vs.教師的主動性：當孩子主動探尋時，教師能適時退居幕後；若孩子主動性較低，教師要能出面提供環境、資源及心靈上的支持與引導。
2. 親近 vs.距離：有了「親近」便能出現「距離」，當幼兒獲得安全感，就有足夠的動機進行探索，由近而遠的開展學習。

四項基本概念相互結合，構成教學與課程的要素。教學的要素與教師如何對待孩子的方式有關，重視師生間關係的建立；課程的要素與學習內容有關，後面會有說明。研究指出，幼兒的思考與行動有許多不同層次的運作，決定運作的層次通常會受到情境、資源、內心狀態等不同情況影響。金字塔課程模式相信教師依據經驗及知識所提出的問題（兼具開放性和距離），能促進幼兒高層次的表徵，並激發幼兒發展的潛能，以達最佳化（optimizing）的發展層次，這也是教師在教學中的重要任務（如圖 8-2 所示）。

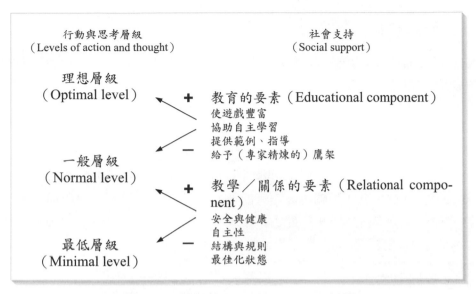

圖 8-2 學習與支持層次間的關係圖

貳、三種智能

　　金字塔課程模式強調之發展領域的觀點，是以其三大智能的看法為基礎（如圖 8-3 所示）（Kuyk, 2013），說明如下。

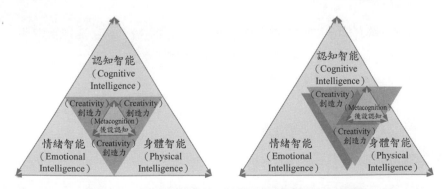

圖 8-3 三大智能和三個行動與思考的層級

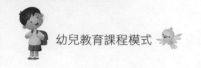

一、認知智能

認知智能（Cognitive Intelligence）是指幼兒控制與使用語言以及思考的能力，含括感官、語言、思考、空間與時間的認識等內涵。幼兒透過發展這些概念來認識世界，並掌握日常生活中的各項概念。

二、情緒智能

金字塔課程模式中的情緒智能（Emotional Intelligence）與個人的人格發展、社會情緒發展相關，此項智能是指幼兒能夠感覺到自己與他人的情緒，並回應合宜行為舉止的能力。換句話說，在此領域中強調教師應協助幼兒學習辨識自己和他人的感受，以發展尊重他人的道德行為。

三、身體智能

身體智能（Physical Intelligence）是指展開肢體活動、控制肢體，並以創意的方式表現自己的能力。在金字塔課程模式中區分為動作發展及藝術（音樂和美術）發展。在此領域中，幼兒學習運用自己的肢體，了解身體的極限，進而學會如何創意地展現肢體和使用肢體語言；同時他們也搭配合適的材料、道具及樂器，學習用藝術性的方式表達自我。

參、三個行動與思考的層級

金字塔課程模式中對於幼兒學習階段分有三個行動與思考的層級，依序反映出幼兒逐漸個別化的學習歷程以及學習上的變通性。教師在了解後可對應幼兒處於何種行動與思考層級，採取合適的教學方法與介入的程度。

三個行動與思考層級的內涵（如圖 8-3 所示），說明如下。

一、基礎層級

基礎層級（Basic Level）所學習的是基本的知識與技巧。在這個層級中，幼兒透過模仿、示範、複製和學習他人的行為而得到學習。

二、創造力層級

　　創造力層級（Creative Level）中所指的創造力，是指能創造、想到任何嶄新或具有價值事物的能力。在此層級中，幼兒以創意的方式運用他們學到的基礎知識及技巧進行學習。

三、後設認知層級

　　後設認知層級（Metacognitive Level）是認知與技巧的最高層級。當幼兒能覺察自己的知識、技巧和有意識地調整自己的行為時，幼兒即到達了此層級。在認知智能面向的學習歷程中，幼兒有許多機會逐漸意識到自己在肢體、情緒和認知上所造成的行動，並留意到此歷程運作具有彈性、創意的各種可能性。在遊戲、方案等不同的主動學習中，幼兒透過不斷反思的問題，增進此層次的學習與思考之能力。

肆、四種課程活動

　　為了達到幼兒的最佳化發展，金字塔課程模式強調四種課程活動。依據幼兒的主動性可產生兩種課程／教學活動：遊戲活動和主動學習；依據教師的主動性亦可產生兩種課程／教學活動：方案及連續性活動。下面簡單介紹四種課程／教學活動的概念。

一、遊戲活動

　　遊戲活動（Play Program）是由幼兒主動採取行動而產生。在遊戲裡，幼兒可以自由和主動的在預設角落和環境中遊戲、學習和探索。

二、主動學習

　　金字塔課程模式強調幼兒主動進行各項活動，希望提供幼兒主動學習（Initiative Learning）的動機、意願與機會。

三、方案

　　方案（Project）是教師依據幼兒的經驗與興趣為主題，發展的一系列活

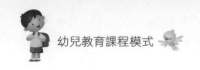
動。每一個方案都起始於一個遊戲活動，幼兒可自主選擇不同的遊戲，並在豐富的遊戲與學習環境中，進行主動的學習活動。金字塔教學法還針對3~5歲幼兒設計了三十六套方案（如表8-1所示）。

四、連續性活動

在金字塔課程模式裡的方案，常進行連續性活動（Sequential Programs），讓幼兒學習特定領域。這些連續性活動主要是在發展幼兒的精細動作、語言、閱讀、思考、數學、時間感、空間感等。活動設計由易到難，屬螺旋式的設計。

第三節　金字塔課程模式的內涵

壹、教育目標

金字塔課程模式的主要教育目的，是期望能以更有效率的方式提高學生的學習水準。為達到此目的，金字塔課程模式的教育目標是設計為了2~6歲幼兒提供「額外幫助」[1]的教育方式；重視幼兒與教師保持一定的距離，培養幼兒獨立處理事務的能力。透過金字塔課程模式定義幼兒學習的基本概念，能幫助教師理解學生的學習週期，進而採取高效率的教育途徑，提升幼兒的學習表現。

貳、課程內容：設計原則

金字塔課程模式以上述的理論為基礎，設計、出版課程資源材料（如表8-1所示），但沒有提供一個可以複製的課程設計架構。換言之，運用金字塔課程模式者可以依 Kuyk 提及的課程內容設計原則去自行設計課程，而不是直接運用如表8-1舉例之已成套的課程而已。

---

1. Kuyk（2013）指出，需從缺乏支援、無法自行處理日常事務的孩子著手，提供的額外幫助包括語言刺激、遊戲、學習活動及相關輔導等。

表 8-1　3～5 歲幼兒的三十六個方案設計

發展領域 Development Domain	3 歲幼兒		4 歲幼兒		5 歲幼兒	
	方案名稱 Project Title	方案焦點 Project Focus	方案名稱 Project Title	方案焦點 Project Focus	方案名稱 Project Title	方案焦點 Project Focus
空間定位 Spatial Orientation	鏡中的是我！ It's Me in the Mirror!	部分／ 整體關係 Part/Whole Body Relationships	薑餅人 The Gingerbread Man	部分／整體身 體動作和五大 感官 Body Move- ments & The 5 Senses	這裡、那裡、 無處不在 Here, There & Everywhere	我們的位置、 距離和定向的 概念 Positional, Distance & Directional Concepts
時間定向 Temporal Orientation	天氣觀察家 Weather Watchers	天氣如何影響 人們 How Weather Affects People	葉子偵探 Leaf Detec- tives	天氣如何影響 人和植物 How Weather Affects People & Plants	自然的巡邏者 Nature Rang- ers	天氣如何影響 人、植物和動 物 How Weather Affects Peop- le, Plants & Animals
感知、思維和 數學 Perception, Thinking & Math	上船啦！ All Aboard!	學習顏色和形 狀 Learning Ab- out Color & Shape	市場，市場 To Market, To Market	顏色和形狀的 分類 Classification by Color & Shape	城市景觀 Cityscape	提煉顏色和形 狀的屬性等多 元屬性之分類 Refining Att- ributes of Col- or & Shape, Classification by Multiple Attributes
社會情緒 Social Emotional	一個寒冷的早 晨 On a Cold & Frosty Morn- ing	我家的冬季慶 祝活動 My Family's Winter Cele- brations	雪人和我 The Snowman & Me	其他人的冬季 慶祝活動 Other People's Winter Cele- brations	家庭慶祝活動 Family Cele- bration Quilt	延伸家庭慶祝 活動 Extended Family Cele- brations
語言、閱讀和 書寫 Language, Reading & Writing	家，甜蜜的家 Home Sweet Home	關於我自己的 家 All About My Own Home	故事書的家 Storybook Homes	民間傳說和童 話故事中的家 Homes in Folk Tales & Fairy Tales	建築商 Homebuilders	家是如何建成 的 How Homes are Built
社會情緒 Social Emotional	舞者 The Dancer	透過動作表達 自我 Expressing Self Through Movement	藝術家 The Artist	透過藝術表達 自我 Expressing Self Throught Art	演員 The Actor	透過戲劇表達 自我 Expressing Self Through Drama

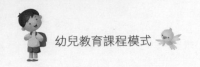

表 8-1　3～5 歲幼兒的三十六個方案設計（續）

發展領域 Development Domain	3 歲幼兒		4 歲幼兒		5 歲幼兒	
	方案名稱 Project Title	方案焦點 Project Focus	方案名稱 Project Title	方案焦點 Project Focus	方案名稱 Project Title	方案焦點 Project Focus
感知、思維和數學 Perception, Thinking & Math	玩具箱 The Toy Chest	計算 Counting	Safari 箱 The Safari Chest	計算與比較 Counting & Comparing	實物箱 The Treasure Chest	表現計數與比較 Representing Counting & Comparing
時間定向 Temporal Orientation	穀倉的嬰兒 Bamyard Babies	動物的生長週期 Growth Cycles of Animals	你的花園如何成長？ How Does Your Garden Grow?	植物的生長周期 Growth Cycles of Plants	生命的春天 Spring to Life	人、植物和動物的生長週期 Growth Cycles of People, Plants & Animals
語言、閱讀和書寫 Language, Reading & Writing	我的手提箱裡有什麼？ What's In My Suitcase?	我穿的衣服 Clothers I Wear	向我脫帽致敬 Hats Off to Me	某些人穿的衣服 Clothers Certain People Wear	假面舞會 Masquerade	幻想的衣服 Clothes for Fantasy
感知、思維和數學 Perception, Thinking & Math	三隻熊 The Three Bears	尺寸概念的多功能使用 Functional Use of Size Concepts	巨大的蘿蔔 Gigantic Turnip	體驗與比較尺寸概念 Experiencing & Comparing Size Concepts	傑克和魔豆 Jack & the Beanstalk	體驗、比較和延伸尺寸概念 Experiencing Comparing & Expanding Size Concepts
語言、閱讀和書寫 Language, Reading & Writing	我的鄰居 My Neighborhood	去離家近的地方旅行 Travel Close to Home	外面的大世界 The Great Outdoors	離家旅行 Travel Away from Home	外太空 Outer Space	在想像中旅行 Travel in My Imagination
科學 Science	水中嬉戲 Water Play	探索水的物理性質 Discovering Physical Properties of Water	水廠 Water Works	移動和使用水 Moving & Using Water	水世界 Water World	探索水體積的大、小 Exploring Bodies of Water Large & Small

註：本表係筆者整理自 http://www.piramideapproach.com/products.html 網站內的三十六個個別方案所製作成之總表。

金字塔課程模式課程內容的產生原則與教學方法有同步發展的性質。因此，此處介紹和說明金字塔課程模式課程內容的設計原則之同時，也會碰觸到此模式教學方式的一部分。

　　金字塔課程模式在設計課程時強調透過「學習距離由近及遠」的原則，亦即課程要能帶領孩子的思考能超越此時（早些、現在或即將發生的事）、此地（近處的地點）。Kuyk（2013）舉了一個例子：當我們拿一張大象的照片給孩子看的時候，可以以一些切身、眼前之「近距離」的問題問起，例如：「這隻大象的鼻子在哪裡？」接著，慢慢的問些孩子必須透過思考、想像或是運用先前知識之「遠距離」的問題，來促進孩子的學習，例如：「這隻大象正要去哪裡？」

　　金字塔課程模式在設計課程時的另外一個原則是「連續性」（sequential）原則。此原則與 Bruner（1960）的螺旋式課程（spiral curriculum）之概念雷同；螺旋式課程是指提供的課程是一套由具有邏輯先後順序之概念組合而成的學習內容，該內容是以逐漸加深、加廣的方式組織而成的。

　　依照「學習距離由近及遠」與「連續性」的原則，金字塔課程模式之設計課程就有「短期循環」（short-term cycle）與「長期循環」（long-term cycle）的設計。金字塔課程以三年為一長期循環，一年為一短期循環。每年有十二個方案，每個方案進行三至四週，此為短期循環。短期循環與長期循環之間有著清晰的發展架構和螺旋的發展路線。幼兒的學習隨著時間推移呈現更複雜、更抽象、更高層次的表徵學習（Kuyk, 2013）。幼兒在 2～6 歲階段為敏感期，他們處於表徵能力展現期，開始建構表徵。這個建構的過程分為四個階段：說明（Orientation）、示範（Demonstration）、擴展（Broading）、深化（Deeping）（如圖 8-4 所示），簡稱為 ODBD，說明如下。

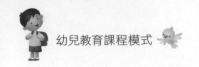

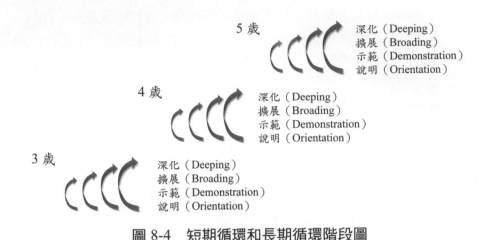

圖 8-4　短期循環和長期循環階段圖

一、說明

說明是將幼兒的前備經驗與所進行主題的內容相連結，例如：以「水」為主題，教師可以運用各種有關水的教具或材料與幼兒討論，如唱洗手歌、講一個有關下水道的故事等。將幼兒已有的經驗與將學習的主題連結起來，可以增加幼兒學習的安全感與信任感，這樣幼兒就會有好的情緒去學習。

二、示範

幼兒會憑藉其所有的感官，連結其經驗去了解、學習知識。特別是教師教導幼兒識別並討論相關概念時，可利用具體的情境及教具，讓幼兒透過感官獲得經驗，例如：教師讓幼兒透過味覺和嗅覺等感官經驗了解水的概念，如「水是什麼味道的？」、「水的聲音是什麼樣子的？」。

三、擴展

擴展是指對概念的擴展，運用「由近及遠」的原則去教導幼兒一個或多個相關概念的學習，並學會辨認異同，例如：「廚房不同物品的功能分別是什麼？」、「有什麼區別？」，此時幼兒會將自己的經驗帶入討論，並與新知識進行溝通、連結。

四、深化

深化旨在鼓勵幼兒將已學習到的概念應用在新的和困難的情境中，是對幼兒發展更高層次思維的要求。幼兒要在此步驟學會思考問題、解決問題，例如：「如何讓混濁的水變乾淨？」，也許這些問題對於幼兒而言是非常困難，也無法真正的解決，但他們在思考和實踐的過程中，將學會靈活應用知識去解決問題的能力。

參、教學方法

金字塔課程模式強調幼兒學習活動的環境設置以及教師在幼兒活動中的角色。

一、環境設置

創造豐富、高層次結構、具挑戰性的環境，可以幫助幼兒更好的發展。教師藉由提供良好的學習環境，使幼兒有足夠的空間和機會進行主動學習。

（一）物理性的空間

在教室設置學習區，讓幼兒進行自主學習與遊戲；建立收納空間，放置不同類型的教具或材料；提供開放式的學習櫃，讓幼兒自主選擇教具或材料，進行主動性的遊戲與學習，例如：以「水」為主題，教師可以在操場的沙池旁放置水桶和水讓幼兒使用，亦可以在語文角裡放置有關水的圖片與繪本。

（二）心理空間

教師應提供一個幼兒覺得安全的、被支持的學習環境，讓幼兒在裡面主動地展開學習活動。

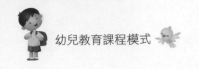

二、教師角色

（一）介入幼兒學習的過程

　　幼兒在進行活動中，教師可以採取三種介入的層次，以確保幼兒的主動行動與教師的主動支持之間達到平衡狀態。第一種是低程度的介入：教師在幼兒獨自遊戲及學習的過程時，不做任何介入。如果有需要支持時，教師會配合幼兒發展獨立性的需要，可以給予適度的支持。此時，教師主要的角色就是觀察者、配合幼兒的遊戲，一起玩。

　　第二種是中等程度的介入：通常這是針對小組或大團體探索與連續性活動時的介入。教師與幼兒一起遊戲、探索和學習時，教師可以作為啟動活動者；之後，教師將活動的主導權逐漸轉交於幼兒，支持程度依幼兒的發展程度及自主獨立能力而定。此時，教師主要的角色是豐富化幼兒遊戲、學習活動的內容與材料者。

　　第三種是高程度的介入：這種介入是教師給予幼兒較多的幫助。此時，教師主要的角色是針對有額外需要協助的幼兒，給予個別化或是很小組學生的特別教導，尤其是教導幼兒學習如何去玩遊戲，透過此介入，使幼兒能具備相當比例的獨立能力。

（二）創造豐富的遊戲與方案課程之環境

　　在遊戲活動方面，教師要透過創造豐富的遊戲情境去激發幼兒遊戲的主動性。金字塔課程中提倡的遊戲種類，包括：玩物遊戲、扮演遊戲、想像遊戲及規則遊戲。教師在幼兒遊戲中扮演著參與者、引導者或教導者的角色。教師作為遊戲的參與者，其目的是讓幼兒認為遊戲是有價值的，而使其主動的參與遊戲。教師可以扮演符合遊戲情境的角色，在遊戲過程裡提供建議。教師在遊戲中對幼兒的學習情況進行評估，且針對幼兒不足之處給予引導（如圖 8-5 所示）。

圖 8-5　教師的三種介入

　　在幼兒的主動學習方面，教師最重要的工作就是激發幼兒學習的主動性。除了幼兒相互鼓勵之外，教師的良好示範也是激發幼兒主動學習的方式，其目的在於培養幼兒學習的興趣。教師在活動中可以與幼兒進行討論，連結活動與他們實際的經驗；而教師應在幼兒進行活動時給予策略性幫助，此策略性幫助稱為鷹架。

　　在方案活動方面，因為金字塔的四大基石之一是「距離」。距離強調教師應將幼兒的思考發散至更遠處，因此，教師不僅要詢問「眼前」、「近距離」等關於貼近幼兒真實生活的問題，還要詢問有關「未來」、「遠距離」的問題（如表 8-1 所示），以幫助幼兒透過方案去了解及接觸更抽象的概念。

（三）教師要針對年幼及發育遲緩的幼兒提供輔導活動

（四）提供親職教育活動，強調家長參與對幼兒的重要性

肆、評量

　　為了達到幼兒發展的最佳化，金字塔課程模式針對幼兒、老師和活動，分別制訂了相應的評量方式與評量工具。

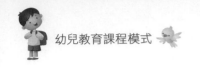

一、幼兒評量

為了了解幼兒發展的真實情況，金字塔課程模式運用真實性與個別化評量（Authentic and Individual Assessment）。評量有三種，運用觀察紀錄表做日常的評量、半年式評量和診斷性評量。觀察紀錄表主要是針對幼兒的體能與情緒智能的發展；有關認知智能的發展則使用測試的方式進行評量。主要測試的認知領域為：語言與閱讀、思考與數學、空間與時間。當教師遇到特殊個案或困難問題時，就使用診斷式評量（Diagnostic Evaluation）。

二、教師評量

金字塔課程模式強調教師與幼兒間的互動，良好的互動可以使幼兒的發展達到最佳化。使用金字塔課程模式的教師需要接受專業的訓練，在 2 年的時間內進行十八天的訓練後，取得金字塔課程模式教師證照。在教師訓練的過程中，會進行金字塔教學執行評量（Pyramid Implementation Assessment, PLA）。PLA 涵蓋所有金字塔教學法之目標，以評量受訓者的觀察技能發展是否完全。在訓練結束之後，教師仍需不斷精進、更新技能。為此，金字塔教學法設計了金字塔教學能力鏡子（Pyramid Competence Mirror, PCM），接受訓練的教師可依據八種能力指標來對照個人技能的發展狀況（Kuyk, 2013）。

三、金字塔課程模式的評量

金字塔課程模式整體性的評量分為內部評量和外部評量。金字塔課程模式的內部評量藉助金字塔教學評量工具評量教學成效；外部評量是聘請完全獨立的研究者對於用此課程與教學模式的學校進行評估。針對年紀較小和發展遲緩的幼兒所設計的輔導活動也有相應的輔導評量（Tutor Evaluation），輔導評量使用前後測的方式評量幼兒輔導的成效。

Part 3

幼兒教育系統中的
課程模式

　　本篇介紹的幼教課程模式都是除了課程本身有個模式外，還有讓該模式得以永續經營下去的搭配系統，例如：蒙特梭利教育課程模式除了課程外，還有很完備的教師培訓系統、師培中心、幼兒園和師資的評鑑系統，以及全球性質的幼教專業團體〔American Montessori Society（AMS）、Association Montessori International（AMI）〕等；華德福幼兒教育系統與高瞻課程模式也是有其專屬的教師培訓課程以及全球性質的幼教專業團體；瑞吉歐幼兒教育系統與 IB 課程模式都是有自己的教師培訓課程及行政系統，去協助、支持和監督其幼教理念的落實。較之其他課程模式而言，安吉遊戲教育系統發展的時間算是最年輕的一個系統，但筆者認為它會是未來更有潛力、會更積極對幼教課程產生影響力的一個系統。

　　本篇介紹的幼教課程模式雖都是除了幼兒上課的課程外還有協助系統，但本篇並無意將每個模式的協助系統一併或完整的介紹。將課程模式分成兩類的目的是讓讀者注意到，一個好的課程模式本身是不容易單獨的傳承久遠，它必須要有好的師訓系統、行政系統的支持，以及專業團體（如學會）的推動，才能經得起時間與空間的淬鍊，終而流傳下去。

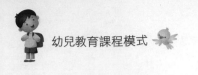

第 九 章

蒙特梭利課程模式

　　自 1907 年第一個「兒童之家」成立至今，蒙特梭利教育歷經兩次世界大戰、全世界政治和經濟局勢的動盪變遷，卻仍舊活躍於全球各大洲之各國家中。為什麼歷經了百年的歷史，蒙特梭利教育依然可以屹立不搖的居於全球三大幼兒教育系統之一的地位？筆者就因這個困惑而花了超過二十年的歲月去了解，每當筆者愈探索蒙特梭利的教具、教學法、理論以及理論與實務間的互動關係後，就對蒙特梭利博士的敬重益發地深厚。

　　蒙特梭利教育系統初始之教育服務對象並非鎖定正常發展的兒童。蒙特梭利（M. T. A. Montessori）（以下簡稱蒙氏）出生於醫學背景的家庭，她對教育感到興趣的契機始於 1896 年，當時正擔任助理醫師的工作。她的主要工作就是訪視羅馬城各個精神病院，尋找智障兒童並將之集中，然後進行教學。自此，蒙氏開始接觸到教育領域，除了不斷地從觀察中去了解幼兒外，她更受 J. Itard 和 E. Seguin 的理論和教具所影響，逐漸地發展出她的教育理論與方法。

　　原本蒙氏所接觸與關心的對象是特殊兒童，但經過多年的實務經驗與觀察後，她認為她的理論與方法若用在正常孩子身上，也能獲得良好的教育效果。1907 年，蒙氏在羅馬的一個貧民窟成立了第一個「兒童之家」，

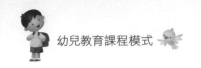

此係蒙氏首次將她的理論與方法應用在正常孩子身上。1913 年 1 月，蒙氏開辦了第一屆國際蒙氏教師訓練班。自此開始，蒙氏除了遊走世界推廣她的教育理念與方法外，也積極地培育師資。

在 1914～1935 年間，蒙氏學說在歐洲非常盛行，後來由於二次世界大戰爆發，蒙氏與墨索里尼政府時生磨擦，德國納粹警察亦下令禁止蒙氏教育的實施；西班牙內戰爆發，使得蒙氏教育在歐洲的推廣工作受到影響。自 1946 年開始，歐洲各國再次歡迎並邀請蒙氏重建與推展其教育學說。

蒙氏於 1913 年初次到美國演講其學說，1916 年在舊金山世界博覽會上展示蒙特梭利教室與示範教學，得到許多人的認同，但自此之後蒙氏教育在美國就銷聲匿跡了，直到 1950 年代才又重新出現。沒有受到美國歡迎之關鍵因素之一是 Kilpartrick（1914）對蒙氏學說的批評與反對，這代表學術界未肯定蒙氏的學說；加上蒙氏要求師資培訓工作都要由她負責（其後才由學會負責，目前全球最大的兩大師訓系統分別是歐洲的 AMI 及美國的 AMS），不願授權教育學術單位；連教具製造商都要經她授權才可以製作蒙式教具，而她授權的廠商又少。上述種種因素都再再地影響蒙氏教育在美國的推展與普及（Elkind, 2003; Goffin, 1994; Hainstock, 1986）。

除了上述因素外，Hunt（1964）亦分析蒙氏學說未被美國接受的主要因素是其學說思想與當時潮流不合，其重要的差異點包括：

1. 蒙氏強調 3、4 歲孩子所經歷的經驗對其未來的發展有很大的影響力；而當時的觀念是，孩子的發展是受先天所決定、受遺傳所影響的。
2. 蒙氏強調教育介入有益於孩子智力的發展；而當時的觀念是，智力是固定不變的。
3. 蒙氏主張教育應基於孩子主動學習的動機；而當時的觀念是，所有的行為皆來自於外在的刺激。

後來，因為 Hunt（1961）及 Bloom（1964）的著作指出，早期環境對孩子的智能發展深具影響力，強調早期教育的重要性，這些論述等於為蒙氏學說做了背書，同時配合美國當時社會、教育改革的呼聲，使得蒙氏教育於 1960 年代開始風行於美國。1960 年代，美國之社會、教育改革的呼聲高張，原因係源自於蘇聯於 1957 年發射出第一枚人造衛星，頓時刺激到向來以舉世第一自居的美國人，因此就開始檢討教育制度和學校課程，並將教

育目標轉向讀、寫、算之基礎能力和認知能力的培養，以及加強及早開始的教育。蒙氏學習中的個別化教學、早期學習及自我矯正功能之教具等特色，均被認為是當時教育中所需之良方，蒙氏教育遂盛行於美國。雖然蘇聯發射了人類史上第一枚人造衛星促使蒙氏教育在美國重生，但由於蒙氏的師資培育制度獨立於大學學府之外，使得美國大部分在高等教育裡之師資培訓課程絕少提及蒙氏教育的實質內涵、貢獻以及從事相關性研究，亦使得學術界教育人士對蒙氏教育所知有限；加上水準參差不齊的蒙特梭利學校及師資培訓中心在各地成立；家長和許多經營者將蒙氏教育之特色放在早期學習和讀、寫、算等具體學習目標之教具上，忽略了教具與教學背後所要達成之終極目標、所服膺的教育理念，以及理念在教學過程裡的意義。上述種種因素，使得美國及全球幼教學者對蒙氏教育的評論持有保留態度。

　　儘管學界對蒙氏教育欠缺全然肯定之論述，但蒙氏被三度提名角逐諾貝爾和平獎此一事實，也可以說明蒙氏對教育之貢獻是被肯定的。同時，近代教育理論證實：蒙氏強調動手操作教具之學習的重要性、學前階段教育的重要性、父母參與是孩子教育關鍵因素等觀點，都受到科學性研究的證實。

第二節　蒙特梭利課程模式的基本教育信念

　　根據蒙氏及其門徒之著作（岩田陽子，1991；岩田陽子、南昌子、石井昭子，1991a，1991b；相良敦子，1991；Montessori, 1964, 1966, 1967; Standing, 1957），歸納蒙特梭利課程模式的重點如下（註：蒙特梭利課程模式無論是理論基礎或實質內涵，均延伸至 18 歲左右，唯本書係以幼教為主，因此所涉及之範圍以 0～8 歲為主）。

壹、蒙氏「兒童發展」的論點

　　蒙氏認為教育的基本原則在於先確認孩子和成人是不同的。蒙特梭利在孩子的身上發現了一股自然潛在的力量，雖然兩者都是人類，卻有完全

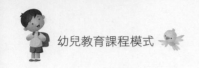

不同的心智：兒童仍在不停的成長與變化，而成人已經成長到一個特定標準了。換言之，兒童有許多特質是成人已經喪失的人性本質。因此，在教育過程中，蒙氏主張以「兒童為師」、「順乎自然」，不應以大人的價值觀與行事原則來約束幼兒，也不應忽視兒童內在生命力的步調、節奏、需要與價值意識，應該讓孩子順從一切人類共通的發展藍圖及法則來建立自己，使其順應自己心智的發展來安排學習的速度與過程。

蒙氏認為兒童成長的過程是有既定之「自然程序表」。人類到了 24 歲左右才算是真正完成成長階段，而兒童期之發展階段約到 18 歲結束，故蒙氏將之分成 0～6 歲、6～12 歲、12～18 歲等三個階段，每一個階段都有其不同的特徵。在十八年的歲月中，各階段之特徵不斷的蛻變，直到達到成人的標準，在發展的過程中是無法跳躍過任何一個階段。因此，教育就是循著兒童自己內在的法則所進行的活動。當教育是順著生命的法則進行時，孩子就會充滿生命，呈現喜樂、希望、愛、秩序與主動學習的現象；反之，若教育的活動是違反生命法則的，那麼生命力就會被扭曲，呈現悲哀、失望、憤怒與被動等現象。蒙氏認為教育是一種在兒童心理發展過程中給予的協助，不是單方向灌輸式的教導而已。

由於蒙氏理論有關兒童期發展階段的內涵與兒童學習的本質息息相關，因此筆者將之放到兒童學習的本質部分去談，在此就蒙氏對發展之一般特性的看法歸納如下：

1. 每個生物體之發展皆根據早已註定的模式發展，蒙氏將發展階段分成三個階段：

   第一階段：0～6 歲，變化時期，可分為：

   　　　　0～3 歲：吸收期（無意識）。

   　　　　3～6 歲：吸收期（有意識）。

   第二階段：6～12 歲，單一成長期，又稱為中間期。

   第三階段：12～18 歲，變化時間可區分為：

   　　　　12～15 歲：青少年期。

   　　　　15～18 歲：青春期。

   　　　　18 歲以後，將不再有變化，這個人將只會變老而已。

2. 心智與身體之發展皆靠從環境中吸取資源。

3. 從外在環境中攝取到的資源，經過動態的消化過程，被吸收到主體

內，成為個體的一部分。

4. 在發展過程中，身體與心智兩個層面必須平衡互動發展，才能產生正常的行為，否則會有偏差行為的出現。

貳、蒙氏「兒童學習」的論點

一、產生學習與持續學習的動力來源

　　蒙氏認為人之所以有學習的慾望，是因其內心有股「自然朝外發展的內在潛在力量」或稱為「生命的衝動」之影響所產生的。

　　當兒童反覆做一個動作時，兒童即與所接觸的事物產生生命上的交流活動（此即為學習）。兒童在反覆的動作中，其心智活動方式亦不斷地變化、成長，直到反覆動作的結果令兒童滿意時，兒童內心才會有種成就感、滿足感，這種感覺會促動其不斷地探索、不斷地產生自發性的學習行為。亦即，兒童藉由重複的行為來開發自己的心智活動，透過本身的力量來提升自我；同時，那股內在力量，不但突顯其個人的特質，並引導其向前邁進。

二、學習形式

　　本章以成長的第一階段之學習形式為主，加以敘述蒙氏的論點。

　　第一階段是指 0～6 歲階段，屬吸收期，蒙氏稱這個時期之兒童心智為「吸收性心智」。吸收性心智之本質與運作方式屬神祕不可解的部分，連蒙氏自己都未提出清晰的觀點。第一階段又可分成兩個時期：0～3 歲期和3～6 歲期。

　　0～3 歲期兒童的心智雖會不自覺專注地、自發地、積極地吸收其周圍環境中的一切印象，但是這種學習的過程是在無意識狀況下進行的。初生兒是空白的，透過「從無到有」的創造與經驗的累積，然後才逐漸建構自己的意識生活。蒙氏以攝影過程來比喻兒童從無意識到有意識的學習，她說：吸收性心智的運作和攝影類似，其對影像的攝取是從無意識的黑暗處開始，在影像被沖洗出來後，才變成意識的一部分，而成為個體永久的所有物。

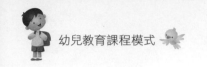

　　兒童是如何從無意識學習轉換成有意識的學習呢？當嬰兒開始動作時，他那海綿式的心智已在意識中開始吸取環境中的資源，然後透過又是遊戲又是工作的過程，一再地重複操作他早已透過無意識心智所攝取的資源，意識的心智遂逐漸地建構出來，亦即孩子是透過雙手來發展自己，運用雙手作為人類心智發展的工具。無意識的心智必須透過操作四周物品所得之經驗，才能成為有意識的心智，此理論基礎與實務上的作法可以感官教具來說明。

　　蒙氏認為，心智發展與生理發展是一體兩面，兩者糾結在一起，是不可分的。人透過身體的感覺器官將其內在之心智和精神活動與外在的物質世界連結在一起。兒童心智有一種傾向，即會從物質物品中抽取該物品物質的特質，而此特質的性質是抽象的、觸摸不到的，從此可建立一套抽象概念。亦即透過五官的感覺吸收環境中的影像，然後透過反覆地操作，感官所擷取而得之經驗逐漸地擺脫了物質而形成抽象的概念。蒙氏強調，這種抽象化過程會將心智提升到一更高的層次，而抽象化過程是否得以進行取決於兩項要素，首先是具體的物質或物品必須絕對清晰，其次是兒童的心智必須達到某種成熟的程度。

　　蒙氏認為，教育就是順著兒童的特性，自然法則地去協助兒童心智的成長。兒童的心智發展有其一定的自然法則，其內在有追求成長的動力，促成兒童會重複地操弄其在環境中接受到的刺激，為更高層次的心智活動做準備。

　　為了能協助兒童發展，蒙氏即針對兒童學習上的特性來設計教具，希望在不違反自然法則之下，幫助兒童在有秩序的環境中，在敏感期時透過感官的反覆操弄，去擷取具體事物中之抽象概念。因此蒙氏教具存在的意義在於協助幼兒整理自環境中接收到的刺激，並使之萃取成抽象概念，進而提升其心智發展至另一更高境界。蒙氏強調，其教具不是要帶給兒童新的影像與刺激，不是用來教導某些概念，而是用來輔助兒童心智發展的工具而已。

　　因此，就兒童期第一階段（0～6 歲）而言，前三年可說是機能創造時期，後三年則是創造機能的進一步發展。在 0～3 歲時期，兒童毫不費力地自取其周遭環境攝取成長所需之資訊；到了 3～6 歲階段，兒童的自我有意識地引導其學習，所以第一個成長階段的主要目標是有關人性自我的發展。

三、敏感期

　　敏感期係指有機體在成長過程中，在一特定時間是學習或能力養成的最佳時期，其主要目的是幫助生物獲得某些機能或特性；過了這些特殊時期，敏感的感受性就會消失了。

　　蒙氏相信在敏感期時，兒童具有特別的感受性，讓其能夠特別注意環境中的某些現象，因而可達到最有效地學習。當敏感期達到高潮時，心智就像是一個探照燈一樣，照亮了環境中的某些部分，而其他部分則相對地模糊。此一照明的結果，使得原本無序的狀況，出現了秩序與條理。蒙氏根據觀察兒童的紀錄認為，兒童第一階段是下列幾個重要機能發展的敏感期：語言、秩序、感官和良好行為。因此，蒙氏強調應多加利用這個最佳學習的契機，如果兒童在成長過程中錯過了敏感期，他依然會長大成人，但這位成人和其原本可能或應該有的成就比起來，可能就會遜色許多。蒙氏認為當兒童錯過一次敏感期，即代表其喪失一次以特別時機使自己更完美的機會。

　　在敏感期的時機下，兒童的學習如能配合其成長順序，其學習效果將是驚人的。有關語言、秩序、感官和良好行為之發展的關鍵期在 0～6 歲期間，因此有許多蒙氏教具是針對這幾個特殊能力而發展出來的學習工具。

　　在幼兒所經歷的敏感期中，最令人感到興趣之一的是蒙氏所謂的「對秩序的敏感期」。蒙氏認為，兒童在 1～3 歲左右，對空間和時間之事物的秩序性特別敏感。此時的兒童會要求環境中的每樣事物都應放在原來的位置上，而且每天的作息也要很規律。蒙氏認為，兒童此時對秩序與規律的要求，是因為他必須透過環境來建構自己欲將自環境中所攝取之影像能夠有秩序的存放在自己心智內，必須以外在事物能維持秩序為基礎，這樣孩子才能積極地將環境的事物保存在固定位置或用在正當途徑上。換言之，蒙氏認為兒童生下來原本是一片空白，他需不斷地吸收外界的刺激，才能不斷地成長；但她又主張兒童有選擇刺激之主動性，因此當外在環境之刺激進入時，兒童會將之理出一個秩序來。此時若環境本身即具秩序性，兒童的學習就會更容易，否則就會增加兒童的困擾，形成學習障礙。所以蒙氏教具的特色之一即相當有秩序感；教室的規劃也相當的有條理，其旨在透過有秩序的教具和教學管理來協助兒童有效能的學習。

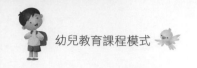

參、蒙氏的「自由觀」

　　蒙氏認為，她的教育方法是以自由為基礎的教學法。蒙氏強調，兒童應有權利選擇自己要做什麼和決定自己工作要做到什麼程度的權利；但是實際觀察教學時，會發現蒙氏會要求兒童依一定的程序來使用工具。因此，蒙氏學校常被批評為太放任兒童的學校、要不就是被批評為太壓抑兒童自發性的學校。到底蒙氏教育是尊重兒童的教育？還是屬於放任式教育？這就得看蒙氏理論中「自由」的概念了。

　　Standing（1957；徐炳勳譯，1991）以 Goth 的話來表達蒙氏的自由觀：「自由的無上快樂，不在於做你喜歡做的事，或環境誘惑你去做的事，而是能在沒有阻礙或限制下，以直接的方式做正確恰當的事。」由此可見蒙氏所主張之自由是有限制的自由。蒙氏認為：「孩子會在許多的誘因中做選擇，但他只應該選擇他知道的事情。……孩子的選擇是在我們呈現給他的選擇之間做選擇，這才是真正的選擇。」因此蒙氏所主張的自由是要在兒童先有了知識和紀律之後才能擁有。蒙氏認為，做你想做的事並不表示你就得到自由，而是要做正確的事。真正選擇的自由，必須以具有思考與推理能力為基礎，因為每一次選擇的動作，都必須先有心智上的判斷。所以蒙氏認為，除非兒童已經知道如何使用某教具，否則就不應由自己選擇該教具。由此又衍生出一個問題，就是「教具的功能在那裡？」；蒙氏設計之教具所代表之意義又與一般人所了解的或有出入，有關教具的部分將會在後續之章節探討，但此處因涉及到自由的問題，因此略做引述。

　　蒙氏的每一樣教具都有其特定的目標，例如：感官教具的目標不僅在於培養兒童對刺激物之敏銳感覺，終極目的是在讓孩子建構出如顏色、重量、質地等抽象概念。因此蒙氏說一般人認為兒童進到教室裡，可能是出於好奇心而選擇某樣工作，事實上，激發兒童學習的不是好奇心，而是當他了解某一件事後，會自動地開始廣泛活動，此時活動的目的即是為了心智上的成長。當兒童對某項工作有了認識後，他就可以隨著自己的喜好來進行工作。

　　蒙氏理論認為，自由與紀律是一體的兩面，可透過教師向兒童展示邁向紀律的途徑，之後經長時間的培養，兒童內心會漸漸形成紀律；到了那

時候，兒童便能自己選擇想做的事，並會自發性地集中注意力去做。所以蒙氏說：兒童並未被允許去做「任何他喜歡的事」，他只能「自由選擇好的與有用的工作」。

　　總而言之，一個好的蒙特梭利教室就是「無為而治」的小天下，孩子在其間平和相處、互助互賴。由此可目睹人類靈魂的開展、新人類的誕生，且能具有清晰的遠見，以引導形成人類社會的未來，其終極目的是為了要促進社會改革、追求世界和平。因此，蒙氏積極地至世界各國宣傳她的教育理念，其支柱在於蒙氏認為唯有透過兒童教育的推廣，社會改革與世界和平的問題才能夠得以解決。

肆、蒙氏的「工作」與「遊戲」觀

　　蒙氏教室裡的每一項教具都是有其教育目的。兒童在透過與教具實物上的互動經驗——蒙氏稱此種「目的導向」的活動為「工作」——得到專注、秩序、協調、獨立、紀律、精確、責任感等的學習。蒙氏認為，兒童的「工作」本質與成人的工作本質是一樣的，只是目的與要求的程度上會有差別而已。蒙氏也認為，「遊戲」是一種漫無目的、瑣碎的行為，尤其反對「想像性」的遊戲，她認為「想像性」的遊戲會讓兒童有不切實際的幻想，此觀點與 Pestalozzi、Dewey、Fröbel 等人對遊戲的觀點截然不同。

第三節　蒙特梭利課程模式的內涵

　　有關蒙特梭利課程模式的內涵擬從課程的四大要素：「目標」、「內容」、「方法」，以及「評量」來分析敘述。蒙氏之理論基礎、課程要素間都具備彼此環環相扣之關係，彼此是息息相關的，因此文中有時會反覆出現一些蒙氏的觀點或課程的內涵，旨在將理論與實務合併來看時，確實難以避免這種重複申述的現象。

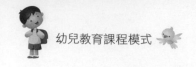
壹、教育目標

　　由於蒙氏認為兒童的發展有其自然的秩序，因此蒙氏對新教育的定義是：教育必須順從生命的法則進行，配合兒童邁向成熟之前的變化與蛻變時期，協助其逐漸地展開內在的潛力，使兒童成為一個獨立、負責任、尊重他人的個體。但同時，蒙氏認為我們不能讓兒童在毫無準備的情況下，把學校門大開，讓他進入外面既複雜且具危險性的世界。因此，蒙氏一方面強調兒童有內在主動學習的動力與潛力，同時也強調，教育是為了讓兒童進入世界前做準備，為未來做準備。蒙氏指出，兒童發展的目的是為了成長，兒童會不斷地、努力地創造「未來的他」──成人。

　　事實上，以蒙氏提倡兒童地位的觀念，由於對兒童偏差行為產生原因之解釋，以及認為教育目的在重建成人與兒童之間的美好關係之角度來看時，蒙氏的教育目的在社會改革。蒙氏曾提到：「兒童與成人社會的兩個不同部分，彼此應相互合作、交流、扶持。……但迄今，人類社會的進化，還只是繞著成人的希望打轉。因此，當我們建立此一社會時，兒童卻一直被我們所遺忘。正因如此，人類的進化只能比喻為一條腿的進化。」蒙氏認為，若能將重心從成人轉移到兒童身上，我們將能改變文明的軌跡。

貳、教育內容

　　蒙氏的教育內容是以感官教育為核心的五大核心課程，包括：日常、感官、數學、語文、文化（包含歷史、地理、動物學、植物學、天文學等）。以下分別簡述其五大核心課程的內涵及其與理論和教育目標間之關聯性，以及學習內容的組織與呈現順序。

一、教學內容

（一）日常生活練習

　　蒙氏的教育目標既強調符合兒童發展的特性，也強調為未來世界做準

備。日常生活練習的直接目的在於有具體的學習過程，幼兒透過日常生活教育的練習，學習完成一件工作的步驟性（例如：刷牙、倒水、備餐、擦桌子等工作動作的順序性）、組織性（指如何組織一項工作的每一個步驟），以及目標性（指整合各種動作朝一個特定目標進行，以切蘋果為例，吃蘋果需要經過削皮、切塊、放置到盤子裡、端到桌上、招呼同伴享用，此為直接目標；間接目標就是秩序性、獨立性、協調性、專注力的培養）。透過老師指導下之反覆練習的活動中，不斷地調整自己心智的發展，以養成良好的學習與生活習慣，其中包括：秩序、獨立、自主、意志力、理解、專注、協調等能力與精神，以及良好工作習慣的發展，以為未來的學習鋪路。

基本上，日常生活練習之內涵可分為以下四類：

1. 基本動作：如走路、站、坐、搬、摺、倒、縫、切等動作。
2. 社交動作：主要內涵包括不增添別人的困擾、能站在他人立場思考等行為，如打招呼、致謝、道歉、物品的收受、用餐的禮儀、應對的方法等行為。
3. 關心環境的行為：係指對人類以外之生物、無生物的關心，如美化環境、飼養與照顧動植物、擦桌子、整理房間等行為。
4. 照顧自己的行為：如穿脫衣服、刷牙的方法、穿脫鞋、剪指甲的方法、梳頭等獨立自主所必須學習的行為。

日常生活練習之內涵會受國家、地區、地理與文化的影響而有所不同，例如：插花的材料會因為地點不同而用不同的花材；在中國環境裡，穿衣練習時，會練習扣棉襖上傳統的扣子，或是練習用筷子。

（二）感官教育

蒙氏認為，透過感官教育可達到兩個基本目的：

第一，從生物學角度而言時，感官教育的目的在於幫助幼兒各種感官的發展。因為感官教育是培養兒童心智發展所需之能力，蒙氏認為，3～6歲階段是各種與心智發展有密切關係之感官逐漸發展的時期，而此敏感期所蘊藏之內在生命力必須受到外界環境的刺激才能得到充分的發揮。因此，所謂教育就是從外界提供各種刺激物，以使與生俱來的各種感官能力得到充分的發展，而這些刺激物就是感官教育。透過感官教育，可獲得心

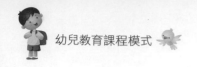

智發展中不可或缺之秩序化與分類等各種抽象概念。

第二，從社會學觀點來看，蒙氏認為兒童為了適應實際生活和未來的時代，必須對環境有敏銳的觀察力，因此必須養成觀察時所必須要的能力與方法，而感官教育即在訓練每位兒童成為一個觀察家。感官教育之內容係由視覺、觸覺、聽覺、味覺和嗅覺等五種感官所組成，感官教具基本上是由十六種所構成，但感官教具並不完全是十六種，因為廣義地說，所有的蒙特梭利教具（如數學教具、語言教具、文化教具等）皆含有感官教具的元素。

透過感官教具的操作、練習，可以讓兒童從直接及具體的經驗慢慢地形成抽象的概念。起初，學生學習到原型概念、比較級與分級的概念，之後，兒童會被要求其他的變化（單一教具自己本身的變化）與延伸性（多種教具間的關聯性或是延伸、創作用法），例如：透過「粉紅塔」的教學，兒童會學到正立方體、比較大、比較小、最大、最小等概念；透過「棕色梯」的教學，兒童會學到長方體、比較長、比較短、最長、最短等概念。之後，學生可以將兩種教具合併創造不同的造型（如圖9-1所示）。從圖中可以看出蒙氏感官教具的變化性與延伸性，能用來發揮幼兒的探索與創造力。

各感官領域之教具及各教具的目標略述如下。

1. **視覺教育**

    目標：教育兒童辨別物體大小、顏色、形狀的視覺能力，以培養大
    　　　小、顏色、長短、形狀等抽象概念。

    教具：包括圓柱體組、粉紅塔、棕色梯、長棒、彩色圓柱、色板、幾
    　　　何嵌圖板、幾何學立體、構成三角形、二項式及三項式。

2. **觸覺教育**

    目標：教育兒童各種觸覺，如手接觸物品的皮膚覺（觸覺）、溫度感
    　　　覺、實質認識感覺、用手握持的知覺及壓覺（重量感）等，以
    　　　培養各種觸覺之抽象概念。

    教具：包括觸覺板、布盒、溫覺筒、重量板和幾何學立體。

圖 9-1　感官教具延伸用法案例圖

註：本圖的四張照片係由馬曉嘉女士及李曉芸女士提供，在此致上感謝之意。

3. 聽覺教育

目標：教育兒童聲音的強弱、高低、種類（音樂的音色）的辨別能
力。聲音的種類有無數種，難以製作特別的教具，可從實際生
活聽到的聲音或各種樂音進行分辨練習，以培養兒童對音樂的
抽象概念。

教具：包括音筒和音感鐘。

4. 味覺教育

目標：教育兒童用舌頭來感覺味道的教育，以培養對味覺的抽象概
念。

教具：包括味覺瓶。

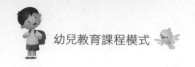

5. 嗅覺教育

目標：教育兒童用鼻子來感覺嗅覺的教育，以培養對嗅覺的抽象概念。

教具：包括嗅覺瓶。

前面敘述了蒙氏感官教育的目標和內容等相關資訊，接著談的就是這些感官教育內容之組織與呈現的順序情形，以及其所依據之理由。

蒙氏認為，兒童內在生命力的推動使其在無意識之間自外在環境中吸收了許多資訊；又由於兒童有追求秩序感的內在動力和敏感期，因此兒童會將其吸收來的資訊予以建構，使之成有秩序的知識。教育的目的就是在協助兒童完成其內在生命力的追求。蒙氏認為，提供有秩序性的教具就是在協助兒童順利地發展其對秩序感的要求，並建立有秩序的知識。

我們對周遭事物的認知方式，就是透過對事物的仔細觀察與比較各種事物之基本特性，而進行「辨視」同一屬性之物體、「分類」、「排序」等心理作業。因此，蒙氏感官教育的組織原則是依(1)同一性的認知（recognition of identities）、(2)對比性的認知（recognition of contrasts）、(3)類似性的辨別（discrimination of similar），將感官教育分成三種基本的認知類型。教具呈現的原則也是依(1)→(2)→(3)之順序實施。在使用感官教育時，蒙氏將第(1)項說成是配對（pairing, P），第(2)項說成是序列（grading, G），第(3)項說成是分類（sorting, S）。教具的呈現順序也是與認知過程有關，例如：發現同一物體最容易；其次是將同一種類的東西依某種特質（如由大→小或反之）排成漸進層次的階段；而後將各種東西分為若干類別或分門別類的工作是最困難的部分，因此蒙氏感官教具係依這種認知過程之難易程序而產生 P→G→S 的呈現順序（岩田陽子，1991，第 14 頁）。

（三）數學教育

蒙氏教育之數學理論包括三大領域：(1)算術：數科學；(2)代數：數的抽象；(3)幾何：抽象的抽象。在兒童期第一階段（0～6 歲）之數學教育是以算術教育為主，因此在此將重點放在算術教育上。

蒙氏認為，環繞在兒童周遭的事物多不勝數，但是萬事萬物中之共同屬性（如大小、形狀、顏色、重量等）是有限的。透過感官教育，兒童的

感官、注意力的集中，協助兒童掌握抽象概念及其間之關係，明確地掌握事物或現象的思考與態度是蒙氏數學教育的大前提。因此，蒙氏數學教育的教育目的有二：(1)讓兒童有系統地學習、了解邏輯性的數和量的概念，奠定未來學習的基礎；(2)培養幼兒對整體文化的吸收、學習，以及形成人格時所需的判斷力、理解力、推理力、想像力等。

　　前面提過，蒙氏的教育內涵以感官教育為核心，進而發展到數學教育、語文教育和文化教育。感官教具中之「配對的操作」可以培養兒童發現配對和「等值性」的關係；「序列的操作」可以培養兒童了解整體與部分的關係，這些關係的了解，有助於兒童進一步學習。

　　蒙氏數學教育之教具及各教具的目的略述如下：

1. 目的：理解至10為止的量與數，認識數量與數字，包括之教具有：數棒、砂數字板、數棒與數字板、紡錘棒與紡錘棒箱、0的遊戲、數字與籌碼、使用數棒的基本計算練習。

2. 目的：認識十進位的基本結構，包括之教具有：金色串珠、數字卡片、量（串珠）與數字卡片。

3. 目的：認識十進位的加減乘除概念，包括之教具有：串珠、數字卡片、使用串珠練習加減乘除法。

4. 目的：加強加減乘除的練習，包括之教具有：「點的遊戲」練習紙、郵票遊戲、彩色串珠棒（＋黑白串珠）、金色串珠棒。

5. 目的：認識連續數的數，包括之教具有：塞根板（I）、塞根板（II）、數字的消除（練習紙）、100數字排列板、數字的填空（練習紙）、100串珠鏈（短鏈）、1000串珠鏈（長鏈）。

6. 目的：導入初步的平方、立方，包括之教具有：正方形彩色串珠、立方體彩色串珠。

7. 目的：加強練習基本四則運算，包括之教具有：幾何卡片、幾何卡片訂正表。

上述這些蒙特梭利數學教具大致上可以歸成三大類：(1)數與量；(2)十進位系統；(3)四則運算，在呈現給學生時有其先後順序。

（四）語文教育

　　語文教育是一個高層次、複雜的學習，其最終目的與數學教育一樣，

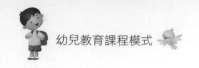

是在培養耐力、專注力、學習態度、觀察力,以及完整人格的養成。語文教育的目的不僅是著眼在低層次的記憶背誦知識或詞語,且在養成獨立學習、生活溝通所必須的語文能力。課程順序依照語文能力發展順序,以「聽—說—寫—讀」來編排。

在「聽」與「說」方面,最主要是充實口語經驗,同時需重視口語的表達及理解;「寫」的方面要先從書寫預備練習開始,才能進入到書寫練習;「讀」的方面則包括閱讀練習及語文常識。從「聽」、「說」的表達或討論進入到文字表達,不但能增進幼兒的溝通能力,更是對於幼兒的能力給予「自我價值肯定」。

語文教育的內容及教具略述如下:

1. 聽、說的教育:包括口語經驗的充實,如分類卡遊戲、語言遊戲;口語表達及理解力的發展,如說故事、背誦詩歌故事等活動。
2. 寫的教育:包括書寫的預備,如注音符號砂紙板;書寫練習,如黑板、紙本。
3. 讀的教育:包括閱讀練習;語文常識,如遊戲。

(五)文化教育

文化教育包含的內容有天文與地質、地理與歷史、植物與動物,以及音樂,會因著各地的環境文化不同而有所差異。文化教育中的內容並沒有先後順序之分,端視該班幼兒的經驗而定。從幼兒年齡來看,約 4 歲半～5 歲的幼兒才會開始文化教育。

圖 9-2 為一個實例,進行的文化教育為地理課,主題為「臺灣」,課程對象是大班幼兒。教師介紹臺灣的主要目標在「了解我們的生活環境」,進而達到地理課的最高目標「建立寬廣的世界觀」。而認識臺灣就要從「形狀」、「位置」、「物產」、「交通」等概念著手。課程結構環扣著「由大到小、由具體到抽象、由宇宙到世界、再到個人」的原則。最後之目的還是為了培養幼兒將來能獨立自主學習的能力及態度。

從圖 9-2 中可以看出此教師在地理課程概念上之結構,圖中虛線部分代表教師計畫要做、最後卻沒有時間做的部分。

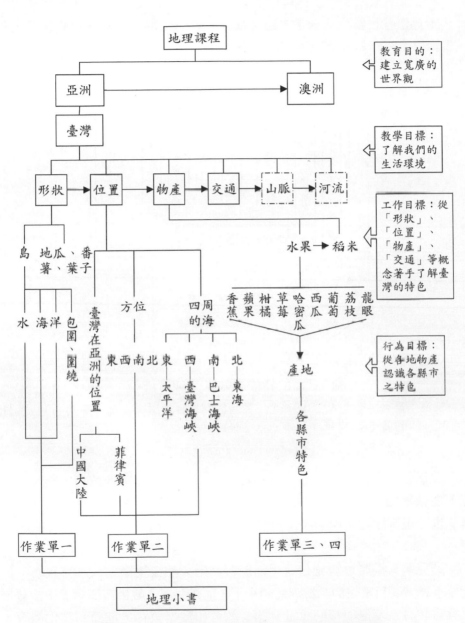

圖 9-2　文化教育（地理課）的概念結構圖

資料來源：筆者科技部之研究報告（未出版）

二、學習內容的組織與呈現順序

上述這些日常生活練習、感官教育、數學教育、語文教育的教具，在呈現給學生時有其先後順序，請參考圖9-3。

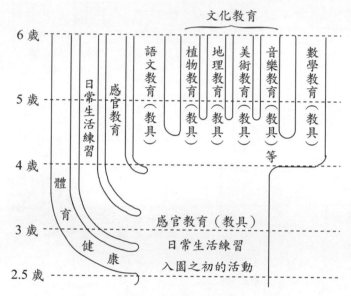

圖9-3　蒙特梭利教育的教育課程

資料來源：岩田陽子等人（1991a）。**蒙台梭利教育理論與實踐**（第四卷）：**算術教育**（第22頁）。臺北市：新民。

蒙氏教育各個領域（日常生活練習、感官教育、數學教育、語文教育等）之教學內容有其呈現的順序（在上節已先做說明），就整體的課程而言，也有規劃好的呈現順序（岩田陽子等人，1991a，第22頁），如圖9-4所示。

幼兒剛入園時以實施日常生活練習開始，然後逐漸進入感官教育，但此並不意謂著日常生活訓練就此結束了，而是到了3歲仍需繼續著。接著是以感官教育為基礎與核心，進到語文教育和數學教育，進而到文化教育，包括音樂、美術、地理、植物等教育，兒童即根據這些教育為基礎，繼續其成長需求。蒙氏把日常生活練習放在感官教育之前，為的是培養其自

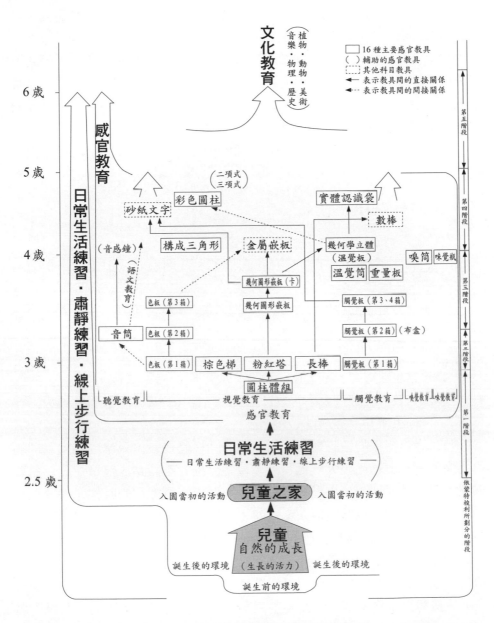

圖 9-4 蒙特梭利課程的呈現順序圖

資料來源：岩田陽子等人（1991a）。蒙台梭利教育理論與實踐（第四卷）：算術
教育（第 22 頁）。臺北市：新民。

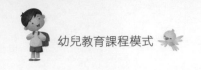

主、獨立能力，因為蒙氏認為在接觸知能教學前，應先培養幼兒獨立、自主能力與人格，這對未來的學習會有深刻的影響。

蒙氏之感官教具是為了促進高層次認知學習而做準備的教具，因此不只是以刺激感官為目的而已，而是為了能進一步促進兒童進入高層次之課程吸收而設計。因此依順序排列時，感官教育要在語文、數學、文化教育之前開始。

蒙氏還依幼兒之發展情形，更詳細地將課程配合教具的呈現順序提示如下。

（一）第一階段

當孩子一到學校便可以進行下列練習：

1. 日常生活練習：不出聲音移動椅子、打蝴蝶結、扣鈕扣、扣領鉤等。
2. 感官教育：圓柱體。

（二）第二階段

1. 日常生活練習：不出聲音站起來或坐下、在線上行走。
2. 感官教育：練習大小的教具、長的階梯（長棒）、長方柱或大階梯（棕色梯）、立方體（粉紅塔）。

孩子在此操作的教具類似之前做過的圓柱體一般，只是以相當不同的角度來練習。教具比較大，更容易發現各部分的不同點。但是在此，是要靠孩子用眼睛辨別其相異點與訂正錯誤，而前面所練習的圓柱體是靠教具本身之設計，即可機械性地顯示錯誤；這是因為教具除了按大小之順序來插入木座外，沒有辦法按自己的喜好插入其他洞穴內，於是控制了錯誤。

觸覺是最原始的感覺，觸覺器官最為單純，也分布最廣。因此，當開始實施注意力教育時，我們可以對孩子提示粗糙面和光滑面（觸覺板第一塊），接著是溫覺練習。以此為基礎，結合以後要介紹的手的運動練習就可醞釀出書寫能力。

連同前面所說的兩個系列感官練習，再進行「顏色配對」（色板），也就是辨認兩種顏色的同一屬性（是色彩感覺的第一個練習）。

（三）第三階段

1. 日常生活練習：孩子自己洗澡、自己穿衣服、清掃桌面灰塵、學習使用各種東西等。

2. 感官教育：引導孩子辨認刺激等級（觸覺、色彩等），讓孩子自由進行練習。

一開始，要提示聽覺刺激（聲音、噪音——音筒）和壓覺刺激（不同重量的小木片——重量板）。

和各階段同時，也提供平面幾何嵌板（幾何圖形嵌板）。從撫摸嵌板輪廓的手部練習開始，與另一項辨認觸覺分級的練習同時進行，以做為書寫的準備。

孩子認識木製嵌板之後，再給相同形狀的幾何卡片系列（幾何圖形嵌板卡片），這些卡片是為學習抽象符號而準備的。孩子學習認識輪廓的形狀，所有前述練習會在其心中形成有秩序、有智慧的人格，這些練習可以說就是由感官教育通到書寫的橋樑，從準備工作進入實際的引導之門。

（四）第四階段

1. 日常生活練習：孩子準備午餐、整理桌子、學習整理房間、教他們盥洗時照料自己的細節（如何刷牙或清潔指甲等）。他們由線上的韻律活動中學習自由與平衡的走路方法。他們知道控制和指揮自己行動的方法（肅靜方法），知道如何移動東西而不使東西掉落或弄破，也不發出聲音。

2. 感官教育：在這階段反覆進行所有的感官學習。此外，再加上一對鐘組的系列（音感鐘），引導孩子認識音符。

3. 書寫／構圖練習：孩子進行到金屬平面幾何嵌板。此時，撫摸輪廓所必要的運動已很協調。這時不用手指觸摸，而是用鉛筆在紙上留下雙重的線，然後再用顏色鉛筆塗滿圖形，就像是將來要握鋼筆書寫一樣。同時，也教孩子觸摸認識用砂紙做的英文字母。

4. 數學教育：在這時期，反覆感官練習，提示長階梯，但和從前應用的目標不同。此時，可讓孩子依藍色和紅色，一段一段數不同的棒子，從一段開始，進行到十段為止。繼續這個活動，也給予更複雜

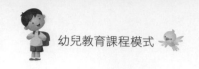

的練習。而算術可以進行到數字的認識。接著做木釘練習（紡錘棒箱）。同時，在桌上進行數字下面放置相對應數目的顏色籌碼遊戲。籌碼排成兩行，便可以分辨奇偶數。

（五）第五階段

繼續前述的練習，並且開始進行更複雜的韻律活動。

從上述所引用的內容可以理解，蒙特梭利雖然沒有特別指出給兒童教具的實際年齡，但對於教具的給予必須按照階段和系統的條件是非常明顯的。

參、教育方法

在此部分，筆者擬從三個角度來呈現蒙氏課程中教學方法的精神：(1)環境的規劃；(2)教具與提示方法；(3)教師的角色。

一、環境的規劃

蒙氏強調，幼兒階段是大量吸取外界資訊的時期，這時幼兒有旺盛的內在生命力，不斷地追求有秩序的世界，因此成人就需提供兒童所需的環境，協助兒童邁向獨立自主之途，亦即成人需提供給幼兒「準備好的環境」。所謂「準備好的環境」就是當吸收性心智發生作用時（無意識自我形成時期），兒童成長所需之要素能隨著其敏感期的出現而出現，而進行協助幼兒成長的工作。其所包括之內涵不是狹義的「環境」而言，而是也包括在硬體設備內之軟體，如教師、氣氛、課程等內涵在內。基本上，教師在準備環境時有以下幾個規則可依循：

1. 能讓幼兒自由充分發揮其內在生命力的地方：環境的提供可以尊重到每一個兒童的興趣、能力、節奏、步調，以及需求。
2. 豐富且安全的環境：環境的提供不僅是要滿足兒童生物性的需求（如食物、活動空間等），同時需要的是一個豐富的，可以刺激和激發兒童潛能的環境，亦即需要能滿足兒童心智、道德、精神與社會需求等各層面發展所需之要素。

3. 可自由活動的環境：蒙氏認為，兒童心智的成長與動作是息息相關的。兒童透過自由選擇的活動，去吸收周遭的養分，以提供心智發展所需之要素。因此，環境要提供兒童不斷動手的場所與用具，以便持續地去做蒐集、分解、移動、轉換等有助於心智發展的活動。

4. 要有限制：蒙氏強調的自由是有限制的自由，因此提供的環境是要能讓幼兒在裡面去做對的事，而不是做想做的事而已。

5. 要有秩序：幼兒對秩序的敏感期約在 2 歲到 6 歲間，此時環境中呈現的秩序（例如：每日的作息時間要有一致性與慣性、教具的擺放要有順序的組織等）有助於兒童的學習以及對未來的準備。

6. 混齡班的編制：蒙氏教育的目的之一是讓兒童做好進入社會的準備，因此為其準備好的學習環境應該是與整體社會、文化有關聯性和連貫性。蒙氏教室就是一個真實性的社會，是三個年齡層混齡的空間。在這環境裡有助於團體生活的學習，大的孩子可以發揮領導、示範、協助的角色，不同年齡間的孩子可以互相學習尊重、合作、學習選擇朋友等機會。

7. 合作的環境：教師應該創造一個學童互相合作學習的環境，而不是一個競爭的環境。

　　蒙氏強調，準備好的環境包括教具呈現之順序（這部分在教學內容裡談過）和提示法（這部分將在後面再談）、教學時間與空間的規劃，以及教師的準備。現在先談後三者。

（一）教學時間的規劃

　　一旦學校創立開始，上課時間表的問題就會出現；時間表的問題牽涉到時間長度和學習內容之分配問題。有關學習內容分配之問題此處不談，將在教具部分交待。

　　關於上課時間的長度也可以分兩方面來看：一是每一天在園的時間長度；二是每一個分段的時間長度。就在園的時間長度而言，會因社區的需求、兒童的年齡和新生或舊生等因素的不同而變化。有的社區由於有托兒的功能，因此在園的時間可能從早上 8 點到下午 5 點，彈性很大；兒童年齡愈小，在園時間長度愈短；新生入園前二～三週左右，其在園時間大約是：第一天～第三天，其在園 1 個小時內；第四天～二週間，其在園時間大

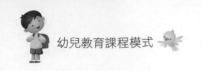

約是 1 個半小時內；第二週到第三週間約為 2 小時內；第三週起可以排 5 個小時時間在園。其目的在讓幼兒逐漸地適應環境，避免其心理產生畏懼或不安的壓力。

就每一個分段的時間長度而言，原則上都是以大時段方式分割，甚至有的蒙氏幼兒園將時間表僅列為參考資料，實際上幾乎所有時間的分配都是由兒童自己決定。理由是：兒童有其內在成長法則，因此當兒童正在進行一份工作時，他必須完成該工作的循環。如果能讓兒童在沒有什麼干擾的情形下完成一個工作循環，他就不覺得疲累。當成人以工作半小時就要休息一次或工作 1 小時休息 20 分鐘的方式來規定時刻表時，兒童的工作就會受到干擾，甚至喪失其生命中所蘊含之生命主動性的特質。正常的時間長度以 2.5～3 小時為原則，其中全體教學時間不宜超過 1 小時，其他的時間應以小組或個別教學為主。如表 9-1 所示的範例。

表 9-1　一個蒙氏幼兒園之作息表

A 蒙氏幼兒園之一日作息表

時　　　間	活　　　動
8:30～11:20	上午工作時間
11:20～11:30	團體時間[1]、半天班放學
11:30～14:00	午餐、刷牙、中午休息時間[2]
14:00～14:50	團體時間，下午工作時間
14:50～15:00	放學

註：1. 團體時間由教師視當天情形或課程需要來進行，或是在放學前提早集合進行。

　　2. 此園的中午休息時間並不是像別的學校一般是午覺時間；換言之，此園幼兒沒有午睡，而是讓幼兒可以玩非蒙氏的玩具，當然幼兒也可以操作蒙氏的工作。

（二）教學空間的規劃

理想上，蒙氏教育比傳統教學法需要更大空間，但如果空間不夠，也不是很嚴重的問題。主要原因有兩個：(1)蒙氏強調秩序、紀律和尊重，因此在學習過程中，兒童會學到：行動時，動作上的正確性與紀律以及對他

人的尊重，此可克服空間較小的處境；(2)教師會允許兒童將工作拿到臨近的走廊、陽臺去做，一個空間裡的理想人數是三十位學生，最多不超過四十位學生。

（三）教師的準備

蒙氏認為，教育的目的不是在教兒童背誦文章或是塑造兒童成為怎麼樣的人，教師是在指導一個有生命的個體發揮其全部的能力和不斷地創造自己，因此教師本身就需是一位充滿愛心、自由、有紀律、內心充實的生命。蒙氏認為，教師最需要的條件是精神涵養，是內心的態度。他們必須藉助外力的協助去了解自己的缺點，不斷的自我成長、自我糾正，以使自己準備好，成為可以協助兒童成長之環境的一部分。

二、教具與提示方法

「教具」是蒙氏教育思想的具體呈現。教具在蒙氏教育的地位是「一種協助兒童生長發展的媒介」，其主要意義在於藉著外在刺激物，以激發幼兒內在的生命力。

蒙氏教具有以下幾個特性。

（一）性質的孤立化

蒙氏認為，從誕生到 3 歲這個時期的孩子，會本能的吸收環境中的各種景象，唯這個時期兒童所吸收到的各種景象都是混沌的存在於無意識和潛意識狀態下，這種吸收性心智到了兒童 3 歲時，便由無意識的吸收逐漸地變成意識性的吸收。2 歲半至 3 歲半左右的兒童開始會將混沌的景象予以整理，使成有秩序的知識。蒙氏認為，讓兒童以偶然的機會去獲得與整理外在的刺激，不如提供兒童一個有秩序的、能刺激五官的環境，這樣會更有效地激發兒童由內心湧出的生命力。但要兒童同時吸收各種不同知覺的道德資訊，是一件很困難的事。因此蒙氏教具雖具有各式各樣的特性（如顏色、大小、形狀），但這些特性不是集中在一個教具上。配合著教具要達到的目標，該教具就只呈現該特性的變化。也就是說，將某物體所具有的特性中，孤立其中某一項特性，這樣便能將物體的不同特性分別和明顯地表現出來，例如：長棒能區辨出長度、色板能區辨出顏色、觸覺板能分辨

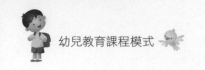

出粗與滑的觸感、圓柱體組具有分辨三度空間的功能，但四組圓柱體的教具則分別有不同的特性：第一組是具有高度變化的圓柱體；第二組是只有粗細變化的圓柱體；第三組是粗細和高度同時變化的圓柱體；第四組是直徑和高度呈相反變化的圓柱體。

將複雜、困難的概念分析成各個獨立的特性，讓兒童在無挫折的情況下一一去感受和理解該教具所呈現的概念，此所以為蒙氏教具設計性質之孤立化的理由。

（二）被具體化的抽象

蒙氏教具之目的不僅僅是在刺激兒童的感官，同時期望協助兒童自教具的操弄中，將事物的性質加以抽象化。因為蒙氏教具形成的程序是先分析具體東西中的某一種屬性，然後再將抽象的屬性加以整理，而使之具體化——教具，例如：「粉紅塔」是抽取出立方體「大小」的屬性，由大而小，依序遞減疊成的；當蒙氏想取「長短」之屬性時，她就固定其他的屬性，只變化長度，由長至短排列，形成「長棒」教具。順著物理上的性質，使教具保持固定屬性的差別，其屬性的差別就自然呈現。蒙氏將各種屬性整理成套，也就設計出表達抽象概念之具體化教具。

（三）可自我校正

蒙氏教具多數都可以讓兒童操作後，自己可以評量自己表現正確與否；若有錯誤時，產生錯誤之所在處會明顯地顯露出來，例如：圓柱體 A 是由高度逐漸降低的十個洞穴和剛好可以插入的十個圓柱所構成，由於這些圓柱剛好能適合於這些洞穴，所以不能有錯誤；一旦做錯了，兒童會看得出來，並且重新修正。這種教具之優點在於兒童可以立即地得到行為後的回饋，此有助於教師未介入時，兒童亦能達到自我教育的目的。

（四）可移動性

兒童有活動的慾望，為了配合兒童的學習，兒童可以自教具架上任意選取自己所喜愛的教具，也可以配合活動的需要而移動操作的場所。

（五）符合兒童身心發展

　　蒙氏教具的設計是為了協助兒童成長，因此所有尺寸和大小均配合兒童的身心發展，例如：尺寸大小、重量等都在兒童易於抓取、搬動、拿捏範圍內。

　　蒙氏教育課程之內涵、教學方法與教具間有密切的關係，在談教學方法時幾乎無法脫離其教具和提示教具操作的方法。換言之，蒙氏教育在幼兒階段的方法就是以教具的操作方法為主。每種教具有其操作的重點、程序及延伸變化的方式。基本上，蒙氏教具提示（教學）方式約有三種：(1)團體提示（給全體幼兒的提示）；(2)小組提示（給兩位以上幼兒的提示）；(3)個人提示（對個別幼兒的提示）。

　　這三種提示形態會由於不同教育內容、幼兒學習的階段而改變其重要程度（詳細資料可參考岩田陽子等人，1991b，第 25 頁）。

三、教師的角色

　　蒙氏教育的目的是培養幼兒養成自我獨立學習的能力，教師的職責是盡量激發幼兒的潛能，在幼兒自己動手做得到的範圍內給予幫助，因此教師是以輔導者的角色出現。所謂輔導者的角色係指作為兒童與教具間的橋樑，觀察幼兒的需要後給予適時的介入。具體而言，教師的責任包括：

1. 準備環境：教師應提供幼兒一個適合他、能協助他成長的環境。這個環境應包括他自己的準備、教室和教具的準備等。
2. 觀察：蒙氏教育內容、方法、教具的產生都是從觀察兒童日常生活所發展出來的。教學的進度、協助及評量等問題，均有賴教師敏銳的觀察力為基礎，進而提供協助的依據。
3. 監督：教師應監督班上活動的進行，防止及輔導可能發生意外或粗魯的行為，也就是「班級經營」的工作。
4. 示範提示：提供兒童操作教具之適切技巧。

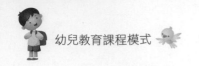

肆、評量

　　蒙氏教育裡所謂的教學評量是以教具為中心，在教師和幼兒間展開進行的。從教具的系統性、錯誤的訂正、正確的模仿開始，檢討進行教學評量，觀察時應注意的五個要點是：(1)設定明確的觀察目標；(2)明確地列舉觀察項目；(3)做好周全的準備、決定時間、持續地觀察；(4)配合觀察項目，做成摘要或備忘錄式的客觀性整理紀錄；(5)與其他觀察者比較檢討，當然最後少不了綜合性的判斷。這些教師的記憶伴隨著紀錄，一一針對孩子實行（岩田陽子等人，1991b，第 26 頁）。以表 9-2 與表 9-3 為例，表 9-2 是以全班每位學生一天裡的工作項目為觀察內容時使用的表格；表 9-3 是以一位兒童為單位，將全班的表轉記到每一位兒童自己的紀錄表上所彙整後的表格。

表 9-2　蒙特梭利操作觀察紀錄表

觀察日期：

學生姓名	日常	感官	語文	數學	文化
蔡文佳		粉紅塔 M			
歐陽芬	倒水 RE				

註（進度）：P ＝已示範；RE ＝再次示範；M ＝熟練；L ＝相關詞彙；EXT ＝延伸活動。

表 9-3　蒙特梭利操作觀察紀錄表

日常生活練習-1　　　　　　　　　　　　　　觀察日期：

項目	已示範	再次示範	熟練	相關詞彙	延伸活動	備註
對環境的照料（基礎動作練習）						
走路練習						
搬運練習						
1.搬椅子						
2.搬桌子						
3.端托盤						
4.持地毯行走						
5.持水桶行走						
6.持瓶罐行走						
鋪、捲地毯						
拼、拆方塊毯						
倒穀類						
倒沙						
倒水工作						
1.由一水瓶倒至另一水瓶						
2.由水瓶倒進水杯						
3.由水瓶倒進數個水杯						
4.由水瓶倒進不同刻度的水杯						
5.使用漏斗倒進窄口瓶						
清理溢灑物						
1.穀類						
2.碎屑：（如麵包屑）						
3.液體						
舀豆						

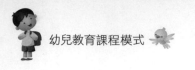

第 十 章

華德福課程模式

　　華德福學校創始人史代納（R. Steiner）於 1861 年出生於奧匈邊界。他曾表示，自己在 7 歲時便時常有超越經驗世界的心靈體驗，而這些經驗影響了他的一生。他相信這些心靈感覺的世界是存在的，並認為應可視為一種「科學」來研究。因此在 1902 年時，他將自己對心靈體驗的研究與探索命名為「人智學」（Anthroposophy 源於希臘文，anthropos 指人，sophia 指智慧），旨在探索生命存在的起源及本質，企圖解開生命的奧祕。史代納認為，人類生命存在於物質世界與精神世界之間，若過度重視自然科學易使人偏向物質，造成心靈退化。人智學探討如何引領人以正確和客觀地觀察及方法進入靈性世界之學習，強調人與宇宙間的關係，藉以喚醒人與自然、宇宙間之關係的連結，再進一步發展當下及未來人類的福祉（林玉珠，2003；鄧麗君、廖玉儀譯，1998）。

　　1918 年，第一次世界大戰結束，德國經濟陷入低迷的光景。社會改革者 E. Molt 於 1919 年邀請史代納為其工廠就業的員工創立華德福學校。當時史代納要求幾項辦學條件：學校要開放給所有想就讀的兒童、男女合校、十二年制、由該校教師擔任學校經營者，將政府及經濟的干預減至最低。Molt 答應後，便在 Stuttgart 成立了以香菸工廠名字 Waldorf Astoria 命名的學

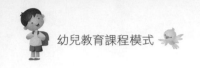

校 Waldorf Schule，此即為世界第一所十二年制的「自由華德福學校」（林玉珠，2003；莊美玲，2008；黃曉星，2003；鄧麗君、廖玉儀譯，1998）。自此之後，各地接續成立史代納學校，例如：德國 Hamburg、荷蘭、英國、美國等國家；在二次世界大戰前，世界上已分設十六所史代納教育學校。截至 2015 年，全世界已在六十個國家分布有 1,063 所華德福和史代納教育學校。

　　臺灣第一所實驗華德福教育機構是臺中市磊川華德福實驗教育學校林玉珠校長於 1995 年成立之「娃得福托兒所」，接著國內陸續成立了多家華德福幼兒園。至今，臺中市磊川華德福實驗教育學校與宜蘭縣立慈心華德福教育實驗國民中小學，將臺灣華德福教育由幼兒園建制至中學階段。

第二節　華德福幼教系統的基本教育信念

　　華德福教育乃由「以人為本」的教育思想出發。史代納認為，「人」的教育不能僅了解人的表象，以及運用表象的知識來教育人類，就如面對植物，不能僅看見其表面的枝葉，應探究植物的本質，才能了解植物接下來的生長狀態。對於生生不息的植物是如此，對於教育「人」之起點更應從對「人」本身的了解及研究開始（柯勝文譯，2002）。史代納學校教育的目的乃在發展均衡與和諧的人格、對「人」的了解（人智學）；課程不僅僅只是教授課目的內涵，所有的領域都應融合人與萬物的關係，也都應強調人文的精神，更重要的是在藉由各領域的學習，以發展完整的人格以及道德的培養。以下將從「身、心、靈」、「氣質」，以及「史代納的兒童發展觀」等三個角度，來探討華德福幼教系統的基本教育信念。

壹、個體的「身、心、靈」

　　華德福教育將人視為一個「身、心、靈」完整的個體，以培養成一個「全人」。史代納強調，人的整體應為身體、心靈、精神合一的個體，因此，教育就在將孩子視為一個完整的個體，以培養他們一個完整的「身、心、靈」（林玉珠，2003；鄧麗君譯，1998）。

一、身體

身體（body）乃指人身上的各個感官體，透過此感官體與外界接觸，並且接受訊息與刺激。對幼兒而言，雖然外在的身體已完整成形，但實際上，身體是毫無選擇的接受外在訊息之進入，藉由感知環境而形成內在經驗，再藉由意志力由內展現出心靈和精神來。

二、心靈

人接受訊息後，即進入了心靈（soul）的層次。內心的心靈世界有感知（sensation），例如：感受到愉悅或生氣、喜愛或厭惡等情緒與情感（feeling）。再經由身體的意志（will）以及精神上的思想（thinking）來規範，人則從這些行為中表露內心的情感。

三、靈性（或稱之為精神）

靈性（spirit）是人類本質的中心，透過「思想」這個表達工具來傳達中心的靈性。我們的感官在接收外在的訊息後，有靈性的思考去進行判斷，最後引領我們的行為。人類的思想與理想，例如：百善孝為先、愛護萬物等觀念和想法，都是透過思想中的專注與思考而形成，而這些觀念和想法最終則會引導一個人的行為。

貳、氣質的分類

史代納認為，氣質是父母遺傳與天生擁有的混合體，主要分為土相（憂鬱型，melancholic）、水相（冷靜型，phlegmatic）、風相（活潑樂觀型，sanguine），以及火相（急躁激進型，choleric）等四大類型。華德福認為，孩子的氣質不同，對待的方式也不一樣，其差異如表 10-1 所示。

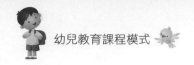

表 10-1　氣質類型分類與對待方式

氣質類型	特點	對待方式
風相氣質	興趣廣泛，對於周遭的事物常滿懷好奇，對事物常採取正向思考的態度，但想法變化快，無法對於相同事物持續保持熱情，對事物的認識很容易停留在表面而半途而廢。	提供幼兒適度的引導，幫助幼兒專心和專注，使其興趣持續延伸。
水相氣質	個性和善隨和，慢條斯理有些被動，做事認真負責不會半途而廢，但對事情常提不起興趣。	透過他人對某件事的興趣來誘發幼兒的關心，使其參與到活動中，同時可交代一些任務給幼兒，為了遵守約定，幼兒會認真執行。
火相氣質	精力充沛、自信、意志力強，具有強烈的領導力和決斷力，但性格急躁、缺乏耐性，處理問題常常很衝動。	為幼兒樹立偶像和崇拜之情，進而幫助幼兒糾正錯誤，在糾正錯誤時，減少訓誡或懲罰，透過較為輕鬆的方式，給予幼兒時間緩和情緒。
土相氣質	心思細膩，做事謹慎小心，安靜沉著，常出現憂鬱的神情，較欠缺活力。	透過角色扮演養成幼兒的同理心，鼓勵幼兒觀察外在世界。

參、史代納的兒童發展觀

　　史代納將兒童的發展以七年為一個週期，從出生到 21 歲分成三個週期。史代納認為，教育應配合不同成長階段的特性與需要，讓人的身、心、靈獲得統合與完整的發展。第一個成長週期是從出生至 7 歲（換牙之前期間），以發展「生理上身體」（physical body）為主；第二個成長週期是

從 7 歲到青春期，以發展「感覺」（feeling）為主；第三個成長週期是從青春期到 21 歲，以發展「思想意識」為主。本章只探討第一個成長週期的內容。

在第一個成長週期裡，幼兒的生命力注重於生理發育，幼兒的行為依循的不是「要做什麼」（have to do）而是「想做什麼」（want to do），他們的行為受到強烈慾望的支配，因此會出現吃飯、玩玩具、跑來跑去同時發生的狀況。幼兒的學習方式是依本能去遊戲、模仿和向榜樣學習。若在此時過早開發幼兒的智力，會干擾其整體發展的平衡。此時，幼兒成長會顯示出「植物性」與「動物性」的特徵：

1. 植物性特徵：自然界的一切都符合孩子的天性，大自然的一切也都符合幼兒的興趣，自然的構造與形體也都是幼兒對此世界概念的形成與想像力的來源。
2. 動物性特徵：並非指動物性的慾望，而是以身體成長為目的的好動、好爬、好動等特徵，而這些天性是來自於生命發展的需要。

第三節　華德福幼教系統的課程內涵

壹、教育目的

史代納對人類成長的最終理想為「自由」，教育的目的乃在發展均衡與和諧的人格，強調「全人教育」的重要性。他說：「我們最大的努力一定要放在培養自由的人，讓人有能力定義自己的目標，指導自己的生活。」具體而言，史代納認為，教育在於回應人性本質及人類真正的需求，生命的每個階段皆有其發展和需求，因此身為教育者應先了解「全人成長」的知識，才能有效協助兒童的心靈順利進入物質身體，實現身體的生命目的。在幼兒階段，就身心靈層面的實踐面而言，應強調發展身體器官組織、重視發揮意志能力，並培育感恩的心，透過擁有這三者，人類就能在物質的世界中實現人的靈性（林玉珠，2003）。

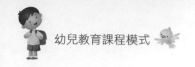

貳、教育內容

　　華德福幼教系統的重點乃在於回應兒童「身、心、靈」的需要。兒童生活在幻想、想像、情感及意志裡，他們需要的是想像、節奏與活動的教學，而非形式、概念，因此沒有固定、現成的、編定好的教材。華德福教育重視「頭、手、心」的發展，頭便是人的思想，手便代表著意志，心代表情感。課程要能幫助他們開展情感、意志，以及自由思想的能力，使幼兒能發揮模仿與意志的能力，建立規律的生活習慣與基礎。根據上述，華德福幼教系統具體為孩子提供的教育內容如下（林玉珠，2003；劉禧琴、吳旻芬譯，1997；鄧麗君譯，1998）。

一、創意遊戲

　　華德福幼教系統重視遊戲，認為遊戲能讓孩子從中學習與成長，進而為未來世界作準備。創意遊戲是開啟幼兒由內而外、主動自發創造出來的遊戲，孩子能在當中感受到有趣及快樂。更深入而言，遊戲本身結合幼兒與生俱來的意志、歡喜的心，以及創意想像的思考，藉此它能促進人的身、心、靈之平衡發展。因此，遊戲並非是虛度光陰的活動，孩子在當中重新建構、統整新經驗，使其能將生活推到最細緻及深入之處。目前，華德福教育系統將幼兒於 7 歲前之創意遊戲分成三階段，詳述如下（Dancy, 1989, p. 145；引自林玉珠，2003）。

（一）身體的遊戲

　　此階段的幼兒會不斷重複同樣的動作，例如：跑、跳、爬、翻跟斗、畫圓圈及線條等。就華德福教育而言，幼兒是透過四肢、新陳代謝、意志力系統支配他的身體、驅力及精力。因此，當幼兒反覆的以純動作技巧在練習時，同時也反應出內在的成長情況。舉例來說，當幼兒藉由反覆堆疊積木、再將其推倒的動作，以獲得快樂的感覺時，也正表示他的器官目前正健康地執行同化及異化作用之成長過程。

（二）想像模仿的遊戲

對 2、3 歲的幼兒來說，反覆純動作的身體遊戲已無法充分展現他們的精力，所以轉而追求想像中的假裝遊戲。他們喜歡模仿周遭人的動作、心情等，例如：「假裝」的吃、「假裝」的喝。而這類模仿並非出自實用主義的活動，所以孩子並不需要真的完成什麼。值得注意的是，這個年紀的孩子無法分辨好、壞地去模仿，他們看大人吵架，也會模仿出生氣和謾罵的模樣，因此在幼兒面前成人應謹言慎行，並且注意自己的情緒，避免造成不良示範。

當孩子到了 3～5 歲時，他們便開始進入高階的創意想像遊戲，例如：將一個玩具幻想成另一他想要的東西，把一塊木頭想像成一頭牛，過一會兒，同一塊木頭可能變成火車等。

（三）有目的之假裝遊戲

孩子到了 4 歲半、5 歲時，即進入有目的之假裝遊戲階段，他們會有自己想要成為的人、想要做的事情，所以這個階段的孩子已能在假裝遊戲前進行一系列的計畫，例如：想要玩什麼遊戲、找誰來玩、每個人的角色是什麼等。

二、故事

（一）故事講述

史代納認為，童話故事裡的世界與兒童的世界之本質相同，透過童話故事各個角色的生命經歷及其間的寓意，可以使兒童逐漸由自己建構的樂園中開始甦醒其內在之意識，而擁有人類所需之覺醒的意識。在這當中，教育的力量與兒童的生命自然地產生交融流動，此即是童話故事的魅力，它一方面反映、共鳴兒童的夢幻需求，同時也溫和的促進了兒童，使其不致受驚嚇地從容甦醒，而能充滿勇氣及信心迎向未來的人生道路。因此，教師應依照兒童的年齡與需求，挑選適宜的故事，以幫助兒童內化故事中之智慧與藝術。教師有可能會在同一天反覆講同一個故事，說個一至三個星期不等後才換新故事，其目的是為了要使故事成為安定兒童內心的力

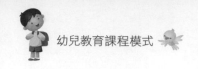

量，而帶來喜樂與智慧之泉源。由此可知，故事在兒童成長歲月中，扮演相當重要的精神糧食之角色，特別是在兒童9歲之前。

此外，故事也被華德福幼教系統作為治療幼兒問題的方法之一。在華德福幼教系統中存在各種不同類型的故事，例如：童話故事、生活故事、生日故事等，同時也有具治療功效的故事，其目的是為了要幫助幼兒解決問題、修正其偏差行為。教師運用史代納教育之巧思，將幼兒存在之問題轉化變形成為故事中有待解決的問題，當教師講述此類故事給有相同困擾的兒童聽時，期待能觸動、激發其解決問題的意志。最後，故事結局終會指出解決問題的方法，提供幼兒在以故事溫暖其心靈的狀態下，反思自己的行為，以此改善幼兒偏差行為或問題的方法，此遠比說理、恐嚇或要求等更能有效徹底幫助幼兒解決其困擾。

（二）布偶戲

華德福幼教系統中之課程包含布偶戲。一般來說，同一場布偶戲會在每週演出二至三次，並一再反覆，持續兩、三週甚或更長的時間。教師會根據故事的需要預備布偶，以鋪上柔和色彩之絲綢、棉紗布於桌上作為舞臺，再放置石頭、貝殼和木頭等成為布偶戲的場景。當幼兒進入教室後，教師掀開布幕，布偶戲才正式上演。在過程中，幼兒隨著柔美的琴弦聲、教師穩定的語調、豐富的色彩及動人的故事情節，其心靈慢慢地沉浸在安定、健康的氛圍中。布偶戲存在之終極目的是希望能喚起幼兒的感官發展、刺激其語言及動作，同時達到鼓舞幼兒發展其創造力及想像力。

三、藝術活動

（一）濕水彩畫

透過濕水彩畫色彩的經驗可以開展幼兒藝術的能力，且色彩與心靈、情感有直接的關係，有些色彩帶給人愉悅的感覺、有些色彩帶給人憂鬱的感覺、有些色彩表現出活潑的感覺，可以讓人透過感覺與自己的心靈對話。華德福教育中的三原色濕水彩活動，讓兒童不會覺得自己得畫出明確的形狀與圖形，而是在顏色的渲染、交疊中，隨心所欲地創作。此時，教師可提供與顏色相關的故事或詩詞，以激發幼兒對顏色的想像及顏色故事

的創造。

（二）詩歌晨圈

「詩歌晨圈」又稱為「輪舞」或「韻律遊戲」，此類似幼兒園中常見的「律動」，但不同的是，華德福教育中的「詩歌晨圈」是大家手牽手、圍成一個圓圈，共同以歌聲來進行，而歌唱的主題大多與自然有關，透過反覆性的節奏與柔和的律動，以體悟大自然的寓意。

（三）蜂蜜蠟捏塑

蜂蜜蠟捏塑的活動，讓幼兒透過揉、捏、拉的過程，享受蜂蜜蠟由堅硬觸感漸漸地在手中變得溫暖、柔軟。此不僅能滿足幼兒對觸覺的需求，更可以透過藝術表達內心的經驗。

（四）編織、縫紉與刺繡

幼兒會經由模仿成人的行為而習得編織、縫紉與刺繡的工作。透過此類的手工活動，不僅能發展幼兒手指的靈活度、培養耐心，也讓幼兒在隨心所欲的拼湊之中，發揮想像力及創造力。

參、教育方法

一、環境的規劃

華德福教育強調「社群」（community）的重要性，因此在環境的規劃上有幾項重要的原則：

1. 要有「家庭」的感覺：華德福教育系統認為學校是家庭的延伸，因此在環境設計上與功能上都會有家庭延伸的感覺，例如：每間教室裡會有廚房、校園裡會有菜圃、家禽圈舍等。
2. 要有美感的感覺：華德福教育系統認為，學校應該要提供可以滋潤孩子感官的整體環境，例如：牆壁應該用樸素淡雅的顏色、要用木製的傢俱、要玩天然材料製成的玩具、要用植物性染料染成的窗簾等。

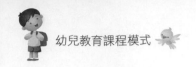

3. 混齡班：華德福教育系統認為，學校是家庭的延伸，班級由不同年齡的孩子組成，更符合家庭組成分子的性質。對年幼的孩子而言，有模仿學習的榜樣；對年長的孩子而言，可以學到負責任、照顧他人的品格。

4. 有節奏、規律的生活作息：每天、每週、每月、每季的活動設計，都會讓孩子感受到節奏性及規律性。

二、教與學的原則

華德福教育奠基於三個相當重要的學習原則：節奏（rhythm）與重複（repetition）、榜樣（example）與模仿（imitation），以及做中學。

（一）節奏與重複

意志（will）乃存在於人類軀體中的潛能，能驅使人完成日常活動或艱困的任務。在嬰兒期時，意志力驅使個體學爬、站、走，也驅使個體牙牙學語，進而獲得語言的能力；在幼兒期時，意志驅使幼兒模仿、學習，進而有所創造。鍛鍊意志力的方法為「反覆」與「規律」，透過不斷的反覆而形成了規律，進而培養堅定的意志力。

在幼兒園中，首先讓孩子的活動與大自然四季的變換相關聯，透過四季溫度的改變、大自然規律的變化，以及年復一年的節慶、慶典，讓幼兒獲得規律的意識。在各項活動中，也透過不斷重複的活動，例如：優律詩美、故事、水彩畫、蜜蠟等，在重複與規律中引發幼兒自我指導，形成對自我的力量。

（二）榜樣與模仿

這個階段兒童「模仿」的現象比其他年齡層都還要顯著，孩子會透過模仿周遭的環境事物而保存這個世界的形式，進而對世界產生既定的形象，亦即這世界所展現的一切道德或不道德、調理或紊亂、理智或魯莽的行徑，皆會被兒童的感官記憶、深植心中而成為內在的力量。學前階段兒童模仿的本能最為強大，他們並非藉由訓誡或道德勸說而學習，「典範」才是最重要的。因此，幼兒園教師與成人須扮演最重要的角色——「榜樣」。成人不僅在道德上發揮「身教」，透過成人實際的行動，幼兒看見

後便會發揮其模仿的本能，並從中接受各種行為舉止的啟示（鄧麗君譯，1998）。

（三）做中學

華德福教育強調孩子自我探索的學習方式，透過模仿成人的活動，於實際「做」的過程而得到學習。

肆、評量

華德福教育強調完整個人的建造，不強調學術知識的奠基或是為其未來上小學之學科做預先的準備。因此，強調不用傳統的評量方式，主要靠的是教師的觀察與陳述。

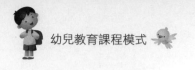

幼兒教育課程模式

第十章

瑞吉歐幼兒教育系統與
其幼教課程模式

第一節　瑞吉歐幼教系統的歷史源流

　　20 世紀初期，義大利走向工業化，政治上社會黨的茁壯，使得社會逐漸重視職業婦女的需求以及兒童的照顧和教育等議題。Pistillo 認為，1904～1913 年間是義大利幼教發展特別豐碩的時期。在這段時間內，蒙特梭利創立了第一所「兒童之家」（Children's House）。不過，幼兒教育主要的推動力量還是天主教教會。1933 年時，超過 60%的學前學校是由宗教團體所經營。

　　在二次世界大戰之後，教會介入教育的比例逐漸下降，家長們開始意識到他們的孩子需要更佳的幼兒教育；此時，新的教育觀念，例如：法國的「大眾學校」（popular school）和進步主義學者 C. Freinet 及 J. Dewey 的翻譯著作也進入了義大利。在 1968～1977 這十年間，義大利有許多關於社會立法的條文通過，同時更多的婦女團體進入了勞工組織中，使她們對於兒童學前教育之訴求更為有力。瑞吉歐‧艾蜜莉亞（Reggio Emilia）這個義大利北部約五十萬人口的小城鎮，在這段時間裡，由於一位新聞從業人員 L. Malaguzzi 的領導以及市立教育局的支持，透過巡迴展覽，以展示他們對

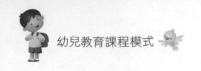

於幼兒及幼兒學習的見解，獲得了歐洲教育工作者的注意。1987 年，巡迴展覽到了美國；1991 年，《新聞週刊》（*Newsweek*）將之列為全球前十名最好的學校之一。本章介紹的瑞吉歐幼兒教育系統係奠基於上述的歷史背景而得到發展之基石。

第二節　瑞吉歐幼教系統的基本教育信念

　　瑞吉歐學校創辦人 Malaguzzi 指出，影響其思想的理論家與同僚包括有：Kilpatrick、Deway、Brofenbrenner、Isaacs、Wallon、Freinet、Vygotsky、Bruner、Piaget，以及後 Piaget 學派學者、Hawkins、Maturana、Varela 和其他人等（Malaguzzi, 1991）。從上述人物來看，瑞吉歐的教育系統大體上是受到了進步主義與建構主義的影響。除了進步主義與建構主義外，另有一種理論對於瑞吉歐的教育也有所影響，那就是將符號語言視為兒童多元智能表現之形式理論（Edwards, Gandini, & Forman, 1998; Gardner, 1983）。

　　瑞吉歐幼兒教育系統的形成是歷經了五十多年的歲月，經由團隊形式所共同發展形成的。由於此系統是由實務經驗的探索而逐漸形成，並非先有理論，而後根據理論所發展出來的教育實務，因此本章所探討的只能說是此系統的重要教育信念，而無法整理出一套其獨創之理論基礎來。筆者歸納出來的教育信念大致如下。

壹、強調「互動關係」和「合作參與」環境的形塑

　　Malaguzzi 強調「互動關係」，此處的關係指的是學生、教師、家長、學校和環境間的關係（學校系統內的環境，如教室內外環境間的互動關係；學校系統外的環境，如學生與社區環境間的互動關係）。Malaguzzi 主張，教學時不可視「個體」為單獨的一個要素，應視學生與其生存環境為一整體。換言之，在教學時，不可以將學生與教室、學校、家庭和社區的關係切割掉。

　　在 Malaguzzi 的觀點中，「互動關係」與「學習」是在主動的教育過程中獲得調和。他認為兒童所獲得學習的結果並不是教師所教的自然結果，

其中有很大一部分來自於兒童自身活動或運用資源的結果。在任何情境中，兒童不是被動地等待向自己提出問題和形成思想、原則與情感的策略，而是無論何時或何地，兒童總是處於主動學習與理解的建構及獲得知識的過程中。成人與兒童相處的方式會影響兒童的動機與學習，因此在設置兒童的學習環境時，必須能將兒童的認知面與情意、關係面連接在一起。職是之故，在發展與學習間、在不同的符號語言間、在思想與行動間、在個人與人際關係間，都應該有互動關係的存在。「互動關係」信念的落實結果，就是強調無論是課程或學校行政事務，都是以合作參與的方式進行與完成，例如：教師時常與家庭在一起討論課程，無論在進行組織活動、設置空間或營造歡迎兒童的氣氛方面，他們都是與家長合作；他們也鼓勵兒童彼此探訪，並且要兒童去看看父母工作的地方；在學校設備方面，他們也是與家長一起完成的。

貳、對兒童的看法

一、有關兒童的學習能力

　　Malaguzzi 主張：兒童是一個主動的學習者。兒童對那些值得知道的事情感到興趣，他們認為兒童能做許多事情，包括以許多方式來表達他們的概念與情感。因此，成人應該要提供兒童許多機會，讓兒童在他們嘗試去建構、溝通他們對於經驗的理解時，能夠發揮自己的圖像性技能（representational skills）。兒童從小開始就願意與希望去建立不同的社會關係，喜歡去享受那些意料之外的事物，這些都是他們學習時最重要的資產（New, 1992, pp. 48-49）。

　　成人愈提供兒童廣泛的可能性，就愈能加強他們的學習動機以及豐富他們的經驗。無論是課題或目標的訂立、情境的類型及其結構的層次、資源與材料的結合，或是事物及同儕和成人的互動等，成人都應該加以拓展，以提供兒童發展的各種可能性（Malaguzzi, 1993, pp. 73-74）。成人必須去觀察兒童的個別差異，而不必急著將兒童予以歸類。在自然界中，以人類的幼兒期最為長久，因為對人類的幼兒來說，他要走的路還很長，他需要有更多的時間來改正他的錯誤，以獲得對自己形象的了解（Malaguzzi,

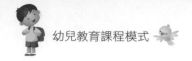

1993, pp. 74-75）。

　　基於上述對兒童能力的看法，兒童透過許多種符號語言來表達自己的方式，應該受到教師的鼓勵與重視（New, 1992, p. 49）。因此，在瑞吉歐的幼兒學前教育環境裡，特別重視「鏡子」在教室裡的存在（如圖 11-1 至圖 11-3 所示）。

圖 11-1　三角柱的鏡子

註：兒童在三角柱的鏡子裡，可以隨意地用自己的肢體來造型。

圖 11-2、圖 11-3　嬰幼兒教室的設計

註：嬰幼兒無論是躺，或爬或坐或站著玩躲貓貓遊戲，隨時都可以看到
　　自己肢體的現狀與變化的過程，這對兒童了解自己的形象很有助益。

二、對創造力的看法

　　Malaguzzi 認為，兒童是對於創造力之用處與價值的最佳評鑑者與最敏銳的判斷者，他們總是會主動去探索、做出種種發現、改變他們的觀點等。創造力並不是神聖不可侵犯的，它也不是超凡的，而是日常經驗所萌發的。Malaguzzi 對兒童之創造力的信念可以簡述如下：

1. 創造力不應被視為是一種分開的心智能力，而是思考、認知與選擇方式的特徵。
2. 創造力是來自於多重的經驗，伴隨著的是個人資源的發展。
3. 創造力是透過認知、情意與想像的過程來表達自己。
4. 最能表現創造力的情境是在人際關係的交流中。
5. 當成人較少使用命令式的教學，而成為問題情境的觀察者與解釋者時，兒童的創造力會更具力量。
6. 創造力是否受到重視是基於教師、學校、家庭、社區等的期望，也是基於兒童對上述期望的看法。
7. 當成人注重兒童的認知過程而非結果時，創造力會變得更明顯。
8. 當教師相信智力活動與表徵性活動所具有的力量時，創造力與想像活動間會有密切的交流。
9. 創造力需要將「認知」與「表達」結合起來，才能發展兒童各種不同的表達方式。

　　Malaguzzi 認為，學校在協助兒童創造力發展中所扮演的角色是，幫助兒童爬過他們的山頭，而且盡可能的高（Malaguzzi, 1993, pp. 70-71）。

參、對「學習」與「成人角色」的看法

　　在兒童學習的過程中，成人固然扮演了相當重要的角色，但兒童自身的參與才是學習的關鍵點。兒童藉由計畫、觀念的統合與抽取日常生活經驗等的體會，自動地創造出事物間的「意義性」。各事物間的「意義性」，並不是靜止的、唯一性的或最終的。兒童透過不同的經驗總會給予事物新的和其他的意義。成人的作為便是在旁激勵兒童，間接的協助兒童製造「意義性」的能力，以便這種能力成為兒童一切學習的基礎（Malagu-

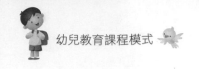

zzi, 1993, p. 75）。

　　Malaguzzi 認為，Piaget 理論中最具潛力的部分在於認識論的領域。但是，Malaguzzi 也認為 Piaget 所講的「建構論」將兒童孤立了起來，因而他對 Piaget 理論也有不同的看法，例如：他認為 Piaget 低估了成人在兒童認知發展過程中的重要性；對於社會互動與記憶力的不重視；將認知、情意、道德發展等領域分開來；過度強調結構性的「階段」與邏輯數理知識的重要性；過度使用生物學與物理科學的典範等（Malaguzzi, 1993, pp. 76-77）。Malaguzzi 指出，他強調兒童的「學習」並不表示他拒斥「教學」，而是他主張：「成人應站在一邊一會兒，為兒童的學習留些空間，小心觀察兒童在做些什麼，然後如果你清楚地了解了，你或許會發現你所謂的『教學』會不同於以往。」Malaguzzi 主張，教學是在提供兒童學習的機會。如果教學成為單向的，而且是根據某些「科學」而有著高度的結構，那教學對教師與學習者來說都會變成不可容忍的、充滿成見的，並且會對兩者的關係有所損害（Malaguzzi, 1993, p. 77）。

　　總之，「學」與「教」並不是對立的兩方，它們彼此間應該交流，在這種相互的交流行動中，「教學」能夠促使兒童去「學習」如何去學習（Malaguzzi, 1993, p. 78）。

第三節　瑞吉歐幼教系統的內涵

　　瑞吉歐教育信念的落實，需要從環境及課程兩方面來看。

壹、環境

一、社區、家長與學校合作關係的環境

　　瑞吉歐學前教育之所以成功，與該教育系統、教育信念受到家長和社區的支持與合作有關。從 1970 年代開始，「社區應參與學校」的觀念已經獲得了瑞吉歐鎮政府的支持。在瑞吉歐的每個學前學校中，都有所謂「諮詢委員會」（Advisory Council）的設立，而成為學校與社區的銜接處。透

過個別性的會議、小組討論及社交活動（social events），加強了「家長與學校的互動」關係，由於家長與教師間經常互動，使得學校中發展出一種休戚與共的共同意識。

二、學校環境的設計

走入每一所瑞吉歐學前教育機構，都會被其豐富、明亮、充滿藝術氣息的環境所吸引。瑞吉歐學前機構之環境設計上的特性簡述如下。

（一）環境是「第三位」老師

入口區域部分是屬於學校將訊息傳遞給家長的地方，親職欄的布置讓人一看就想進去看看裡面有些什麼。給父母的訊息與兒童作品的展示高掛在牆上，形成一個教育性的環境。

對訪問、參觀幼教機構的客人而言，他們會特別注意到空間和環境的安排，他們會「閱讀」其中所蘊含的訊息與意義，看看空間環境提供兒童怎樣的教育品質。誠如 Rinaldi（1993）所說：「空間的設計必須讓兒童感受到整個學校（包括了空間、教材與方案）對於他們與他人之互動與溝通的重視與維護。」瑞吉歐學校的空間設計，不只是在創造一個安全而有用的空間，同時他們所創造出來的空間也能夠反應出一般性的文化與每個幼兒園或托兒所的特殊歷史。整個空間不只是令人愉悅的、溫暖的，同時包括了許多關於「方案」、活動、日常計畫與人際溝通等的內容。

（二）空間安排反映了教學形式與內容

教室空間不只是有助於各種互動的「容器」，它也應具有教育性的「形式與內容」，因此在瑞吉歐，教室內空間的排列與擺放形式，會隨著不同的教育計畫而有所設計或改變（如圖 11-4 至圖 11-6 所示）。

圖 11-4　小組活動之空間

圖 11-5　視覺藝術活動時之空間

圖 11-6　團體教學時之空間

（三）空間設計反映了對美以及歷史、文化的看重

　　空間在許多方面反映出創造空間者的文化。首先，我們可以看出設計的美觀與和諧，例如：一些漂亮而又有用的擺設、牆壁的顏色、陽光穿透的大窗戶、健康而又翠綠的植物等，都可以看出對於整個空間美感的追求。

　　每個學校都有其特別的歷史，因此瑞吉歐的學校都非常地有「個性」。每個學校都有關於兒童在每次活動中收藏物的展覽，這些東西都會成為空間的一部分，讓兒童覺得他們所做的都很有價值（如圖 11-7 所示）。

圖 11-7　運用兒童的作品來布置教室

註：兒童的作品深受重視，運用兒童的作品來布置教室，不僅增加教育環
　　境的美感，同時讓兒童感受到其作品深受重視，進而增進他們學習的
　　動機。

三、社交空間、個人空間和邊緣空間（marginal space）的規劃

　　空間的規劃與設置都在使兒童之間，以及教師、工作人員、家長之間或與兒童之間的互動和交流變得更容易。空間設計必須保證兒童感受得到個別的福利與團體的利益同為一整體（如圖 11-8 所示）。

圖 11-8　空間規劃

　註：用玻璃分隔教室，讓兒童可以觀察得到別的兒童和成人的活動，以拉
　　　近彼此間的距離。

四、紀錄的空間

　　瑞吉歐學校的牆是可以「說話」與「紀錄」的，外來的訪客在瑞吉歐
學校到處都可以看到兒童作品的展示。展示內容包括有：學習過程的照
片、步驟的敘述、活動或方案的演變。這些敘述是透過孩子自身的意見與
會話的紀錄而完成（如圖 11-9、圖 11-10 所示）。

圖 11-9　教學活動紀錄展示板

　註：這是方案活動發展的流程，在整個方案結束後，老師們將其流程整理
　　　出來並布置在一面牆上。這種紀錄對家長和教育人員對其課程之發展
　　　的了解極有幫助。

圖 11-10　方案結束後之成果展示

貳、課程與教學

　　瑞吉歐幼教系統在課程與教學方面的特色，依筆者的看法有二：一是重視視覺藝術在課程與教學上所扮演的角色；二是「方案」（project approach）的課程。以下即從這兩個角度來說明瑞吉歐的課程。

一、視覺藝術在課程與教學上所扮演的角色

　　瑞吉歐鎮之幼兒園不管有幾個班級的學校，一定有一位駐校藝術教師的編制，此即可窺知瑞吉歐鎮在幼兒園階段裡對藝術教育的重視。

　　重視藝術在課程上之應用，遠可追溯到義大利本身文化上的特質，近則源自於該地的學者認為兒童是透過藝術活動，例如：素描、繪畫、雕塑或黏土等，來進行學習；同時，成人也可以透過藝術的活動來了解兒童世界。換言之，瑞吉歐鎮強調以「藝術」做為幫助兒童反映及增進其思想的媒介。藝術（尤其是視覺藝術）猶如一扇窗戶，透過這扇窗戶，兒童將他的世界呈現出來，而成人亦透過這扇窗戶來了解兒童的世界。

　　傳統上的觀念認為語言是人類認知的精髓，學術界許多學者（Bruner, 1964; Piaget & Inhelder, 1964）也都認為語言在認知中占有最基本的地位，他們主張語言不僅構成了這個世界的認知架構，同時還構成了我們的經驗。也有學者（Sapir, 1962; Whorf, 1956）認為，語言使得特殊事物的分類與抽象

化成為可能，透過語言，我們可以將一些不能直接遇到的事物概念化，諸如無限性、真理等「概念」，沒有語言這些概念也不可能形成。但 Eisner（1991）卻不這麼認為，他認為這種傳統上的觀念——即「人類所有的概念性思考都需要運用語言」的觀念——是錯誤的。這種解釋源自於傳統上一些對人的心智（mind）、知識（knowledge）和智力（intelligence）的觀念，這種觀念已經深入學校中並且成為我們世界觀的一部分。在這種信念影響下，我們常認為在學校中表現良好的學生，就是指在語言技能上有特殊表現的學生。這種觀念造成在學校裡忽視了藝術於兒童學習與表達能力上的功能。

人類認知系統的運作，除了發生於個人經驗之中的、在個人內在所進行的活動之外，還有牽涉到與外界互動、溝通的活動。無論是哪一種活動，都會牽涉到感官系統將外界訊息傳入而予以「內化」（internalization）的過程，或是將概念「外化」（externalization）後傳遞給他人的過程。

在某些方面，個人必須學習從環境中的各種「表現形式」（from of representation）將訊息予以內化；另一方面又需學習使用一種可以把已經概念化的東西重新表達給自己或他人聽（看）的形式。這種工作就需要運用到「表現形式」。重新表達概念的困難在於很難找到或創造這些概念的對等概念，在做這種重現工作時，所引用的形式必須要與一個或更多的感官產生關聯，例如：一個聽覺概念可能可以用聽覺或視覺，甚至口語及其他形式進行外化作用。因此，兒童可以藉視覺形象（繪畫）表現跳遠的種種規則，也可以用口語形式陳述跳遠規則。

人類的知覺不是被動地將所見、所聞「複印」下來，而是主動地將他們所看到以及所了解的事物加以「轉換」出來，例如：當我們「看到」一對男女彼此看著對方，眉毛、眼波流動著（視覺形式），我們可以「體會」他們之間在傳達情意，因此我們用「眉目傳情」來形容（以文字形式將內在意象表達出來）。同樣的道理可以應用在「怒髮衝冠」、「喜極而泣」、「咬牙切齒」等概念上。概念的外化則透過「表現形式」，使得修正過程得以進行；而在將概念重現的過程中，也會有新的概念形成。

「表現形式」除了文字、口語外，藝術也提供了許多的表達形式，例如：繪畫、音樂、雕刻、戲劇、舞蹈等。藝術的特質是相當複雜而微妙的，我們可以從每個特質間的關係及細微的差異性裡學習，而形成一種理

解的形式，而這種理解形式是無法化約為文字形式的。我們的感官系統較語言有著更多的分化，有時我們甚或會找不到適當的語言來表達我們所直接經歷到的事物（Eisner, 1991, p. 6）。

　　經由上面對於藝術與認知之關係的分析，可以得出對於教學或課程設計的啟示如下：應多培養兒童視覺、聽覺等多種表現形式的能力。換言之，從學理上的分析，瑞吉歐課程裡強調視覺藝術的培養與應用，是極合乎教育原理及深具理論基礎的。

二、瑞吉歐體系課程的特色之一——方案教學

　　因為有人會將瑞吉歐的課程與方案、萌發課程之概念混用，因此先從幾個混用的概念分析起。

（一）瑞吉歐體系課程概念的釐清

1. 瑞吉歐式教育

　　很多人將瑞吉歐課程與方案課程劃為等號，其實瑞吉歐課程不是只有方案的形式。瑞吉歐課程裡也有大團體、小組的教學、有學習區的空間。圖 11-11 是將瑞吉歐式教育（Reggio Emilia Approach）、課程中的方案、萌發課程之概念的分野，以圖的方式表示出其間的差別性。瑞吉歐式教育內

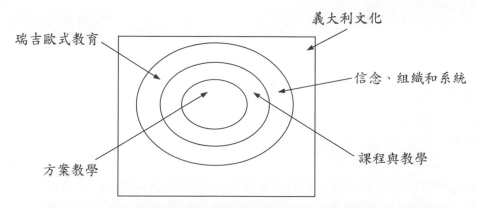

圖 11-11　瑞吉歐式教育、課程中的方案、萌發課程之分野圖

涵所指陳的是包含了瑞吉歐幼教系統裡所擁有之共有、共享、共用的信念（包括對兒童、教師和成人角色、學習、創造力的看法，以及對合作、共存、互動、關係的看重）、組織與系統運作，以及課程與教學三大範疇。就運作過程而言，強調範疇內各子範疇間的互動、三大範疇間以及三大範疇間各子範疇間之互動。在不同分子間的互動下，遂形成「瑞吉歐式教育」之獨特面貌。就探究之焦點不同及寫作方便起見，可以針對瑞吉歐幼教系統下之多元表徵（multi-symbolic approach）在教學上的應用（Forman, 1993; Forman, Lee, Wrisley, & Langley, 1993; Malaguzzi, 1996）、方案課程（Leekeeman & Nimmo, 1993; Rabitti, 1995; Rankin, 1993）、組織運作（Gandini, 1997）等特色做焦點式、深入性的探討，但部分的總和並不等於整體。要深入了解瑞吉歐式教育，可能除了努力從微觀的各個部分來拼成一個圖像外，還應努力從巨觀的角度統觀各個部分在整體圖像中的位置，以及這些部分對整體的作用力和影響力，例如有人問：「為什麼瑞吉歐幼教系統裡的幼教機構強調教學檔案蒐集？」那是因為瑞吉歐的共同信念強調互動的重要性對幼兒能力的肯定以及對成人角色的肯定（屬信念的範疇），因此透過教學檔案的蒐集與整理，可以促進成人與學生間的了解；可以讓家長與幼教從業人員了解幼兒，進而提供成人決定協助學生之方向與方法的相關資訊，以及新進幼教從業人員專業成長的機會（屬組織與系統運作和課程與教學範疇）。

2. 課程中的方案

教學方式若以人數組合方式來區分，可分為個別式、小組式和團體式教學方式；若以教學方式來區分，可分成角色扮演、創造性舞蹈、朗誦等，方案只是眾多教學方法中的一部分和方法之一而已，它是教學方法、課程發展方式之一，而不是「唯一」的教學方式。當我們只提方案課程時，其實焦點是放在方案教學本身的介紹（如 Chard, 1998; Katz & Chard, 1989）。當我們在看一個方案時，應該把該方案放在整個課程與教學的活動範疇中去觀看，亦即是一種課程中的方案（project in curriculum）。這種觀念的釐清有三個意義，可以在此延伸：(1)教學中不應該視方案為唯一的教學法；(2)當我們思考為什麼瑞吉歐幼教學校可以發展出我們所看到的方案時，必須關照到瑞吉歐式教育系統裡的信念、組織，以及運作課程與教

學因素對其方案的影響；(3)瑞吉歐教育系統裡的方案只是其課程與教學的一部分，同時因為瑞吉歐文化上的特色，因此在方案發展記錄的過程中，強調視覺表徵的應用與培養。

3. 萌發課程

許多教師有一種迷思就是：方案課程是隨著孩子的興趣發展的，因此它是萌發的（emergent），遂有萌發課程（emergent curriculum）產生。萌發課程概念的出現可能是受到 Clay（1966）之研究中提出的觀點——讀寫萌發（emergent literacy）和全語文（whole language）的影響。在全語文教學中，自有其概念適用之條件。方案教學的學理並不是源自於全語文教學的情境與理念，因此不能全然的應用全語文教學中萌發課程之概念於方案教學中。方案的產生與發展確實會有許多不確定性，教師不可能完全事先規劃好，也因此在方案進行過程中會有萌發性活動產生的時候，但這種萌發性活動的範圍是受到限制的，是受方案教學之精神、目的和步驟性以及方案主題的限制，例如：當方案是以「做一隻真實大小的恐龍」為目標時，就不太可能讓教學活動走到「釘子」的主題上去。若是以學生興趣為理由，認為可以由「做恐龍」轉到「釘子」的主題上去，確實可以稱為萌發課程。若在設計課程與教學活動中，以脫離語文學習理論而強調萌發課程的情況下，就引發出另一個值得討論的議題——就是「設計課程與教學活動時是否可以沒有目標，完全以學生興趣為設計課程與教學活動時的唯一依據」，此有待另文的討論。另外，教師是否可以以自己的理念而決定是否容許由原本決定的方案轉到另一方案，或是轉到其他的活動，不再進行方案，這又是另一個值得探討的問題，但不應該將方案與萌發課程混為一談。換言之，不宜將瑞吉歐的課程視為萌發課程。

（二）方案教學與課程

自從瑞吉歐教育風行之後，方案教學與課程也隨之盛行，但實施後帶給現場教師不少困擾的問題，例如：(1)課程主題是由誰來決定？是由教師還是由學生決定？(2)因為要以學生興趣為主，因此教師是否還需要事先設定好教學計畫？(3)在課程進行過程中，教師可以介入嗎？何時可以介入？筆者相信，如能針對方案教學與課程產生的背景、定義與要素有些了解

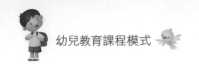

後，諸如此類的問題，應可迎刃而解。

「方案教學」的提出是在反對傳統上的課程組織以「科目」（subjects）型態為本位的方式。Dewey 主張，學校的課程要用直接的、功能性的（functional）方式來組織。同時，Kilpatrick 認為只有在行動中才能求得知識，知識唯有依賴行動方能完成，此亦即 Dewey 所提之「問題解決法」（problem solving）。換言之，方案是指讓學生採取一連串的「行動」，以培養解決各種「問題」之能力為宗旨的一種教學方式。Kilpatrick（1918）指出：「方案」是指「在一個社會性的環境中，全神貫注地從事有目的活動的過程」（p. 320），在後續文章中（1921，引自黃昆輝，1968，第 252頁），Kilpatrick 再次對「方案」一詞做進一步的定義：「一個有目的的活動或經驗。在活動中，學生內心為此項目的所驅策，決定其活動的計畫、進行的步驟，學生有學習的動機」。從 Kilpatrick 前後兩次的定義來看，筆者認為方案教學至少包括（或強調）下列幾個要素。

1. 方案教學是一個目標導向的教學方式

「解決問題」是每一個方案的終極目標，應用方案教學之教育目的即在培養學生解決問題的能力，例如：以「書」為主題，教學目標在「解決問題」能力之培養，就會強調透過各種設計、操作的過程去完成一本書的製作。此時，不僅是強調一本書的完成，同時強調在過程中，解決各步驟所面臨之問題時，對問題做深入的探索。此時，就可應用方案教學進行教學活動。

2. 方案教學強調「步驟性」的「學習過程」

方案教學強調達到目標「過程」中的「步驟性」，此強調兩個要素：一個是「過程」，另一個是「步驟性」。方案教學強調在方案發展過程中，教師應注重到「學習過程」，而不只是看重其結果而已。「步驟性」可以是指 Dewey 問題解決法的五個步驟：發現問題、確定問題的性質、提出可以解決問題的方法、實驗（驗證），以及解決問題。要先有計畫，計畫好之後就動手開始做；完成之前會經過反覆修改的步驟，然後才會到最後的評鑑階段，每一個階段都是有步驟性的。

3. 方案教學強調學習活動對學生的意義性

　　方案教學強調學習活動對學生而言是有意義的（meaningful），這樣學生才能產生有意義的學習過程與結果，因此學習動機在學生學習過程中就極為重要。學生的學習動機可以是自發的，也可以是經由教師的誘導所引發出來的（此所以在教學的第一步驟就是引發學生的學習動機）。方案教學的主要精神之一就是在強調學生參與活動時的全神貫注之情形，唯有全神貫注的投入，才能得到有意義的學習。這種學習與被強迫和索然無味的學習，在表面上不易說明其相異處，但其效果是截然不同的。

　　為了區別上述兩種學習上的差別，Dewey 舉了一個「兩位男孩做風箏」的例子來說明：一位是自發性、全神貫注地著手一個有目的的活動；另一位是被直接的強迫依照模型範本來做出風箏。雖然最後兩個人都做出了一個風箏，但是過程中的經驗與學習卻是明顯不同。第一位男孩積極地朝他唯一的目標邁進，並且以眼見為憑、可以飛得起來的作品——風箏，作為決定與檢視作品的依據標準。第二位男孩也許有兩個目標想要達成：做出一個風箏與達到教師的要求與標準，其製作風箏的樂趣通常會被害怕未能達到教師的要求而被淹沒了。他做出來的風箏也許可以飛，但是很可能因為沒有綁出「正確」的結或是用了太多的漿糊等這類的事而被貶低價值。第一位男孩在學校活動中充滿了自信、喜歡思考與悟透事情。第二位男孩則認為學校會提出許多待完成的任務，強迫學生去執行，而非為了學生本身或價值來提出。他可能不喜歡在持續可能犯錯的壓力下，被迫工作或思考；假如他學不到一些東西，這不會是出自於他本意想如此，而是為了他人而做（引自許瑞雯譯，1999），所以方案教學強調的是學生主動參與式的學習，強調學習活動的過程與結果對學生本身的意義，而非被動灌輸式的學習，或是學習活動對他人（例如：教師、父母）的意義性。

4. 方案教學強調「做」的要素

　　從定義中知道，方案教學是 Dewey「問題解決法」和「做中學」理論之具體運用。從 Dewey 問題解決法的五個步驟中之「實驗」（驗證）階段和 Kilpatrick 提出的「執行」階段來看，方案教學的關鍵要素之一，就是要學生將其所思考之抽象觀念或程序性思緒以具體方式做出來，例如：透過「書」這個主題來培養學生解決問題的能力，必須要求學生「做」出書

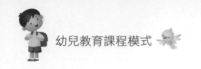

來，而不是止於「討論」如何做一本書後即可結束的。

5. 方案教學強調「思考」的要素

在 Dewey 的「問題解決法」五個步驟中，每一個步驟都涉及到活動者（學生）「思考」上的涉入，例如：以「做書」為例，學生必須思考「要做哪一種書（圖畫書、文字書、工具書、娛樂性書籍等）？」、「做給誰看？」等等，目標決定後，還要思考「用什麼材料去做？」、「如何做？」等問題。開始做的時候，碰到不如規劃時所期望的條件或結果時，就得思考替代的方法，依此類推，整個做書的過程就是一個不斷思考的歷程。因為這個要素的強調，才可以區分美術才藝課與方案間的不同。許多人看到方案式的教學活動，會覺得與美術才藝課分不清楚的感覺。如果美術課教學的方式不是強調直接教導式的方式，而是強調學生自己深入的思考，且包含了前述的數項要素時，該美術課亦屬一個方案的進行。

有人會問，瑞吉歐式方案和一般談的方案教學間有何差別的問題，筆者認為，就方案教學的精神來看，兩者間沒有太大的差別，但就內容或媒介而言，瑞吉歐式方案較強調視覺藝術為其媒介，也是其內容。

第四節 瑞吉歐方案教學的實施程序、教師角色與案例

壹、方案教學的實施程序

一、方案教學的教學計畫

方案教學的課程組織方式屬非結構性，教學計畫係以學生之興趣與能力為主要發展方向之依據，很難如傳統式的教學方式寫出一個完全據以依循的教案設計。但對初學者或初使用方案教學者而言，事前的規劃、設想還是有其必要性。在計畫階段應考慮的問題依序是：待探索與解決問題的選擇、探究方向和決定範圍，以及教學檔案文件的蒐集與整理的規劃。

（一）待探索與解決問題的選擇

可視學生與教師的經驗、能力、興趣、校內行政開放程度等之不同情況，而由教師個人、全體教師、師生，甚或是完全由學生來決定。

（二）探究範圍的決定

主題網的製作（如圖 11-12 所示）將可協助這個步驟的進行，其製作可以透過團體以腦力激盪方式發展而得。值得一提的是：方案教學未必一定要畫主題網；主題網不是方案教學的要素之一。主題網聯想方式及成果會因不同的人或團體而形成不同的結果。

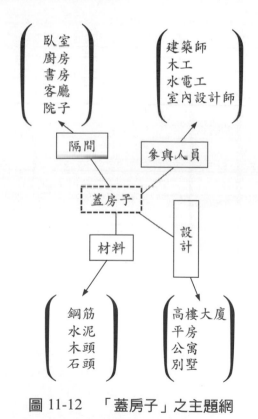

圖 11-12　「蓋房子」之主題網

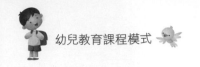

（三）探究方向

一旦探究範圍決定以後，還需考慮探究的方向。探究的方向要以能引導學生產生問題、能引發學生思考，以及需要「做」的方向進行。換言之，方案進行方向的規劃及未來進行時，教師介入與否之指標均該以前面所提之方案教學的要素為思考方針。方案課程的發展方向是隨時會變的，但教師事先可設定一些有待解決的問題，將有助於教學活動順利的進行以及教育目標的達成。如圖 11-13 所示，方案課程的發展方向可以是創造方向，改變各種變項創造出不同的西點，或是可以朝著製作一個特定的西點發展。

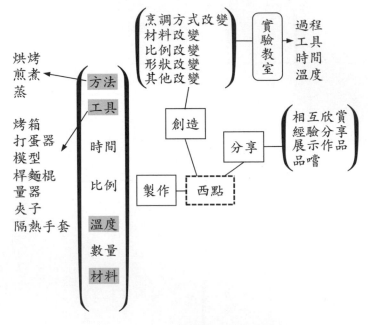

圖 11-13　「西點」之主題網

不論是一開始即是一個方案問題，抑或是逐漸形成的方案，教師的角色應該是引導、誘導學生去思考，透過思考與「做」的經驗以及反思的歷程，使學生的學習走得更深、更廣。方案是屬於課程的一部分（projects in curriculum），因此教師有必要事先規劃課程，但事先規劃之課程又需時時

檢視學生每天的學習狀況而適時適切地加以修改、增刪。以圖 11-13 的「西點」主題網為例，可以由兩條線去發展方案，如表 11-1 所示。

表 11-1　方案發展的方向

A.課程發展之方向與範圍是：西點製作	B.課程發展之方向與範圍是：西點實驗
活動設計	活動設計
1.由慶生會的蛋糕引發如何辦一個不同的慶生會之討論，初步討論需要什麼材料？要做哪一種西點？	1.選擇並控制特定變項做西點，例如：酸、甜、鹹，並讓孩子品嚐比較及發表其中的差異。
2.蒐集資料：西點圖片、西點食譜等。	2.設置數個實驗，放置各種西點材料、做西點之工具，鼓勵孩子實驗並記錄。
3.討論圖片、書本的材料，了解製作方法及過程。	3.展示及發表實驗紀錄。
4.參觀西點店與實物製作過程，回來後畫心得圖，剪貼製成西點製作流程圖及材料比例圖。	4.討論實驗過程中有哪些因素可變化。
5.討論製作哪些西點？需要哪些材料？討論如何分組？材料如何取得？	5.再次下一個實驗工作。
6.再參觀材料店，認識各種材料與選購。	
7.開始製作：邀請義工媽媽協助、示範；分組動手做。	
8.作品展示及品嚐：經驗分享，說出自己製作的過程與作品的造型創作。	

（四）教學檔案文件的蒐集與整理

　　方案教學從一個方案開始到結束，整個過程在不同階段應有不同的評鑑重點，教師在每一個階段裡蒐集與整理教和學的檔案文件，將有助於教學品質的提升。Chard（1998）對方案進行中，各階段教和學檔案文件蒐集

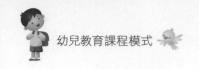

與整理方向有以下幾個值得參考的建議：

1. 在產生問題時，應蒐集與整理的資料包括：(1)幼兒的學習潛力；(2)學習資源；(3)幼兒的想像力；(4)幼兒面臨的生活問題。

2. 在計畫階段，應蒐集與整理的資料包括：(1)活動程序；(2)資源；(3)幼兒對問題的了解；(4)幼兒期盼探索的方向；(5)探討之問題對幼兒的適合度。

3. 在發展階段，應蒐集與整理的資料包括：(1)討論的目的；(2)討論的焦點；(3)討論後的決定。

4. 在成品發表階段，應蒐集與整理的資料包括：(1)成品與原計畫的比較；(2)理念與成品的比較；(3)成品的獨創之處；(4)在活動過程中，幼兒的思考方式。

二、一個方案教學的實施與結束

以教學計畫為藍本，開始實施某一方案的課程，原則上是依著教學計畫去實施教學，但方案課程的精神是強調學生內在的學習動機、統整性學習、非結構性課程，以及解決問題能力之培養等，因此教學計畫必須時時與之相應。當學生的反應與計畫所設想的有所不同時，就應將計畫放下，依解決問題的步驟去思考並尋找一個新的出發點。

當一個方案結束後，可以舉辦發表會增強兒童的學習效果。發表會可以是對班上的、同年級的、全園的或家長的。將小組所完成的作品，當著別的同學或家長面前展現並做說明；這樣做將可增進班級內或園內同學間的感情與模仿學習，也可增進家長對兒童學習的了解與支持。這裡需強調的是，發表會的重點在溝通及整理教學成果，而不在評鑑成品的好壞。

三、小結

前面所提的方案教學實施程序僅是一個範例而已，教學者在運用時應掌握住下列所提的幾項重點。

（一）方案開始階段

1. 方案小組成員最好是二至六個兒童的小團體。當然隨著兒童年齡上的差異和問題性質之特性，方案小組成員可擴大到全班（二十～三

十人）。

2. 多運由腦力激盪的方式來思考各類事情的可能性。

3. 事先預測待解決的問題何時會自然出現。

（二）同儕團體動力的運用

1. 嘗試教給兒童屬於成人層次的民主式參與、合作學習與爭端解決等過程與方法。

2. 允許兒童彼此比較與批評。

3. 幫助兒童將不同發生意見的時機轉變為解決問題的機會。

4. 使團體關係體系成為具教育性的媒介。

5. 在方案工作中使用不同人數的小組來進行工作。

6. 感受不同性別兒童在解決問題時的「風格」。

7. 信任兒童間的辯論。

8. 在兒童間建立「共同感」，以促進社會性動力。

9. 鼓勵建設性的衝突，運用所謂的社會建構論。

10. 運用兒童對於規則的興趣，使其成為一種教育性的媒介。

（三）對教師的建議

1. 讓兒童有在知識上與情感上接受挑戰的機會。

2. 充當兒童的書記員，記錄他們的作為。

3. 提供複製的道具來支持兒童的討論。

4. 讓兒童討論何種表達方式的溝通效果最好。

5. 直接教導兒童一些技術上的技巧，例如：當兒童在進行黏土的工作時，可直接指導一些雕塑的技巧。

6. 對兒童的作品本身表示意見，而不是就他的技術層次。

7. 針對兒童缺乏的技術能力來進行改正，直接進入他們的思考。

8. 當兒童從教師那兒學習時，教師也要從兒童那兒學習。

9. 給兒童充裕時間進行工作。

10. 鼓勵兒童思考。

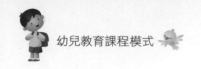

貳、教師的角色：夥伴、協助者、引導者、紀錄者以及研究者

方案教學裡對教師在教學過程中的角色期待如下。

一、教師是學生的夥伴、協助者、引導者與指導者

教師應視學生、情境與教育目的之需要來決定自己介入的程度和時機。

Filippini 於 1990 年在美國一次公開演講中，對於教師的角色下了清楚的定義。她說：教師有時是在兒童團體之「內」工作；有時則在他們「周圍」工作。教師研究兒童，提供學習機會，在重要的時刻介入，並且與兒童分享高昂的情緒。教師不是一個裁判而是一項資源，當兒童需要支援時，他可從教師那兒獲得幫助。師生的互動應該是教師能接到兒童丟過來的球，並且以一種使兒童仍能繼續與教師玩下去的方式丟回去，而後再發展其他的遊戲。

教師的角色是引導兒童團體會議的進行，以便找出他們的個別觀念並形成團體行動。有時是教師領導一個團體會議或尋找刺激的「火花」，例如：寫下兒童所說的、閱讀兒童的意見、與兒童一起找尋可以激發下一步行動的觀點；在另外的時候，教師必須坐下來聆聽，聽聽看有無具啟發性的意見產生，藉以維持兒童談話或活動的進行。有些時候教師會找尋一些與觀念有關的爭論，而後將之轉化為一種假設，並且嘗試著去測試它，然後以不同的方式將它表達出來。

教師的角色在幫助兒童發現他們自己的問題。教師不是要使兒童的學習變得更「容易」或更「平坦」，而是要使問題變得更「複雜」與「廣泛」，以刺激兒童的學習。教師是兒童的夥伴，在旁扶持兒童，並提供各種必要的協助；教師並不是袖手旁觀任由兒童獨自發展，而是與其一起完成他的目標（Edwards, 1993, pp. 153-157）。

Edwards 根據他的研究小組所拍攝的影片，整理出以下四個例子，以下即藉這四個例子來說明教師複雜的角色（Edwards, 1993, pp. 162-168）。

（一）例一：教師的角色是「機會的分配者」（dispenser of occasions）

　　這個例子是敘述教師如何幫助兒童進入他們一天中的第一個活動之過程中所扮演的角色。我們應特別注意例子中教師在幫助一個兒童進入活動時，他表現出的靈活性以及對兒童的照顧。

　　早上 9：23，地點是 3 歲兒童的教室，早上的討論才剛結束。在這個討論中，教師已經告訴全班同學今天早上的活動，這些活動都與他們目前所從事之「春天」的主題有關。討論完後，一位教師帶了八個兒童去廣場做黏土。另外一位教師則待在教室中繼續看著其他十二個兒童的活動。她不斷地鼓勵兒童去進行一項活動，然後她在每個小組中花了一些時間，幫助兒童開始學習活動，例如：教師向一個四人一組的兒童介紹放在某處的材料：「摸摸看，這張紙跟其他紙是不一樣的。」

　　「它是涼的。」一個孩子說。

　　「是的，它是涼的。」教師同意地說。

　　「它是涼的，不過這一張紙和別張紙還有一些不同。」教師又說。

　　當她從一張桌子移到下一張桌子，她看著那些還沒準備好的兒童，問：「你們想要在小工作間中用綠色的紙去做東西嗎？還是你們想要用剪刀和膠水？」

　　他又走到另外一張小桌子旁，有兩個兒童坐在那兒，他們面前擺著一些白紙和一籃籃裝著葉子、花草的小籃子，這些是今天稍早採來的。

　　「看這是什麼？你們找到的綠葉和草，還有今天早上摘來的花。如果你們喜歡的話，可以把它們貼在紙上。假如一張紙不夠的話，你們可以在它右邊再放一張，好不好？」教師說。

　　教師在旁解釋這個活動的目的是在說明「探索」的樂趣與重要性，並且幫助兒童熟悉拼貼的活動。當教師離開後，兒童進行得很快樂，他們彼此交談：「你想要這個嗎？」、「我也拿這種。」、「看這個有多漂亮。」

　　9：26，教師回來看，然後讚美地說：「我非常喜歡這個。你還可以再多用一張紙。如果你們還想要什麼東西，再跟我說。」

　　9：28，教師來到了緊鄰教室的小房間中，那兒有兩個小女生，一個正

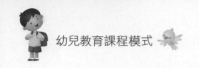

在用麥克筆畫畫，教師給了她更多畫畫的材料，然後走向第二個兒童。

「現在讓我們來看看你已經做好的東西，讓我們看看它在那兒？」

教師從一個抽屜中拿出了一本摺疊式書本，然後開始慢慢地翻閱，說著：「哪一個是你的？哪一個？是這個？還是那個？」

這個兒童看來無精打采，眼眶泛淚，也沒答話。

他們最後找到了那個兒童的抽屜，然後教師說：「這個需要些什麼？」、「你需要黑色麥克筆繼續下去嗎？」、「你想要另一張紙來黏這個膠水嗎？」、「你想要去玩遊戲嗎？」

這個兒童沒有回答教師的所有這些問題。最後，教師僅僅是彎下腰來吻吻兒童，然後溫柔的與之談話。這時另一個兒童出現在門邊要求教師的幫助，教師說：「我就來了，甜心。」

教師離開時，擦乾了那個女孩的眼淚。

（二）例二：教師直接提供兒童使用工具的技術

9：34，另一位協同教師正和八個兒童一起進行黏土的工作。在過程中，教師直接提供了兒童對材料與工具的正確使用方法，例如：教師知道若兒童把黏土滾得太薄，黏土在烤乾時就很容易裂掉。因此，他就採積極介入的角色，直接教導兒童該注意的事項。

兒童們坐在一個長方形的桌子旁，教師則在他們之中走動與站立著。在每個兒童的面前都有一個木製的寫字板，在上面可以從事黏土的作業。教師為每個兒童準備了一塊黏土：他撕下了一塊，用滾筒將之滾平，並把它切成正方形，然後把它分給兒童。教師使用小刀來切這些黏土，並且說：「當黏土很平而且很厚時，我們可以用這個工具去切黏土。」

在兒童的附近有許多切割黏土的工具，兒童在進行解決的問題是「在一個表面上所做的表象活動」。藉著小刀的使用，兒童可以切下一片片的黏土，並且把黏土摺疊起來。教師所做的是在技巧方面的教導──在兒童的面前展示如何去滾這個黏土、如何去切割黏土，以及如何使用工具等（p. 163）。

9：34，教師把一塊剛滾平的黏土給了某個兒童，並且問：「你需要這個嗎？」

他告訴另一個兒童：「你壓得太用力了。如果你壓得太重了，我們就沒辦法把它拿起來，也沒辦法把它放在窯中去烤了。」

　　此時，有一個兒童望向教師說：「這樣對嗎？」

　　「是的，很好，如果你還想要另一塊黏土的話，我還可以給你。」教師說。

　　教師觀察到有兩個兒童彼此間有不同的意見，其中有個兒童想要用另一個兒童一直在使用的小刀，於是另一個兒童就抗議了，他說：「這是我的，我一直在用它。」

　　教師指其他的小刀說：「可是它們都是一樣的，它們真的都是一樣的。」

　　教師靠得更近些，而那個想要這把小刀的兒童告訴教師這把小刀在黏土上所畫的痕跡與其他小刀不同，所以教師改變了他的說法：「哦！我看到了。但是如果你看工具箱裡，你會發現另一把小刀，就像這把一樣。」

　　於是孩子很高興地去看工具箱。

　　教師開始準備其他塊的黏土，在做的時候，看著正在他前面的兒童，問：「你在做什麼呢？」

　　這個小男生告訴了他，教師說：「非常好。」

　　當教師做完後，他把黏土分給需要的兒童。看著這個兒童所做的第一個作品，教師說：「你做得真好！現在你需要想想看你還要做些什麼。你可以在新的黏土上面加上和從前相同的記號，或者你可以把它們摺起來，或者讓它們站起來。」

　　教師邊說邊展示著。這個小女孩手中拿著一把小刀，將其放在黏土上，同時也沒有說一句話。教師繼續著：「你不過只是想要切一個小輪子，不是嗎？它是個非常漂亮的記號。」

　　在桌子的另一邊有個孩子看來有困難的樣子，教師走了過去，問：「我可以幫你弄整齊嗎？」

　　老師使用了一塊木片把他的黏土給壓平。教師向這個孩子解釋：「這有點像橡皮擦。然後我會教你怎麼來使用這工具（小刀）。你可以將黏土弄成一個薄片，然後你可以把它摺起來，並且拿起來。」

　　他拿起黏土的一端，拿起刀片並站在兒童的後面，教導兒童怎樣雙手併用。

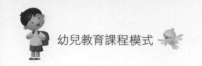

「用這隻手拿著黏土，然後另一隻手用力地壓下去。就這樣子，好了嗎？現在你來做做看。」

9：41，教師問所有的兒童：「你們想要更多的黏土嗎？我還可以給你們。」

「我也要！」、「我也要！」所有兒童喊著。

教師說：「好，我現在再去拿一些回來。」

他離開房間一會兒，留下兒童在教室中。

（三）例三：教師協助兒童將一個「爭論」轉變為一個有待測試的假設

9：12，一位教師和一群5歲的孩子坐在工作室外的一個小房間。她的小組正在從事一個「方案」，這個方案的目的是在設計一本關於學校的「教學手冊」，這本手冊是要寄給那些下年度即將入學的兒童。這個小組內有三個男孩與三個女孩，他們決定了在這本冊子中應該包括如何發現到「工作室」路線的指示。

但是這些指示要怎麼做呢？在一個先前的討論中，一個女孩提出了：既然小孩子不能閱讀，所以應該畫一張圖出來給他們；但另一個男孩則認為：小孩子說話跟大的孩子說話並不一樣，所以他們的指示應該用塗鴉的方式寫下來，以敘說3歲兒童的語言。其他兒童對此意見強烈反對，他們認為一個塗鴉的圖畫並不好。

另一個兒童提出了建設性的建議，要大家畫出兩種圖畫，看看哪種效果比較好。所以在昨天最後時，兒童們已準備好了兩種圖畫。那個提議塗鴉的男孩畫了他自己的塗鴉畫，而那個女孩則畫了一位兒童正在工作室旁之小房間內的視聽器材上自由活動。為了測試這兩幅畫的效果哪一個較好，這六個孩子提議至學校中最小年紀的班級中進行測試。他們去問這些更小的孩子：「你們比較喜歡哪一幅畫？」、「哪一幅畫你們比較了解？」

六個孩子中的一個女孩子注意到支持兩幅畫的人竟然不相上下，因為女孩子比較喜歡那個女生的畫，而男生則偏向塗鴉的畫。

9：18，我們看到這一群5歲兒童與他們的教師站在3歲兒童的班級中，3歲兒童的兩位教師也在場。在過程中，我們注意到了教師如何協同合

作，使這個待解決的問題更為明顯。

　　透過教師的幫助，兒童開始準備：兩個畫畫的兒童分別站在這群 3 歲兒童的面前，興奮地拿著他們的圖畫。教師說：「3 歲兒童可以上前討論他們最喜歡哪幅畫，決定後站在他們所喜歡的人身後，而其他 5 歲兒童的工作則是決定在誰身後的隊伍最長。」

　　3 歲班的教師開始指名 3 歲兒童一個個地上前來選出他自己喜歡哪幅畫，然後在教師的協助下，兒童站在其所指的圖畫身後。當兒童選完之後，5 歲班的教師介入了兒童的活動中，她說：「非常好！」

　　然後，她轉身對那群 5 歲兒童所組成的「裁判」群說：「小朋友，你們看哪一行比較長？」

　　兒童們指著女孩那一行說：「這一行！」

　　9：26，教師彎下身來對那個落選的男孩子說話。

　　然後，她站起身來說：「好！非常謝謝你們！我們現在要回我們的教室了。」

　　於是 5 歲兒童離開了 3 歲兒童的教室。

　　當 5 歲兒童回到教室坐定後，重新開始討論手冊中所用的地圖時，每個兒童，包括那個男孩，看來都是很高興與投入的樣子。

（四）例四：教師如何鼓勵兒童去解決他們自己的爭議

　　就在午餐時間之前，兩個 5 歲大的兒童正在為他們的班級排桌子。在這個學校中，每個年齡的兒童都有責任去準備午餐時的桌子，並且決定座位的安排。教師們相信，讓一些兒童輪流做座位的安排，比完全由教師控制座位的安排或兒童自己隨意坐的效果要好得多。

　　這兩個兒童鋪好了桌巾，擺好了盤子與銀器，並且放好每個人的個人餐巾（上有名字），決定了每個人應該坐在哪裡。當他們在做這樣的安排時，另一個男孩子進來並且要求坐在某一個男生的旁邊。這兩個兒童同意了。後來，有一個女孩進來，問：「你們到底把我放在哪裡？」

　　有個男生回答說：「妳自己找。」

　　她說：「喂！你不想告訴我你們把我放在哪裡嗎？」

　　就在這時，其他兒童進來了，兒童們七嘴八舌的討論，使得兩個兒童轉移了對此女孩所提之要求的注意力。

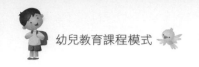

最後，一個男孩拿起一條餐巾問：「這是妳的嗎？」她回答說，是的。

另一個男生接著說：「妳的位置靠近某某人。」

這顯然使得那個女孩不太高興，她說：「我不喜歡這樣。」

教師進來看見爭論的情形。其中一個男孩問女孩說：「你不想和某某人坐在一起嗎？」

她說：「不，你就是不了解！」

這個教師看了第二個教師一眼（第二個教師正在安靜地錄下這幕景象），她決定不要干預。

她告訴兒童：「你們之間自己取得協調。」

她回到了隔壁的房間。其中一個男生去找看看有沒有這個女孩想坐的位子，然後向這個女孩說她必須坐在他們所安排的位子。

女孩大聲說：「好！」然後不高興地離開。

一個男生跟在她後面，叫著她的名字，然後把她帶回教室。

這個男生問了兩次：「妳想跟另外的某某人坐在一起嗎？」

她仍然生氣。「隨你們喜歡！」她大叫。

（之後，在教師解釋這一情境時，她認為把這情境盡量縮小，讓兒童自己照顧自己是適當的。這個女孩常常有這樣的反應，這個情形並不會對她有太大的危害。）

二、教師是紀錄者和研究者

在教學過程中，教師如何知道要教些什麼呢？在傳統教育中，一般教師想了解學生時，多半是從書本上去了解學生的發展特質，而不是透過直接的觀察來了解學生。但事實上，書本中所給予的多是一般性的、普遍性的發展特質，對於學生的個別差異是很難自書本中找到一個清楚的、典型的例子。我們建議由聆聽、觀察、發問、對兒童回答予以回應等方式，來了解兒童的興趣與能力。因此，教師在平常就應該以記筆記、照相和錄音的方式，將兒童進行團體討論與遊戲的情形記錄下來；同時，教師應該蒐集學生在整個方案發展初始、中間及結束過程中的成品，其中包括：繪畫、雕刻、黏土、照片等作品。然後，教師們應該每星期在一起會面討論和分享，討論分享的焦點是在他們對兒童的觀察上。教師們在一起檢視他

們的紀錄，嘗試去發現兒童心中最強烈的興趣，以及知、情、意的發展程度。教師就是使用這些他們所學到與觀察到的東西去進行活動的計畫，因此這些活動可說是「真的」以兒童為中心而產生的。除此之外，這種對於兒童的熱心研究，也等於提供了教師在職進修的機會。藉著檢視這些紀錄，教師可以獲得對於兒童個別與整體發展的了解。這些系統化的紀錄使得教師成為研究的「生產者」，他可以藉著這些紀錄來產生關於研究與學習的新觀念，而不僅是傳統教育中的「消費者」。

　　「紀錄」對兒童而言也是很有益處的，教師的紀錄成果等於是在幫每個兒童「記憶」他的成長史；教師也會透過各種紀錄檔案來讓兒童時常檢視自己的情感、知覺與觀察，並且重新解釋與建構它們。瑞吉歐教育系統非常重視教學檔案的蒐集與整理，整理好的檔案至少有五個意義：(1)有助於教師在教學過程中教學問題的發掘及教學活動的延展；(2)藉著教學檔案文件的整理，有助於教師在整個教學過程結束時，回顧及自我省思教學工作改進的點；(3)檔案文件的留存對後進新進教師及幼教界人士而言，將會是非常有價值的參考和學習的資料；(4)對兒童而言，是其「成長史」的保存；(5)對家長而言，檔案文件有助於家長對學校進行活動的了解，以及從中了解、認識到孩子的潛力、學習與發展的情況。

三、方案教學裡教師角色的困難

　　在使用方案教學時，教師常提出以下四個感到困難的關鍵點，筆者認為這四個困難點不是應用在方案教學時產生的問題，而是在教學時教師會面臨的困惑點，在此一併提出看法。

　　第一，由於方案課程是屬於非結構性課程，因此教師每天要面對不同的挑戰。其中最困難的就是要幫助兒童發現問題，而且這個問題要夠大、困難度要適中，好讓兒童能把他們最大的精力與思想投入。不僅是那些較大型的方案需要教師這樣做，就連日常工作，在理想上也應包括這些「固著點」（sticking point）或是「結」（knots）。這些「結」不只是混亂或不一致產生的「時刻」，它們也是認知失衡的「時刻」，其中包括了測試假設與觀念比較等。教師的工作便是注意這些「結」，以便將它們帶入兒童進一步注視的焦點，並成為進一步研究的出發點。

　　第二個容易遭遇的困難是教師要知道如何介入與何時介入，因為這必

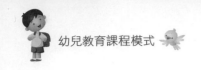

須有賴於對兒童思考進行方式的了解。有時教師不應該介入兒童學習中太多，因為兒童所想到的解決方法常是我們成人所想不到的；可是教師若等得太久又很有可能錯失適當的時刻。因此對教師來說，「何時介入」及「如何介入」，是必須很快做出決定，而這的確是件很困難的事。雖然這種「懸疑性」一方面使得教師的工作更具挑戰性，但一方面也增加了教師工作的困難度（Edwards, 1993, p. 158）。

第三個困難是在進行「協同教學」時，教師之間的協調、批評、彼此容忍和接受的程度。在瑞吉歐學校裡，每一班是兩位教師共同教學與發展課程的，共同討論是必須的。教師討論的目的並不在強化不同觀點的衝突，而是在於突顯解決的方式與下一步驟，因此在這種討論過程中需要有一定程度的「容忍」。教師之間的關係，除了相互忠告之外，還有著情感上的相互支援；對於彼此之間的批評與自我檢視的接納程度，是使用方案教學的教師所需學習之主要課題之一。

第四個困難是真實性評量與教學檔案文件之蒐集與整理的問題。近年來，學界提倡教師研究角色的增加以及真實性評量取代檢核表式的評量，使得幼兒園內的評量方式改變，教師教學紀錄與檔案文件之蒐集與整理工作負擔加重。教師對於教學紀錄之重點的選擇常有困惑之感。

四、方案教學與課程案例

（一）源起

「恐龍」這個方案的實施時間為期四個月，對象是 5、6 歲兒童，也是小組形式。一開始時，是因為教師注意到有許多兒童把恐龍玩具帶到學校來，而且兒童在遊戲時也常會自動地轉到與恐龍有關的事物上。教師認為，或許透過兒童對於恐龍的興趣可以幫助教師更了解兒童，因此決定與兒童一起對恐龍做進一步的研究。

（二）活動的流程、內容與形式

1. 畫出自己所想像的恐龍

當兒童在畫畫時，彼此間會交談，並且會去問別人覺得他們畫的恐龍

如何。有些好的想法於是就會四處地流傳，兒童會因為別人的意見而改變他們原有的畫法，例如：「那不是恐龍，恐龍要有四隻腳」。

2. 團體討論

在兒童完成他們的圖畫之後，教師就以兒童所畫的畫公開討論。此時，教師提出了一連串的開放式問題，以激發兒童間的討論，例如：恐龍在哪裡生活？牠們吃些什麼？牠們怎麼照顧牠們的孩子？牠們的孩子是怎麼生下來的？恐龍現在還活著嗎？公恐龍與母恐龍之間有什麼不同？上述這些問題有部分是源自於兒童早先的遊戲與他們對他人作品所提出的意見，有部分則是教師所提出的問題，其目的是在喚起更多的興趣與反應。在研究恐龍的小組中，三位男生對於恐龍的知識較為豐富，所以他們常將其知識提供給其他人，有時也會反駁其他人的看法，而且他們常常是採取同一立場的。一般來說，男、女生的思考方式會有所不同，男生對於恐龍的知識較為準確，例如：男生會在恐龍的肚子中畫一條小恐龍來表示牠是隻母恐龍，而女生則多半是畫長頭髮或是帶隻小恐龍在旁以表示這是隻母恐龍（Rankin, 1993, pp. 194-195）。

3. 上圖書館蒐集資料

在團體討論末尾時，大家獲致一個結論，就是需要尋找進一步有關恐龍的資料。在接下來的一天中，兒童們到當地圖書館去找了許多書籍。他們在圖書館中閱讀了一些書籍，並且也帶了許多書回到學校來。這些書都放在學校的工作室中，以供兒童隨時查考之用。兒童藉著這些書籍，將自己的圖畫與書中的圖畫予以比較，當他們形成問題時，他們通常會回到書中去弄清楚他們所要問的問題。

4. 發邀請函

兒童邀請了朋友與親戚們來到學校分享他們的資訊，寫邀請函給親友們常會產生很高的興致。信函的創作是由整個「恐龍小組」製作的，每個兒童都提供他們自己的想法，而教師則是信函的書寫員，一再敘述著信函的目的。然後，兩個兒童照著教師所做的原型，寫下最後的定稿，其他兒童則是負責寫好信封的地址、畫上相關的圖畫，以及為活動做出海報等工

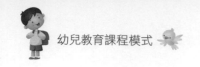

作。由於兒童事先都準備了一些問題，因此他們與訪客的討論非常充實。在邀請函發出後、客人來到之前的時期裡，兒童也用黏土製作恐龍，以及用染料、水彩、粉筆等為恐龍上色。當男生與女生使用黏土時，可以看出他們的差異：女生較注意恐龍身上細節的裝飾，而四個男生則用黏土共同做了一隻大恐龍——這個活動使得他們想要做出一隻「真正的大恐龍」。

5. 做一隻和真實恐龍一樣大小的恐龍

當兒童想做一隻和真實恐龍一樣大小的恐龍時，他們又開始討論了，討論的內容包括了圖畫可能的大小、他們可以在哪裡工作、要畫什麼樣的恐龍等。兒童再度回到書本中去找尋所要使用的恐龍形象，最後他們找到了所要的圖畫，它告訴兒童：恐龍有 27 公尺長、9 公尺寬。兒童最先要處理的問題，是看看 27 公尺到底有多長，所以他們從學校的工作室中找出了一把 1 公尺的尺，將它放在庭院中。不過，兒童並沒有想到把尺連續使用 27 次，相反地，他們想要另外去找 26 公尺的尺，最後他們在另一間教室中只發現了另一把 1 公尺的尺。

在這個時候，兒童被「卡」住了。他們能做些什麼呢？教師提議兒童回到工作室中去找其他的測量工具。就在此時，兒童在架子上發現了一綑懸掛海報用的長塑膠棒！兒童和教師一起證實了這些棒子每根都是 1 公尺長，兒童又數了數棒子，發現數目超過了 27 根，已經足夠了！研究終於可以繼續下去了！由於教師的提議，使得兒童可以繼續研究下去，教師此時的介入是兒童能夠把問題解決的重要支持因素。

當兒童把 27 根棒子鋪在庭院中時，發現庭院實在太小了。這時一位兒童稍早的提議浮現了出來：可以使用學校前的運動場，那兒有足夠的空間。場地問題解決了之後，接下來的問題是將棒子排成一個巨大的長方形。

經過了不斷的嘗試錯誤之後，長方形的三個邊終於形成了，分別是 27 根棒子、9 根棒子和 9 根棒子，而第四個邊由於沒有足夠的棒子，所以無法做成一個完整的長方形。其中兩個兒童回到學校裡去找其他替代用的東西，過了幾分鐘，他們拿著捲筒衛生紙回來了！這個大長方形也終於完成了。

坐在草地上，看著他們所完成的成果，對於兒童來說是相當滿足的，

不過他們也很清楚還有很多工作尚待完成。有個兒童此時提議，可先從較小的紙張開始，看看如何去做，然後再做較大的。其他兒童都同意她的看法。

由於三個男生中，有兩個男生生病，所以這天的工作主要是交給女生做。教師要這三個女生選擇用什麼紙來做，她們最後選擇了「方格紙」（graph paper）。她們經過了嘗試之後，也了解到她們可以數紙上的方格來表示所要的 27 個單位。

當教師要男生去選紙時，有個男生很快地就選擇了方格紙，並且數了 27 個方格，表示他了解方格紙是最適用的。而另一個兒童則挑選了白紙，並且開始在紙上描出 27 個點，當他描完第二行的 27 個點時，卻發現這兩行的長度不一樣，這個問題困擾著他，而另一個男生則針對他的問題提出了自己的看法。事實上，這個工作有點類似 Piaget 式研究中的「長度保留」之工作，當這個兒童在數 27 個點時，就表示他已經知道了「數數目」是一種建立相等關係的方法。但是，兒童還不知道每一單位的長度必須相等時，數數目才能表示相等與否，而另一個選擇用方格紙的兒童則表示，他的「長度保留」概念已經清楚地建立了。

在聽完另一個兒童的意見後，這個兒童開始躊躇不前。後來，教師建議他可以換張紙，他才高興的換了另一張紙。不過，他換的不是方格紙，而是另一種紙。但是，他後來看著另一個兒童進行工作後，才慢慢地拿起方格紙來，開始數方格。值得注意的是，教師在此處的介入只是剛好要使得兒童能夠開始他們的探索。

然後，這兩個兒童黏上了一個剪下來的恐龍圖形，這個恐龍圖形的大小為 27×9 公分，剛好適合 27×9 方格的方格紙大小。有個兒童說：「讓我們假裝每個方格表示 1 公尺。」所以他們去數方格，看恐龍身體的每個部分各有多長，例如：尾巴、身體、脖子與頭部的尺寸。在接下來的一天中，六個兒童終於聚在一起，他們彼此問著別人做了些什麼。這個討論的過程並不平順，最後有個女生下了結論：「我想無論是女生或男生的畫都是需要的。」每個兒童都有他的計畫，他們將 27×9 公分的恐龍影印了起來，當他們到外面的運動場去重畫長方形時，他們就把這些畫拿到戶外去，他們同時也開始思考如何把恐龍畫進大長方形裡。

經由男生與女生的通力合作，男生鋪出垂直線，女生則鋪出水平線。

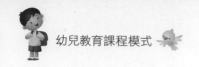

由於他們已事先測量恐龍身體各部分的長度，所以當他們用繩子將各重要點連起來時，恐龍的背就顯現出來了，恐龍的輪廓也成形了。

這個早上另一個值得注意之處是活動的時機問題，六個兒童之間的討論是開始於 9：30，當午餐時間將近時，兒童仍然在工作著。教師於是告訴他們可以先回去吃飯，等到飯後如果他們想回來的話還可以再回來，結果每個人都回來了。當然這種情形並不是日程表的常態，不過這種情形有時會發生。對於成人來說，這是可以接受的，因為兒童此時正在進行問題的探討。事實上，在方案進行過程中，有時兒童甚至會在午睡時間工作。

經過了幾天後，在一大片塑膠布上做出恐龍的畫吸引了學校中大部分 5 歲兒童的注意力，也吸引了學校中所有教師與其他兒童的注意力。

6. 舉辦展覽說明會

小組中的兒童很樂於將他們所學到的事物和學校中的其他兒童共同分享，教師對於這種兒童間的交流也予以重視，因為當兒童把知識傳遞給其他兒童時，他原先所獲得的知識也會更為穩固。

小組中的兒童為學校中的其他人舉辦了展覽會，敘述了他們所做的活動及活動過程中的種種步驟。展覽前的準備是很重要的，兒童們準備了圖畫與雕塑，也做了邀請函與海報，他們想了種種方法將自己的經驗呈現給其他的小朋友。其他的兒童則期待著展覽的來臨並且也享受它。不過最快樂的還是小組中的成員，尤其是當他們向其他人解釋活動的過程時。

第十二章

高瞻課程模式

1960 年代初，美國密西根州 Ypsilanti 公立學校裡一位負責特別事務的教師 D. P. Weikart，有鑑於看到 Ypsilanti 市的高中生中，來自於低收入家庭的學生在學校之成就一直是屬於失敗的一群，就開始探究其原因，最後他歸因於這些學生在小學的時候，就沒有為未來的學習奠定基礎。因此，Weikart 成立了一個特別委員會，和三名小學校長共同研究如何協助來自低收入家庭的學生在小學之學習。在特別事務部門（special services department）亦成立了一個自己的行動委員會，這個行動委員會也在研究如何去協助在學校裡落後的學生。經過研究後，這個特別事務行動委員會認為，針對 3、4 歲幼兒給予提早介入的服務，會更有助於其未來進入學校的學習表現，同時他們認為這種提早介入的方案要獨立於公立系統之外，這樣才可以避免為了增加此方案，引起學校改革所消耗的時間。於是在 1962 年，Weikart 在密西根州的經費支持下，成立了密西根州第一個政府贊助的托兒所（preschool）方案，稱之為「培瑞托兒所方案」（Perry Preschool Project），這也就是後來聞名的「High/Scope Perry Preschool Project」。

　　通常為 3、4 歲幼兒設計的方案，強調的重點多在社會和情緒方面的發展，但 Weikart 認為，培瑞托兒所方案的主要目的是在協助低收入家庭的兒

童（指居於教育不利的兒童，即 educating disadvantaged children）為進入學校做準備的，因此該方案更應加強幼兒的認知發展，他希望這種高瞻課程可以支持幼兒在未來學校學業上的學習與成長。在這段時間裡，培瑞托兒所方案的理論基礎深受 Piaget 學說所影響，其發展出來的課程於 1971 年出版，書名是 *The Cognitively Oriented Curriculum: A Framework for Preschool Educators*。這本書可以看出在 1971 年以前，培瑞托兒所方案的教育目標與焦點是在教教師有關 Piaget 派的實驗工作與學說，將 Piaget 理論中之結構論的部分予以逐字地解釋與應用，期望透過培瑞托兒所方案來加速兒童的認知發展，促使兒童提早進入下一個認知階段。

1970 年，Weikart 離開了 Ypsilanti 公立學校，另外成立了高瞻教育研究基金會（High/Scope Education Research Foundation），至今該基金會仍繼續研究與發展培瑞托兒所方案之內涵。

1979 年，高瞻教育研究基金會出版了 *Young Children in Action: A Manual for School Educators*。與 1971 年的書比較，可以發現 1971～1979 年間，培瑞托兒所方案的發展與改變。從 1979 年的書來看，可以看出培瑞托兒所方案由強調 Piaget 式的認知性工作轉變到強調兒童是知識的建構者。與 1971 年比較，1979 年時培瑞托兒所方案之一般性的教育目標仍屬於認知的，但在其認知發展之主要經驗（key experience of cognitive development）目標中增加了「主動學習」（active learning）一項，由此可以看出培瑞托兒所方案課程走向愈來愈看重兒童的「主體性」與「主動性」，這個趨勢在其 1995 年出版的書中可以明顯地看到轉變的軌跡。有關「認知發展的主要經驗」之分類與內涵，1971 年與 1979 年的比較，有些許的增刪與分類上的重組。

1995 年，高瞻教育基金會出版了 *Educating Young Children: Active Learning, Practices for Preschool and Child Care Programs*，這本書更進一步地將「主動學習」從十個主要學習經驗中提升出來，而成為整個課程發展的核心。在此時，培瑞托兒所方案更強調學習過程中學生的主體性和主動性的重要，雖然其理論基礎依然是來自 Piaget 的理論，但筆者認為這時的培瑞托兒所方案更看重的是 Piaget 學說中的建構論部分，而在早期時，培瑞托兒所方案所看重與倚重的則是結構論的部分。

培瑞托兒所方案發展之初，1964 年秋亦請過 S. Amilansky 做諮詢，Amilansky 建議的教學程序：計畫—工作—回顧（plan-do-review）已成為培瑞托

兒所方案沿用至今之每日作息表的組織原則。然而，社會與遊戲方面的建議一直是培瑞托兒所方案的活動方式之一而已，對於社會與遊戲之教育意義或是有關社會與情緒層面之發展的相關問題，在 1971 年的書中很少提及；到了 1979 年時，已開始注意到兒童社會與情緒層面之發展的問題，因此在教師角色中強調，教師應如何去支持、協助兒童社會與情緒方面的發展，同時認為兒童社會與情緒的發展都經由學習活動的過程中附帶地也會有所發展；直到 1995 年出版的書中，才直接地、正式地將社會與情緒的發展放入其主要的學習項目內。

　　受到「繼續方案」（Follow Through Project）的影響，美國政府聘高瞻教育研究基金會為其開發幼兒園到國小三年級的課程。由過去的歷史和現在的發展狀況來看，高瞻課程模式是一個還在繼續發展、延伸的課程模式。

第二節　高瞻課程模式的理論基礎

　　高瞻課程模式相信幼兒有能力自己做選擇，透過特殊安排的作息以及教具的擺放方式，提供幼兒獨立操作的選擇，孩子即可以自己決定工作或遊戲。高瞻課程模式的理論基礎是以 Piaget 學說為根本之依據，在 1995 年的書中，僅極簡短寫出其理論基礎如下。

壹、對於人類發展的觀點

1. 人類發展是依一個可預測之順序展現的，當個體成熟時，新的能力就會出現。
2. 儘管人是依一個可預測之順序發展，但經由每日的互動也會展現出個人獨特的特質。
3. 在生活史中，會有某一特定的時期特別有利於某種事物的學習；某些教學方法會特別適合發展中的某一階段。

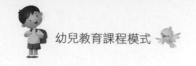

貳、對於學習的觀點

　　學習就是發展上的轉變。兒童與外界互動，進而建構對真實概念的精進化過程，此稱為學習。

第三節　高瞻課程模式的內涵

壹、教育目標

　　雖然到了 1995 年，培瑞托兒所方案已以「主動學習」為其教學設計之核心，但其教育目標基本上還是與正式學校教育連結為其主要目標。換言之，培養學生上小學所應具備之認知能力為其主要的教育目標。

貳、教育內容

　　高瞻課程模式的課程採用開放式架構（open framework curriculum），相信幼兒是以可預期的階段發展。同時，各種學習都有它的關鍵期，幼兒的發展應由成人來給予引導和支持。該課程重視主動學習，學習是由學習者所引發的，而非由教師來主動教。同時，幼兒要學習的是一些重要的經驗。在 1995 年出版的書中指出，培瑞托兒所方案的「主要方案」內容包括十大類，同時每一類下面再分別細分了一些該類下的主要經驗。

一、創造性的心象（creative representation）

　　1. 透過五官認識物體。
　　2. 模仿行動和聲音。
　　3. 將模型、圖片、照片與實地實物連結。
　　4. 假裝遊戲。
　　5. 用黏土、積木和其他材料做模型。

6. 繪畫。

二、語言和文學（language and literacy）

1. 與他人分享對個人有意義的經驗。
2. 物體、事件與各種關係的敘述。
3. 享受語言：聽故事書、編故事等。
4. 用不同的方式書寫：畫畫、塗鴉等。
5. 用不同方式閱讀：讀故事書、符號、表徵自己所書寫的東西。
6. 聽寫故事。

三、社會關係（initative and social relations）

1. 做選擇、計畫和決定，並將之表達出來。
2. 解決遊戲中所遇到的問題。
3. 照顧自己的需要。
4. 用語言將感覺表達出來。
5. 參與團體例行活動。
6. 能敏感到他人的感覺、興趣與需要。
7. 建立與成人和同儕間的關係。
8. 創造和經驗合作性遊戲。
9. 處理社會性衝突。

四、運動（movement）

1. 以不移動位置的方式移動。
2. 以移動位置的方式移動。
3. 帶著物體運動。
4. 以創意方式運動。
5. 敘述運動。
6. 依指示運動。
7. 感受節奏並能將節奏表達出來。
8. 依一個節奏和順序活動。

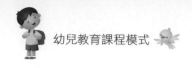

五、音樂（music）

   1. 律動。

   2. 探索與辨認聲音。

   3. 探索歌聲。

   4. 發展旋律。

   5. 唱歌。

   6. 玩樂器。

六、分類（classification）

   1. 探索與描述事物的異同與特質。

   2. 分辨與描述形狀。

   3. 分類（sorting）與配對。

   4. 用不同的方式去運用與描述事物。

   5. 同時注意到一種以上的屬性。

   6. 分辨「一些」與「所有」。

   7. 描述某些事物所沒有的特質。

七、序列（seriation）

   1. 屬性的比較（較長／較短；較大／較小）。

   2. 將一些事物依序排列，並敘述其間的關係。

   3. 經由嘗試錯誤進行兩個序列的配對。

八、數（number）

   1. 比較兩組事物的數，以決定是「較多」、「較少」還是「一樣的」。

   2. 一對一配對。

   3. 數物品。

九、空間（space）

   1. 添滿與倒空（filling and emptying）。

2. 將事物加以組合或拆開。

3. 改變物體的形狀與排列。

4. 從不同的空間觀點去觀察人、地方與事物。

5. 從不同的空間去經驗、描述位置、方向與距離。

6. 解釋繪畫、圖片與照片裡的空間關係。

十、時間

1. 根據信號開始和結束一個動作。

2. 經驗與描述運動的速率。

3. 經驗與比較間距。

4. 預測、記憶、描述事件的順序。

參、教育方法

以下主要是根據文獻（DeVries & Kohlberg, 1990; Hohmann & Weikart, 1995; Weikart, Hohmann, & Rhine, 1981），依學習環境、成人角色、每日例行活動之架構等三部分來說明。

一、學習環境

高瞻課程模式強調，提供學生的環境是要能引發學生主動學習的環境，因此強調環境裡的學習材料要讓學生有選擇的機會，「興趣區」（interest areas）的安排也就成為其學習環境的設計特色之一。概括而言，以下分三方面來摘要其學習環境規劃時之規準。

（一）空間的組織

1. 空間的設計要具吸引力，包括軟硬度、色彩、光線、舒適感等物理因素都應加以考慮。

2. 興趣區的區分要鮮明，以鼓勵幼兒參與不同類型的遊戲。

3. 空間的規劃要能符合大活動時段，午餐、午睡等不同時間的需要。

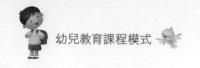

（二）興趣區的建立

要具彈性，能隨著幼兒興趣的轉變而更動，同時要注意不同興趣區的擺設原則（這部分有專書介紹，有意深入者請找專書）。

（三）材料的提供

1. 材料儲放櫃的設計要能讓幼兒自由取用外，還要能讓幼兒用完後能自動放回。
2. 材料需具多樣性且數量要足夠，要能反映幼兒家庭生活所需的材料。
3. 具操作性，幼兒的學習係透過實際操作的過程而產生，因此提供給幼兒的材料需具操作性的特性。

二、成人角色

高瞻課程模式強調主動學習，因此提供幼兒一個心理上覺得安全的環境將有助於其主動學習的產生。由於此課程模式亦強調家庭參與的重要性以及家庭和學校合作的重要性，在教學時教室除了教師外也常有家長或義工的參與，因此在教學過程中會強調成人的角色（教師的角色亦包括在其中）。

由於此模式強調學習是從建構的過程中產生的，因此成人的角色基本上是輔導者、支持者、觀察者與引導者。在 1995 年出版的書中，不僅對每項學習經驗都提出了教學上的建議以供成人參考，同時也在環境的準備上和教學歷程中都提出了具體性和建設性的作法。

三、每日例行活動之架構

基本上，高瞻課程模式並沒有一個特殊的教學方法，但有一個架構引導著每日例行的活動之進行。藉著這個秩序去引導和協助學生的主動學習，同時可以提供教師了解學生學習發展的資訊。這種秩序可以讓學生了解一天例行事物的順序，但內容是由學生或師生間經互動而產生，因此不會影響孩子的選擇性、主動性與彈性。大致上可分成如下幾個時段。

（一）計畫—工作—回顧時間

這個時段是一天裡各時段中最長的一個時段，其目的是在順著幼兒的興趣去發展他的興趣與能力以及解決問題的能力。

1. 計畫：每天的一開始，每位幼兒都要思考一下當天想做的事，並與教師討論，教師則給與回饋或予以精進化或予以澄清化，讓幼兒在當天有較清晰、具體的且有目的之目標。

2. 工作：經過設計後，幼兒就可以開始單獨或與同學共同工作，直到完成了既定的目標，或是放棄了他的計畫為止。工作的目的在讓幼兒的焦點放在遊戲中和解決問題上。當幼兒在工作時，成人要時時刻刻地在旁觀察，並適時地予以協助和支持。大約工作45～55分鐘左右，幼兒就需要開始收拾工作場所，並將未完成的工作收至櫥櫃內，工具材料歸回原處，再進行下一階段的活動。

3. 回顧：幼兒聚集在一起，一起分享、討論他們當天做過的活動。

（二）小團體時間

這段時間是教師為了特定的目的，以設計好的活動，讓幼兒透過實物操作以解決問題。通常是五至十個幼兒一組，一位成人帶領著活動的進行。

（三）大團體時間

這個時間是為了建立幼兒團體的意識，讓成人與幼兒有共同活動之分享、體驗的機會。通常這時候做的活動是唱歌、律動、說故事、演戲等。

（四）戶外時間

每天有一至二次戶外活動時間，每次約30～40分鐘，讓幼兒有機會做大肌肉的活動，且有機會與同學玩並發明新的遊戲方式與規則。

（五）轉接時間

當幼兒從某一個經驗換到另一個經驗時，常需緩衝的轉接時間，例如：早上從家裡剛到學校那一段時間、小團體轉換到大團體間的那一段時

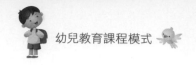

間、放學的時候等。成人如能注意幼兒在轉接時間的需求,將可提升幼兒的經驗品質。

(六)點心、午餐與休息時間

這是一個很適合幼兒社交的時間。

由上述幾個時段所組合成一天的學習,以下舉例說明上述架構的實際運作情形(如表 12-1 所示)。表中只敘述活動形式而未列出時間表來,這表示教師可視幼兒實際需要,而決定何時轉換到下一個活動。

表 12-1　高瞻課程每日例行活動表

幼兒在同一時間內到校與離校	●半日制 非正式的聚集時間 計畫—工作—回顧時間 點心時間 大團體時間 小團體時間 戶外時間與放學	●全日制 早餐 大團體時間 計畫—工作—回顧時間 小團體時間 戶外時間 午餐 閱讀與休息時間 點心時間 戶外活動與放學
幼兒到校時間與離校時間不一樣	●半日制 早到者參與的小團體時間 非正式的聚集時間 計畫—工作—回顧時間 點心時間 戶外時間 大團體時間 晚到者參與的小團體時間	●全日制 早餐與自由活動 非正式的聚集時間 計畫—工作—回顧時間 戶外活動與點心時間 小團體時間 大團體時間 午餐 唱歌、休息時間 點心與戶外時間 和父母計畫—工作—回顧時間

肆、評量

　　高瞻課程模式的評量方式是以觀察紀錄方式為主，教師每天利用幼兒午睡的時間交換觀察心得與問題，進而決定繼續引導幼兒的方式與內涵。每隔一段時間，就用他們發展出來的、以主要經驗為基礎的評量工具 High/Scope Child Observation Record（COR）（High/Scope Press, 1992）去評估學生的學習情形，進一步之評量工具可查詢 Schweinhart（1997）以及 McNeil（1990）的資料。

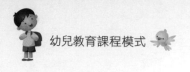

第 十三 章

安吉遊戲教育[1]

第一節　安吉遊戲教育的歷史背景與發展現狀

　　「安吉遊戲」是安吉縣幼兒園以遊戲為基礎的學前教育模式之簡稱，「安吉」是一個位於浙江省內、為中國第一個國家級生態的縣。該縣因以遊戲教育的形式覆蓋整個安吉縣幼兒園而聞名於中國，乃至全世界。目前，安吉遊戲教育在安吉縣有 130 所公立幼兒園、14,000 多名幼兒接受該理念的課程。

　　「安吉遊戲」教育起源帶頭人是現任安吉縣教育局學前教育科科長的程學琴。她從 1998 年擔任縣教育局幼兒教育管理培訓中心主任開始，為了要讓學前教育得到切實的改善與發展，就從建立完整的幼教行政體制和機制著手。1999 年 9 月 20 日，安吉縣人民政府頒布了《安吉縣幼兒教育管理辦法（暫行）》，奠定了全縣幼兒教育的管理原則。程學琴將 2000～2015 年，「安吉遊戲」教育發展歷史分為三個主要階段（李志方，2009）：

---

1. 雖然安吉遊戲教育在中國、全球已有其聲望，但深入性、學術性的論著和專書不多；同時，安吉遊戲教育本身屬於還在發展中的一個課程與教育系統，因此本章或許有些部分的介紹、說明不夠充分，但為了引起大家對安吉遊戲教育的關注，本書還是將之納入。

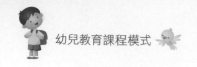

2000～2003 年，「安吉遊戲」教育幫助教師樹立「樸素資源觀」，將充滿鄉土氣息的本地資源和廢舊材料作為遊戲材料給幼兒們使用；2003～2008 年，「安吉遊戲」教育幫助教師們在認知上轉變教學觀，讓教師們明白遊戲對孩子的重要性；2008～2015 年，「安吉遊戲」教育的重點在實踐「真遊戲」（程學琴將幼兒園教育中開展遊戲的現況分成「無遊戲」、「假遊戲」與「真遊戲」的類別），即把遊戲的權利還給幼兒，玩什麼、怎麼玩、與誰玩都由幼兒決定。教師的角色則為觀察者，解讀幼兒遊戲的過程（葉歡平，2013）。

第二節　安吉縣幼兒園隸屬的行政組織系統

壹、安吉縣幼兒園隸屬之行政組織

　　安吉遊戲教育值得肯定與期待的原因是，它不僅僅是一個單獨的課程系統而已，要能永續的發展，安吉遊戲教育就不是單獨之園所的努力或個人的付出即能達成的，它背後有一個完整管理系統的支撐，程學琴稱之為幼兒園「鎮村一體化管理模式」（如圖 13-1 所示）。

　　縣教育部門主管全縣的幼兒園（班），負責規劃和制定管理辦法和重要的規章制度，同時建立評估與考核等機制，指導教科研工作。縣衛生、計畫、財政、物價、人事和城鄉建設部門分工負責，對幼兒園的衛生保健、事業發展、經費開支、收費標準、人員聘用、園舍建設等方面實施規範管理。縣教育局幼兒教育管理培訓中心具體負責全縣幼兒教育行政管理和業務培訓指導。鄉鎮政府負責轄區內學前教育事業發展，改善辦園條件，辦好中心園；村民自治組織負責村幼兒園的建設和維修（湯有根、程學琴、方永建，2006）。

　　鄉鎮中心園（人口多、轄區大的鄉鎮兩所以上）在縣教育局註冊，到縣人事局辦理事業法人登記。中心園的財務、人事、業務等管理納入政府公立教育系統規範；鄉鎮中心園負責本鄉鎮村幼兒園的行政管理和業務指導。園長由縣教育局考核任免，享受鄉鎮中心小學校長級待遇。鄉鎮範圍

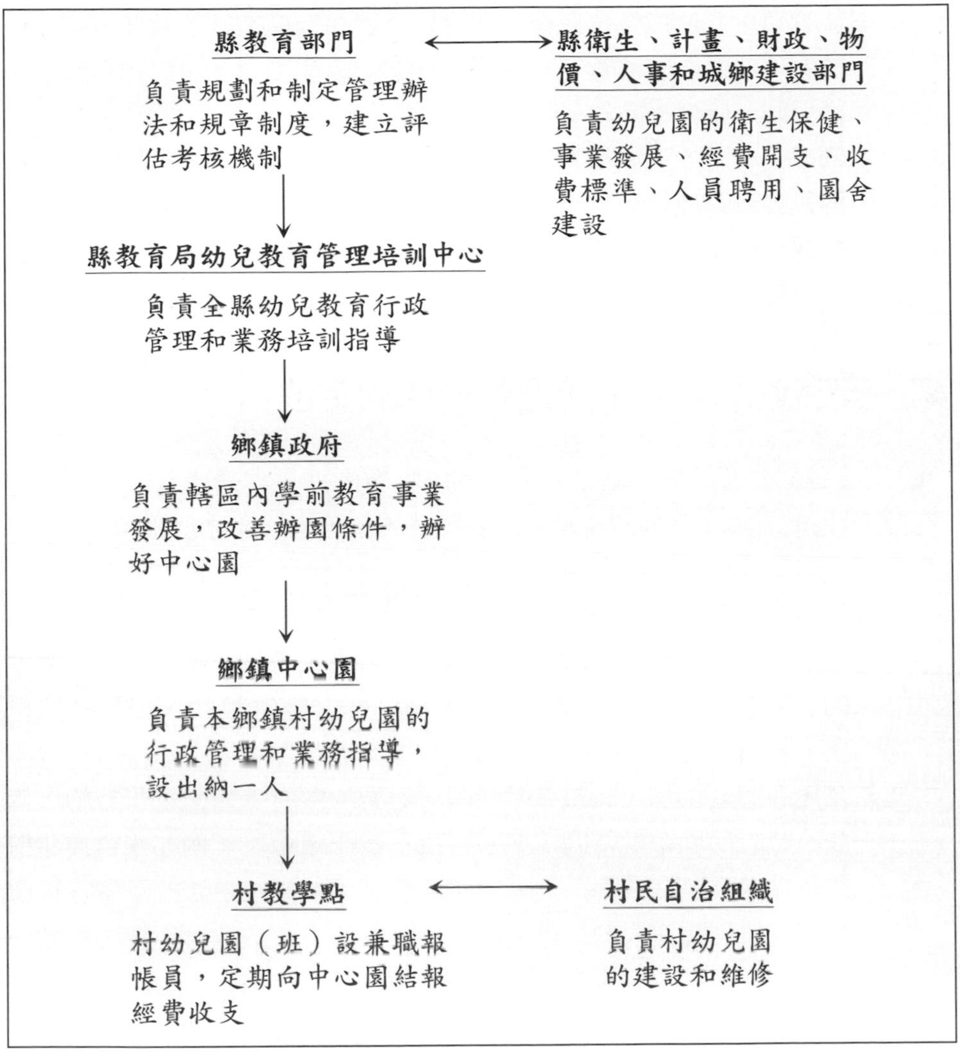

縣教育部門 ←——→ **縣衛生、計畫、財政、物價、人事和城鄉建設部門**

負責規劃和制定管理辦法和規章制度，建立評估考核機制

負責幼兒園的衛生保健、事業發展、經費開支、收費標準、人員聘用、園舍建設

↓

縣教育局幼兒教育管理培訓中心

負責全縣幼兒教育行政管理和業務培訓指導

↓

鄉鎮政府

負責轄區內學前教育事業發展，改善辦園條件，辦好中心園

↓

鄉鎮中心園

負責本鄉鎮村幼兒園的行政管理和業務指導，設出納一人

↓

村教學點 ←——→ **村民自治組織**

村幼兒園（班）設兼職報帳員，定期向中心園結報經費收支

負責村幼兒園的建設和維修

圖 13-1　鎮村一體化管理模式

或一定區域內的村辦園以教學點的形式成為中心園的一部分，接受中心園的管理。村教學點和中心園一樣都屬公辦園。村教學點的行政、業務由中心園管理，人員由中心園聘任調配，經費由中心園統籌管理。幼兒園會計人員由教育系統會計核算中心人員擔任，鄉鎮中心園設專（兼）職出納一人，村幼兒園（班）設兼職報帳員，定期向中心園結報經費收支。

鎮村一體化管理模式有以下幾個優勢：

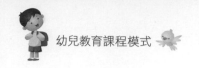

1. 使鄉鎮中心園成為全縣農村幼兒教育縱向管理系統的重要樞紐，便於管理部門的宏觀管理和決策，政府的政策和投入可以順利到達村幼兒園，確保學前幼兒教育的公平性。
2. 鄉鎮中心園的資源和資訊與村幼兒園共用，有利於提升保教水準。
3. 鄉鎮統籌管理規範了經費的管理，確保幼教經費專款專用。
4. 鄉鎮、村在農村幼兒教育事業發展中各司其職，規範管理，有利於安吉農村幼兒教育向永續、高品質方向發展。

貳、安吉遊戲教育系統裡各角色的定位

安吉遊戲教育系統中除了幼兒、園所和教師外，還透過行政力量加強家長和社區的參與、政府的支持等，茲將其各個角色的定位分述如下。

一、幼兒：遊戲決策者、材料和環境擁有者、思考者

1. 幼兒可以自行對遊戲材料的用途進行定義和規劃：材料多是原生態的、開放式的、低結構性的、多樣性的、豐富性的，提供幼兒自主、自由、思考遊戲的可能性。
2. 幼兒有適度選擇、調整遊戲時間和場域的機會：通常上午有約一個多小時的戶外遊戲時間，如果有孩子還想繼續玩（例如：合作建構的作品還沒有完成等），老師會尊重孩子，並建議讓孩子午休後繼續完成他們想完成的遊戲活動。所以，安吉遊戲教育系統中之幼兒園的一日活動時間規劃是有彈性空間的；在遊戲場所中，幼兒可以跨區域遊戲、自主選擇遊戲同伴。在這種被充分、合宜賦予權力的情境之下，幼兒的友伴關係也隨之被賦予更多的選擇機會。
3. 在遊戲中，幼兒是詮釋遊戲的主角，幼兒思考他們自己的行為，解讀材料和環境的變化。
4. 幼兒在遊戲中享有自主權的同時要對自己所選擇的材料和環境負責。

二、教師：環境創設、材料提供、觀察者、紀錄者、守護者

教師的主要工作在為了讓幼兒自由自在的玩遊戲，提供場地、環境、

材料（各類可組合的各式積木、梯子、油桶、長板、滾筒、木箱、可移動的木屋、矮櫃、柵欄、布簾等低結構素材）、基本的安全監護，以及維護幼兒自主選擇的權利（蔡金蓮，2016），並在近距離內，觀察幼兒的行為、活動、興趣、困境、衝突、經歷以及問題的解決方式，整理後可作為後續教室內討論的題材與內容；並分析幼兒的學習過程與發展特徵，為提供相應的環境、材料與教學打基礎。

三、幼兒園：兼負新農村社區教育的責任

安吉縣對幼兒園角色的定位很特別，安吉縣幼兒園的責任與功能不僅僅在對幼兒園內的幼兒與家長而已，安吉縣同時透過行政上的設計與培訓工作，賦予幼兒園發展農民素養與農村之文化與建設的責任與功能。幼兒園不僅運用行政的規範、網絡與建立好的信任關係等社會資本，同時，也成為社會資本的一部分，回饋到農村的社區教育上（李華玉，2015）。「以幼兒園為中心，通過各種家、園、社區合作的文化活動，讓家長與社區進入幼兒園，幼兒園也進入到家庭與社區中去影響和凝聚新農村的社區成員，成為構建新農村的基層文化中心」（程學琴，2015，第4頁）。

四、家長

父母不僅僅需支持安吉遊戲教育的理念，協助起在家中觀察幼兒和歸檔資料的工作；同時，也要接受幼兒園的培訓，將培訓學到的安吉遊戲之理念融入在幼兒的日常生活及學習中，使自己成為優質的家長與村民。

五、地方政府：統籌、建立幼兒園與家庭、社區間有效、長期、合作機制

地方政府制定各種規定、辦法，並監督、考核執行成效，因此，地方政府角色除了提供設立幼兒園硬體所需的經費（包括：遊戲區和玩具材料的配備）、師資編制與待遇的提升等配套工作的設計與支援，還統籌、規劃、監督、考核，形成一個長期的、有效的、系統的、合作性的機制。

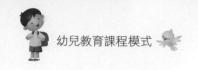

第三節　安吉遊戲教育的信念與基本哲學

安吉遊戲教育的信念與基本哲學可從其對孩子、對學習，以及對環境的看法三個角度去分享（程學琴，2016 年 7 月 12 日）。

壹、對孩子的看法

安吉遊戲教育的基本信念是相信孩子是有能力的個體、有不斷發展嶄新一面的可能性；孩子就像科學家，在解決問題的過程中透過探索、假設、嘗試錯誤、檢驗、延伸運用來獲得對世界和社會的認識；在與世界和同伴的互動中形成自己的見解，進而去思考和規劃，透過不斷經驗的積累，自律且不斷突破自己，不斷達到自身的最大潛能。

貳、對學習的看法

安吉遊戲教育強調：孩子的學習內容是廣泛的，他們透過實際操作和親身體驗去模仿、感知和探究而得到學習。要真正讓孩子獲取知識，不能將孩子與自然分開。認識與存在、身體和心靈、理念與行動應間是並存的。透過遊戲，孩子主動地探索周圍的社會、自然與物質環境，透過自己特有的方式與環境互動。孩子的自主遊戲正是他們探索和感知客觀世界、認識和了解社會的學習媒介與過程。

參、對環境的看法

安吉遊戲教育對幼兒園內學習環境的看法可以歸納如下（AnjiPlay, 2016b）（如圖 13-2 所示）。

一、自主性的遊戲環境

遊戲材料、玩的目的與方法、玩的時間長度、玩的內容、玩的同伴、

圖 13-2　安吉遊戲教育環境的面貌光羽

一起玩的人等都屬於環境的元素，在安吉遊戲教育系統所提供的這些元素都由幼兒在合宜範圍內由他們自主決定。

二、提供思考的環境

　　幼兒每天有多種機會去反思、詮釋他們的經驗。教師將遊戲前後觀察到之訊息加以組織，進一步的提供幼兒思考的機會，為安吉遊戲教育強調提供的環境特點之一。

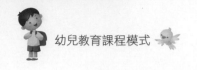

三、遊戲材料、設備與環境

安吉遊戲的環境設計理念可歸納為「充滿野趣的戶外環境」和「充分留白的室內環境」。在戶外，幼兒可以充分接觸大自然，用身體動作和多種感官體驗自然界，同時，可以不斷改變遊戲主題、內容和難度，以探索未知；室內環境充分留白，以使幼兒能夠不斷創造新的遊戲和作品。

低結構、開放式的材料讓幼兒在遊戲中勇於冒險、建構、發現以及嘗試團隊合作。安吉遊戲的設備是基於多年的實驗和觀察設計而來的。許多大型設備可以讓幼兒更加地伸展他們的小手和手臂，去建構他們自己發現的、新的遊戲方式。

第四節　安吉遊戲教育的課程與教學

壹、教育目標

安吉遊戲教育的目的在協助幼兒透過直接經驗去發現直接經驗之間的關係，進而獲得能力和智慧。

貳、學習內容

安吉幼兒園創設富於挑戰的空間和環境，通過遊戲場地的不同軟硬度、粗細程度、乾濕程度和高低起伏的變化，引發幼兒視覺、聽覺、觸覺、嗅覺、平衡覺、運動覺等多種感知系統的發展；戶外設計豐富的溝壑、山坡、滑道等，促進幼兒跳、爬、穿越、翻越、搭建、攀登、翻滾、滑行等基本動作發展機會；透過友伴間的合作遊戲，不僅促進兒童的獨立能力和社會行為能力的發展，同時也促進兒童各領域的發展。

參、方法

以下是安吉幼教系統裡最具特色的方法。

一、遊戲

自主遊戲是幼兒學習的方式，每天可安排充足的遊戲時間、提供低結構的遊戲環境和材料，幼兒在遊戲中即會獲得快樂。不斷挑戰冒險，透過探索、假設、驗證而獲得豐富的直接經驗（如圖 13-3 所示）。

圖 13-3　安吉遊戲教育的幼兒遊戲

二、繪畫與說故事

在遊戲前、遊戲中和遊戲後，教師會在教學活動裡請幼兒將其對遊戲的計畫、遊戲的過程以及遊戲經驗的分享，用說的與用畫的方式去紀錄、抒發、建構自己的情感、想法與問題（如圖 13-4 所示）。

透過繪畫與說故事過程中分辨、整合和借鑒他人的資訊、反思自己的經驗、逐漸提高幼兒自己的管控能力、利用自己認知的優勢和已儲備知識來學習和接納新知識。有時教師則與幼兒一起將遊戲中不斷探索的問題拓展為一系列生成性的課程，給予幼兒充分的時間和資源，深入探究感興趣的問題（如圖 13-5 所示）。

圖 13-4　安吉遊戲教育的繪畫

圖 13-5　課程生成流程示例圖

三、每日作息表

　　安吉幼兒園的每日作息時間是照幼兒的節律靈活調整。幼兒有高度自主的「時間、內容決策權」。教師可根據幼兒興趣與需要，順延活動時間，當幼兒對遊戲仍持有興趣時，不會急於進入下個環節而停止正在進行中的遊戲（如表 13-1 所示）。

表 13-1　一日作息表

時間	內容
8:00～9:00	來園活動
9:00～11:00	生活、遊戲、學習
11:00～12:00	午餐及生成性活動
12:00～14:30	午睡
14:30～15:30	自我服務
15:30 以後	生活、遊戲、學習、離園活動

資料來源：程學琴老師提供

肆、評量

　　教師會用照片、錄像、文字將觀察到之幼兒一日生活中的行為加以記錄。接著會以兩個角度來分析幼兒這些資料：其一是分析幼兒的行為，記錄幼兒發現了什麼、得出哪些結論、進行了怎樣的運用；其二是分析幼兒能力的發展，一種或幾種能力的連續變化過程和相互之間的關係。基於這些分析，教師在心中得著每一位幼兒發展的實際情況，記錄下幼兒直接經驗的發展脈絡、掌握幼兒能力發展的水準和能力間的關聯性，並透過評價來理解和接受幼兒發展的複雜性，以支持幼兒的學習與發展。

　　安吉遊戲不同之處在於，幼兒用自己的生活經驗構想遊戲，不僅遊戲的結構和環境使得幼兒們享有遊戲的主動權和決定權，同時在分享環節中，也造就了遊戲的多樣性及多元化的發展。

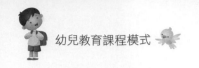

第五節　安吉遊戲教育對幼兒教育的啟示

安吉遊戲教育超越了遊戲課程的本身，除了遊戲式的課程外，它也是引領中國農民素質教育及鄉村幼兒教育走向之可行途徑之一的範例。從安吉遊戲和安吉教育系統中可以發現的啟示如下。

壹、合宜的行政、政策規劃是高品質課程落實的必要條件

1. 安吉教育系統將幼兒教育放到建構「美麗家園」的要求指標之一，這使得縣市鄉鎮各垂直層級行政單位間為了達到「美麗家園」的指標而攜手合作，直接的就提升了行政單位上項目負責人在幼兒教育裡的參與力度與明確的方向性；垂直行政單位間也因為有共同的評估指標、明確的努力方向，就形成一個在教育理念與做法上的生態系統。在幼兒接觸到的環境裡——家庭、學校、社區，有一致的教育理念、透過教師在職進修、家庭、社區教育的推動，提升遊戲化課程落實與持續的可能性。

2. 幼兒園是新農村社區教育的核心點，從幼兒教育範疇輻射到親職教育、社區教育、新農民教育；從師生間、親師間的關係，至社區社會與鄉、鎮、市、縣政府間各種關係間的互動是安吉遊戲教育能夠發展的必要條件。透過政策的規劃與推動，讓鄉鎮中心幼兒園成為新農村社區教育的核心點，除了提供幼兒教育外，還提供幼兒教育理念給家長、社區的農民等，讓整個的社區、家長都能接受遊戲課程化的理念與做法，直接的建立了安吉遊戲教育的特色，進而提升社區民眾、家長、農民的素質。未來安吉遊戲之幼兒教育系統能用Bronfenbrenner 的理論來彼此呼應、對話。

貳、遊戲課程化的可行性

　　在傳統的幼兒教育現場不難發現，遊戲與教學很多時候是分開的兩件事，幼兒的遊戲都是從成人的視角出發，去給幼兒規範遊戲的框架。遊戲在幼兒教育中既可以是一種教育手段（方法），也可以是一種內涵，而這兩種對於遊戲之定義所蘊含的遊戲觀是不同的，前者將遊戲作為一種工具和媒介，後者則強調遊戲本身的價值。透過真遊戲讓幼兒在玩中學，遊戲本身就成為教育的本身，引領幼兒在玩中思考和學習。安吉遊戲教育就給了一個鮮活的、成功的例子，這個例子足以鼓舞教育工作者及家長可以大膽的協助幼兒玩遊戲、創新遊戲。

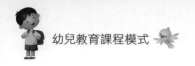

第 十四 章

IB 課程模式
（又稱國際預科證書課程模式）

　　國際文憑組織（The International Baccalaureate）是一個非營利性的國際教育基金會，成立於 1968 年，其成立願景旨在培育具有探究精神、有知識、富有同情心、接納多元文化、積極進取、終身學習、能理解他人的年輕人。該組織針對 3～19 歲的學生研發及推動了四個層級的國際文憑課程（International Baccalaureate Programmes，以下簡稱 IB 課程），其發展並問世的時間，如表 14-1 所示。

表 14-1　IB 課程系統分類表

課程分類	學前暨小學項目	中學項目	文憑項目	職涯項目
英　　文	Primary Years Programme	Middle Years Programme	Diploma Programme	Career-related Programme
縮　　寫	PYP	MYP	DP	CP
年齡範圍	3～12 歲	11～16 歲	16～19 歲	16～19 歲
首次提出	1997 年	1994 年	1968 年	2012 年

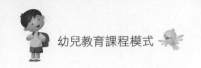

1990 年，國際文憑組織在羅馬會議中首次為 3～12 歲兒童制定課程的計畫而討論；1992 年，正式開始規劃 3～12 歲兒童的國際課程；1997 年，國際文憑組織推出學前暨小學項目（PYP）課程，為學校提供 3～12 歲兒童的教學內容與學習方法，其中包括：教學理念、課程架構、學生必須學習的指引，以及評估的策略。

第二節　IB 課程模式的理論基礎

IB 課程的教育宗旨是在幫助學生利用自己已有的知識，透過提供新的、具有啟發性的學習體驗，以及進行反思和鞏固學習成果的時間和機會，使學生對周圍的世界形成理解。這種建構主義教學法強調，培養學生對社會與自然界產生看法與理解，不斷鼓勵學生透過反思去建構他們自己的世界運作模式。

IB 課程應用的理論包含有以下幾項（International Baccalaureate, 2015）。

壹、Dewey：兒童本位論、做中學，強調解決問題能力的培養

J. Dewey 強調利用學生天生好奇心的重要性。兒童天生就有好奇心，課程設計要以兒童為本位，內容與方法要符合兒童的學習興趣與意義性，以協助學生學習有助於解決問題的知能。Dewey 也強調做中學的重要性，要在實際生活的體驗中解決問題。IB 課程以兒童為本位，幫助勇於探索的兒童去理解與尊重不同的文化；教學方法強調，應將各年齡層之性格特點、能力與興趣納入學習的考量因素。

貳、Neill：自由觀

A. S. Neill 指出，兒童的學習在不受脅迫的自由狀態下最佳。所有課程都應該是可以選擇的，學生可以自由選擇用什麼時間做什麼事情，強調學生在無限制的環境中自由發展。IB 課程重視個別差異，包含學習速度及成

長模式，以多元豐富的課程傳授知識給學生。

參、Piaget：認知發展論

J. Piaget 的認知發展論也是 IB 課程的重要參考理論之一。Piaget 提出認知發展過程的核心概念：認知結構（cognitive structure）與基模（schema）、組織（organization）與適應（adaptation），以及失衡與平衡。Piaget 認為，學業智能在兒童時期透過認知循環來發展。IB 課程的建構式教學強調學生對認知、理解、智力、社交、個性間的均衡發展。

肆、Bruner：學習理論

J. Bruner 認為，資訊的自我發現讓學生成為更好的問題解決者。根據 Bruner（1990）的主張，教學課程內容的重點需要轉移到新的學習情境中，教師應在學生已有的知識和他們個人的學習方式之間建立聯繫。所以，教師在計畫教學時必須事先了解學生現有的水準，所設計的課程和提供的學習環境必須使學生能夠檢驗並修改自己心中所認識的世界模式，在新、舊學習之間建立聯繫，允許他們自由地建構屬於自己的意義。IB 課程藉助兒童的先備知識，透過新經驗提供刺激及機會去反思與整理，並從過去經歷的成長階段得到正、負向反饋。

第三節　IB 課程模式的內涵

壹、教育目標

IB 課程的教育目標是要培養具備國際情懷的人才，希望人類以共有的博愛精神，分擔守護地球的責任，共同開創一個更美好、和平的世界。這樣的人才須具備以下特質：淵博的知識、熱愛探究的好奇心、擅於批判性和創造性思考、能運用一種以上的語言與他人溝通交流、擁有待人處事正

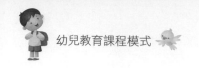
直誠實等的原則、有開闊的胸襟欣賞不同的文化和意見、富同情心、勇於挑戰、均衡發展智力、身體和情感、反思性強等。學前暨小學項目（PYP）關注兒童的全人發展：

1. 處理學生的學習、社會和情緒健康。
2. 鼓勵學生獨立發展，並對自己的學習負責。
3. 為學生的努力提供支持，幫助他們獲得對世界的理解，並能自如地生活在其中。
4. 幫助學生建立自己的價值觀，並以此為基礎發展國際化的思維。

　　PYP 有足夠的靈活性去適應大多數國家或在地課程，為學生提供最好的進入 IB 課程中學項目（MYP）之就學準備。

貳、教育內容

　　IB 課程的教育內容強調五大要素，包含：知識、概念、技能、態度，以及行動，分別說明如下（International Baccalaureate, 2016）：

1. 知識：包括傳統學科知識（如語言、數學、科學、人文、社交與體育教育、藝術）與跨學科知識的結合。
2. 概念：為教學內容提供了一個架構，透過有結構的探究，學生對內容產生連貫、深入的理解，再將學科知識與跨學科知識連結在一起。
3. 技能：為學生提供廣泛的能力，使他們在學習和生活中發展和應用這些能力。
4. 態度：幫助學生擁有國際化的思維，成為健康的個體，同時可以融入到健康的學習共同體，成為具有 IB 課程模式之學習者特質的人。
5. 行動：期待學生將成功的探索付諸實踐，這些行動應該是負責任的、考慮周全，並且是可以實踐的。

參、教育方法

一、方法

PYP 課程致力於透過建構的、有目的的探究來吸引學生積極的學習，可透過以下幾個方法來支持學生建構他們對周圍世界的定義：

1. 借助於學生的先備知識。
2. 透過新的體驗提供刺激。
3. 提供機會去反思和整理。

這樣的教學方法尊重學生發展對於世界是如何運作之概念的理解，並鼓勵學生們發問、思考和優化他們對社會與自然世界的解讀。

有六大議題貫穿在各學科課程裡，分別是：我們是誰、我們處在何時何地、我們如何表達自己、我們如何組織自己、我們如何分享地球資源、世界如何運作。這些議題幫助 IB 課程模式之學校將在地文化與國際事件結合於課程之中，有效的幫助學生提高視野，超越學科知識的範疇。

二、環境

IB 課程為學生提供具有趣味性、相關性、挑戰性和重要性的學習體驗，營造充滿啟迪與啟發的學習環境。趣味性代表的是能使學生感興趣，讓他們積極主動地學習；相關性意指，課程與學生已有的知識與經驗以及當前的環境密切相關；挑戰性是指擴充學生已有的知識與經驗，提升他們的能力與理解；重要性是指有助於理解主題的跨學科知識，因此能夠理解人類各種經驗之間的共同性。當孩子在這樣的環境中學習時，該環境具備下列特點：

1. 成年人是悉心的學習推助者，能幫助學生重視自己的學習，並對自己的學習負起責任。
2. 相信學生是有能力完成學習的，並能聽取其意見。
3. 鼓勵學生保持高度的好奇心和求知慾，踴躍提問、開展探索，並在身體、社交和智力等方面與環境進行互動。
4. 學生清楚地了解他們的學習成果與學習過程。

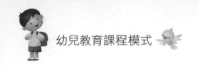

5. 支持學生努力把握和掌控自己的成長，而成為獨立自主的學習者。因此，教師會為學生提供機會，透過有組織、有計畫的探究型學習來建構意義並修正自己的理解。

6. 教師要做到因材施教，照顧到組內學生在能力和學習方式方面的差別。因此，學生有時可以獨立學習，有時可以兩人組成一組學習，還可以組成規模更大的小組來開展學習。

三、教師角色

在實行 PYP 的過程中，合作是一個關鍵的部分，所有的教師都要參與到計畫過程內，定義課程的核心理念，探討如何將探索融入這些理念中，找到教室裡的最佳方案，並探尋符合每一個學生需求和興趣的方式。

教師在執行 PYP 之前必須參加培訓，國際文憑組織為教育工作者提供了一個寬廣的專業發展平臺，能幫助他們對 PYP 項目有更深層的理解。

肆、評量

PYP 項目沒有設置考試或等級。IB 課程評量的目的是促進學生的學習，提供學生學習的資訊以及促進課程計畫的實施。透過評量，IB 課程幫助學校在教授 PYP 課程之教與學的過程中，釐清學生的知識、理解、能力和在不同階段的價值觀。在 PYP 課程裡，學習被看作是一個持續的旅程，教師在這段旅程中負責確認學生的需求和利用評量資料來為學生下一階段的學習做規劃。教師應用廣泛的評量策略來蒐集在教學內容中所提到的五大元素之相關資訊：概念的理解、知識的獲得、技能的掌握、積極態度之發展，以及採取負責任的行動之能力。

在 PYP 課程的最後一學年，學生會進行深入的延伸合作方案：PYP 成果展。它讓學生透過合作方式，來對現實生活中的議題或問題進行深入探究。學生透過與整個學校社群分享的方式來綜合運用所有的 PYP 基本要素，同時它也為教師提供了一個強大的和真實的過程來評量學生的理解。

成果展是一個表現在全程縱貫參與 PYP 課程後，IB 課程學生所應展現特質的獨特且意義重大的一個時機。同時，它也為學校和學生提供了過渡到下階段教育而慶祝的一個時機。

Part 4

課程模式落實案例
的探討

　　由於園本課程概念與趨勢的影響，目前多數幼兒園是融合、並用或只運用了本書中模式的某一部分，因此無法在每一模式下呈現一個純然的個案；同時，理論的論述多屬抽象的、概括性的語言，當它落實到實務面上時，就會產生多元的面貌。尤其如各章所述，無論是教學內容或教學方法，各模式都留有很大的空間給教師和（或）學生。

　　除了直接教學模式是強調教師的角色屬教導者角色外，其餘的模式均強調教師是引導者、支持者、輔導者和觀察者的角色，而非教導者角色，這使得寫出一個大家皆認可之純然符合某一課程模式的實例是不容易的。因此，筆者在本篇中所舉的例子未必可以全然的是某一課程模式的代表，只能說是偏向某一課程模式下落實的課程案例。

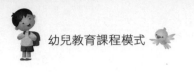

第十五章

蒙氏課程與方案課程實例：
讓課程與教學看得見

　　基本上，除了直接教學模式強調教師的角色屬教導者角色外，其餘的模式均強調教師是引導者、支持者、輔導者和觀察者的角色，也就是強調要尊重幼兒的學習角色。本章之目的在以教室層級的課程與教學紀錄來說明，即使是以一個大家都認同的課程模式、教育理念，例如：「以幼兒為中心」、「開放式教育」、蒙氏課程或方案課程，來設計課程與進行教學，期待透過理念的呼籲以及課程模式的應用，以達到教學品質和增加效能，若教師忽略了自己專業上的自主性、責任感與倫理問題，則課程模式及理念之功能（教學品質與效能問題）就無法發揮了。筆者希望在以下的例子中，讀者可以與前面各模式的理論部分結合，作為自我知識轉化、對話，以及理論與實務知識間之轉化與對話的基石。

　　本章除了希望讓讀者「看到教」（making teaching visible）的過程外，重要的觀點在：筆者認為隨著課程決定的層級（可分中央、縣市、學校和班級等不同層級）之不同，教師課程決定的主權程度、時機和範圍也是會有所不同的。筆者常聽到現場教學的教師反應：他們的課程都是園長規定好的；園長則常抱怨說：現在教學若不順著家長的期望與要求就沒有市場了。因此本章的重點之一在企圖突破上述之迷思，即企圖顯示與強調在教室內，教師是課程與教學的主要決定者。從前面各模式之資料來看，多數

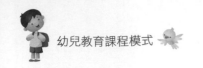

課程模式之教學內容與方法都留有很大的彈性空間給教師，不論其背後之理論基礎是強調「以幼兒為中心」、「開放式教育」，還是「建構式教學觀點」，在這些理論背景下，易讓教師在課程與教學決定歷程中面臨著兩難的處境，進而常陷入迷思中。本章重點之二即在企圖顯示口號式的開放教育、以幼兒為中心的教育、在非語文教育目標下之萌發課程的潛伏性危機，並提出筆者認為值得省思之處。

課程與教學領域之分與合的歷史，此處不予贅敘，本書中即將兩者視為同一／合一的領域。本章企圖將教室層級之觀察資料的蒐集與分析結果呈現出來，讓讀者「看到」蒙氏課程與方案課程實例，此實例係以一個班級、一個學期之課程為例。以下將：(1)呈現蒙氏課程與方案課程的兩種課程結構；(2)根據課程發展中之「產生課程」、「實施課程」和「評價課程」等三個階段（Woods, 1996），來分析此兩個模式之課程的發展軌跡。

以下係依Woods（1996）課程結構的概念加以分析。筆者曾在蒙氏教室花了兩年時間蒐集到蒙氏課程的相關資料，先介紹 Woods 課程結構概念之定義，再依時間結構和概念結構，呈現與說明蒙氏課程與方案課程的實例。

第一節　課程結構的定義

課程結構即是要找出在課程中所發生的行動（actions）和事件（events）之間的關係，不論是在一堂課程中或課堂間所發生的諸多行動與事件之間的關係都屬課程結構。課程結構之類型可包括時間結構（chronological structure）及概念結構（conceptual structure）（Woods, 1996, p. 87）。

時間結構即是指以時間次序來表示課程結構。教師在進行課程決定時，依照學年、學期、月、週、日、小時等時間單位來安排課程的進行，因此課程的開始和結束應有其明確時間表，例如：幼兒園中一天的作息，有固定時間的安排。概念架構則是指課程是由不同層次的概念類別組合而成，而這些不同層次的概念類別皆是依據同一個目標而產生，例如：要達到完全學會英語的目標，需要進行聽力練習課程、口語發音課程、文法課程、英文寫作課程等。此外，概念結構是由不同層級抽象程度的概念單元

（units）或要素（elements）所構成，這些單元的範圍包括從最高層、最廣泛到最狹隘、最具體的層級（Woods, 1996, pp. 87-90）。

概念結構可視為是目標（goals）、內容（contents）或教學方法（methods）。也就是說，概念結構是一個教學內容的單元結構，這些內容的單元結構是與目標結構相關，而這些單元結構意指學生學習之最終目標或是學會某些能力的目標。同時，教學內容的單元結構亦與教學方法有關。所以，教學目標、內容和方法間是互相關聯的（Woods, 1996, pp. 90-92）。

目標在區分時間結構和概念結構上扮演重要的角色，因為在概念結構中目標是固有的，功能是連結較低層級的行動及事件，以便達成較高層級的目的，而這些目標在基本的課程概念結構中扮演不可或缺之整合角色。相反地，時間結構並沒有固有的目標，因為時間結構單元單純地只是以時間來分類課程；若強說時間結構具有目標，其目標充其量只能以完成的部分來看，但卻無法說明關於如何完成這些工作的部分，例如：從時間結構之目標中，我們只能知道一個活動將在 9：30～11：30 的這堂課程中完成，但從概念結構中之目標卻可以知道，學生將藉由這個活動學會某些能力。

Woods（1996）更進一步指出，課程的概念結構可分為四個層級，包括：總概念目標（overall conceptual goals）、整體的概念單元（global conceptual units）、中介概念單元（intermediate conceptual units），以及局部的概念單元（local conceptual units）。此外，這四個層級具有層級性（如圖 15-1 所示），說明如下。

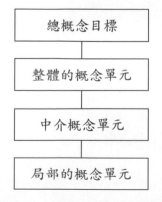

圖 15-1　概念結構之層級性

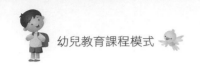

壹、總概念目標

Woods（1996）依據其研究中的研究案例之課程名稱及各教師所提到之整體課程，進而認為課程是由一個或多個整體的概念目標所構成，因此課程之概念結構最重要的即是須包括整體概念目標。此目標可以是最一般性或普通性的部分，例如：培養美的情操及創造力；亦可以是較細微或更具體的要求，例如：學會利用各種素材創作出美的作品。

貳、整體的概念單元（內容、主題）

課程中之概念結構須包含許多與整體概念目標相關之廣泛性的概念次單元（subunits），這些次單元可視為課程之組成要素，隱含著課程結構是一種部分——整體（part-whole）之階層性組織。簡言之，整體概念單元即是指主題（theme），亦即可以將主題視為課程結構最大的單元，例如：A 園所安排之品格教育課程中的主題——專注；亦可以藉由主題的（thematic）和實用性的（functional）單元來形塑課程，例如：美化教室教育課程中為了達到美化教室之各主題——製作窗簾、製作畫框、製作花瓶等。然而，廣泛性的概念單元並沒有固定主題數目的限定，隨著概念性的內容愈複雜，將會組織出愈多的次單元。

參、中介概念單元（方法、活動）

在具有整體的概念目標及廣泛的概念單元之後，將會使每個主要的概念單元分為數個較小的單位，此較小單位即是指能達到較高層級之概念目標之一的活動（activities）或一組活動（clusters of activities），而這些較小的單位亦可依各自的目標稱為活動、習題練習（exercises）、解釋說明（explanations）、講課（lecture），或是前者所述各單位之間的相互組合。換言之，此中介概念單元即是指達成目標之活動。有些中介概念單元與時間次序有關，即是指為了使下一個課程中的概念活動能夠完成，所以須先進行前一個活動之後，才進行下一個活動。

肆、局部的概念單元

為能了解教室中課程進行之語言結構的部分，即進行此局部的概念單元之分析，也就是在課堂中教師欲能達到先前設立之目標、主題及活動時，所運用語言之分析，以表達出教師常常利用語言表達來達到的目標，例如：教師常會藉由說一些事來描述出他們將要做的活動。

如同時間結構依照時間次序之層級來分析，概念結構亦可依其為能達到一個概念目標所進行的不同主題、活動、言談之不同層級進行分析。在本章中，亦將使用此概念結構之層級來分析課程結構，但因為本章所探討之課程結構是以整體的課程層級為主，所以將不進一步分析局部的概念單元中教室言談之部分，因此，本章中概念結構之分析以總概念目標（目標）、整體的概念單元（內容—主題）、中介概念單元（方法—活動）等三個層級為主。

第二節　課程結構實例：蒙氏課程

此例係以一個班級、一個學期之課程為例。

壹、時間結構

A園是以蒙氏課程為主的課程形式。顏老師一整個學期的課程大致以週為單位來規劃，週課程之下還有日課程。

一、以週為單位

顏老師在課程時間安排上，以週為單位，每週上課五天，從表 15-1 可以看到，除了週二為戶外教學之外，其餘四天在時間安排上都一樣。週三下午的地理課是針對大班幼兒設計，其餘的中小班幼兒在週三下午則是自由工作時間。

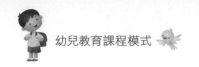

表 15-1　顏老師的週課程時間表

	週一	週二	週三	週四	週五
08:00	幼兒入園				
08:30	自由工作（一）	戶外教學	自由工作（一）		
11:30	團體時間		團體時間		
12:00	午餐&午休		午餐&午休		
13:00	遊戲時間		遊戲時間		
13:30	自由工作（二）		自由工作（二）		
15:30	地理課（大班）		地理課（大班）		
16:30	放學		放學		
若遇下雨或氣候不佳，則週二之戶外教學將與週四之課程互調。					

二、以日為單位

　　表 15-2 為顏老師的日課程時間表，表中的自由工作時段為幼兒獨自選擇工作或進行小組活動，教師則對幼兒進行個別輔導的工作。幼兒的自由工作時間長度從 2～3 小時，團體時間則為 30 分鐘。由此我們可以發現，在一日的時間安排方面，顏老師傾向將時間切割成大時段。

表 15-2　顏老師的日課程時間表

時間	活動	內容
08:00～08:30（0'30"）	幼兒陸續進班	來園的幼兒可以開始選擇工作
08:30～11:30（3'00"）	自由工作（一）	幼兒可自行選擇蒙氏工作或依蒙氏工作性質進行小組活動
11:30～12:00（0'30"）	團體時間	故事分享
12:00～13:00（1'00"）	午餐&午休	半天班幼兒放學
13:00～13:30（0'30"）	遊戲時間	戶外或室內
13:30～15:30（2'00"）	幼兒回教室並開始自由工作（二）	13:30 幼兒陸續準備開始工作，中小班幼兒可自行選擇蒙氏工作，大班幼兒進行小組活動（做地理小書）
15:30～16:30（1'00"）	英文課（大班）	大班以下幼兒放學

在時間分配的比例上，從幼兒進教室起就可開始選擇工作，因此幼兒的自由工作時間可長達 2～3 小時，而在這樣大時段的獨自工作中，幼兒可以自行選擇工作，並在工作完成後再選擇下一項工作。顏老師的課程明顯呈現出幼兒獨自工作時間多於團體時間，這樣的時間結構反映出顏老師已具體實現了蒙氏課程對於個人學習的重視。

貳、概念結構

　　要了解顏老師課程之概念結構，首先要知道蒙氏課程模式之概況。

　　在蒙氏課程中，教師、環境及幼兒形成學習金三角。這裡指的環境，是蒙特梭利觀察幼兒及環境間的關係之後，依據幼兒發展過程中的吸收性心智及敏感期之需要而提供的環境，目的在幫助幼兒獨立學習，為進入世界及未來生活做準備（簡楚瑛，2003；Montessori, 1966）。因此，預備好的環境中很重要的一部分就是蒙氏工作。蒙氏工作可分為以下幾大領域：日常生活練習、感官教育、數學教育、語文教育及文化教育。顏老師在幼兒進入教室之前會先將蒙氏工作依照不同領域規劃放置於教室中，當幼兒進入教室時，能夠受到工作的吸引，並在有秩序的教室中，學會控制自己，在尊重環境情況下進行自己的學習活動。顏老師整體課程的概念結構與蒙氏課程所強調的順序十分吻合。圖 15-2 所呈現的是顏老師在蒙氏各領域的課程概念結構圖上之實施結構。

　　在各領域課程進行的順序上，以日常生活練習為起始，逐漸進入感官教育，然後分化為語文、數學及文化課程。日常生活練習放在感官教育之前的用意，在於培養幼兒獨立自主的能力；而感官教育則是為促進高層次認知學習而做的準備。因此，感官教育所培養出來的能力及學習態度（例如：專注力、自信心、持續力），能促使幼兒進行高層次的語文、數學及文化課程（相良敦子，1991；簡楚瑛，2003）。

　　顏老師根據其教學之經驗發現現在的幼兒發展較早，因此課程之提供在各領域適合的幼兒起始年齡有提早半年的趨勢。

　　在閱讀蒙氏課程相關文獻及研究之後（相良敦子，1991；簡楚瑛，2003；Hainstock, 1986; Montessori, 1966），筆者訪談顏老師，並整理出顏老師在教室內各領域工作之系統及順序。

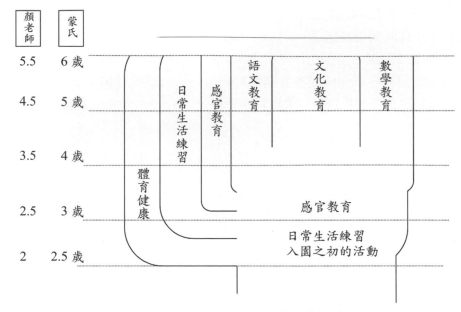

圖 15-2　顏老師的整體課程結構圖

資料來源：修改自岩田陽子等人（1991a）。蒙台梭利教育理論與實踐（第四卷）：
算術教育（頁 22）。臺北市：新民。

　　以下就顏老師對於日常生活練習、感官教育、數學教育、語文教育及
文化教育五大領域欲達到的目標，以及顏老師所認為的工作組織排序分別
圖示並說明之。

一、日常生活練習

　　顏老師表示，蒙氏課程是透過感官操作來刺激頭腦發展，因此幼兒透
過在日常生活中具體操作的學習過程反覆練習，其目標在養成獨立學習，
促進意志力、專注力、協調力以及良好工作習慣的發展，為接下來的學習
鋪路，例如：「抓豆子」是訓練將來寫字的三隻手指。

　　在圖 15-3 中，可清楚看出日常生活練習領域中不同層級的目標，同時
包含了四種練習：基本動作、照顧自己、社交動作及照顧環境。四種練習
之下各有一系列不同工作，使用年齡也有所區分；在同一類練習之內，會
依由淺入深、由易至難、由簡單到複雜的原則來安排。四種練習大致上有
順序，尤其是小班幼兒，例如：幼兒要先具備某些基本動作，才能照顧自

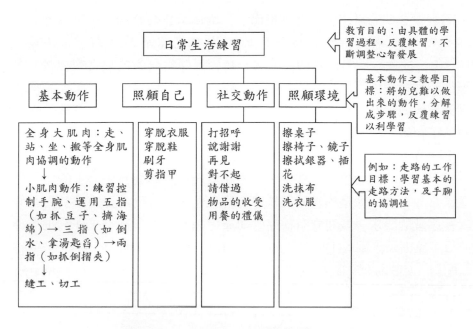

圖 15-3　日常生活練習的課程結構圖

己及照顧環境。但這樣的順序也並非絕對，四種練習也可同時進行，例如：小班幼兒並非只練習基本動作，也要知道社交動作（如打招呼），還要開始學習照顧自己（如利用衣飾框來學習穿脫衣服），同時也可能進行照顧環境的部分（如擦桌子）。

二、感官教育

同樣地，幼兒在敏感期之潛在能力需要受到外界環境刺激才能充分發揮。顏老師談到幼兒敏感期時，提出一個例子：

> 小肌肉的敏感期就是小肌肉對精細的小東西敏感，像小朋友都喜歡蒐集小東西……我們要抓住這樣的敏感，當孩子做出這種動作時，我們就知道這個時候要大量給他觸覺的刺激，比如說布料的配對、矇著眼睛的、觸覺板或粗細板的配對……（訪談，021018[1]）

---

1. 021018 表示資料蒐集的日期是 2002 年 10 月 18 日，以下均同。

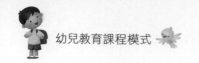

　　因應敏感期的需求，顏老師指出：「給他工作的接觸，……然後也藉著這樣的活動讓他對於某些認知的工作有更深層的了解」（訪談，021018）。因此，感官教育的目的之一在於幫助幼兒各種感官的發展，進而獲得心智發展中不可或缺的各種抽象觀念。第二個目的則是顏老師時時提到對環境敏銳的觀察力，以適應實際生活及未來的時代。感官教育的工作包括了視覺、觸覺、聽覺、味覺及嗅覺，其不同層級的目標與工作順序如圖 15-4 所示。

　　幼兒的內在動力會追求秩序感，因此蒙氏「以幼兒為中心」的思想表現在感官教育上，即是提供幼兒秩序性的工作，以協助幼兒完成其內在發展對秩序感的要求，並建立有秩序的知識。因此，蒙氏感官工作的工作會依照以下原則來組織：(1)同一性的認知（recognition of identities）：教學時稱為配對，如圓柱體的圓柱與圓穴的成對；(2)對比性的認知（recognition of

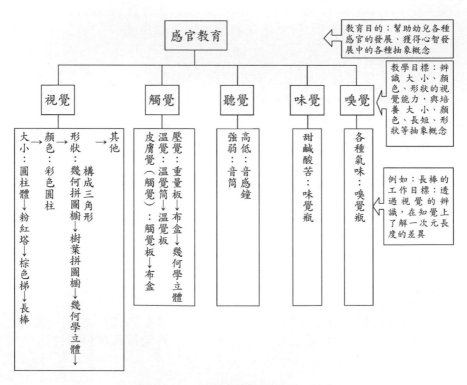

圖 15-4　感官教育的課程結構圖

contrasts）：教學時稱為序列，如將圓柱體依高度或粗細排列；(3)類似性的認知（discrimination of similar）：教學時稱為分類，如重量板之輕重分類練習。工作呈現原則也是依照上述三個原則依序進行。

三、數學教育

根據顏老師的解釋，圖 15-5 中所列出的數學工作，程度是由左至右、由上而下逐漸加深。在數學教育不同層級的目標中，雖然有認知方面的學習，顏老師則一再強調的是培養耐挫力、專注力、學習態度、觀察力，以及完整人格養成之重要性。因此，數學複雜的步驟以及邏輯性的數量概念真正要達到的目標，在於幫助幼兒有系統地學習，以及形成學習時所需之判斷力、理解力、推理力及想像力等能力。

四、語文教育

語文教育是另一個高層次、複雜的學習，其最終目的與數學教育一樣是在培養耐挫力、專注力、學習態度、觀察力，以及完整人格的養成。在顏老師的語文課程中，是以注音符號及中文為課程內容，在圖 15-6 中，透過箭頭來顯示出語文工作的順序性。課程順序依照語文能力發展順序，以「聽—說—寫—讀」來編排。

> 語文會發展到用筆來做記錄，在蒙氏的語文教學裡面的順序是「聽」、「說」、「寫」、「讀」。我們把閱讀放到最後……，「寫」比「讀」的發展在前面，「寫」的話你可以照抄，你可以仿寫，你可以練習，還有到最後是有創意地寫。「讀」就是更高一層的領域。而且，我們所謂的「讀」，不是狹義的讀，指的是廣義的閱讀。廣義的「讀」有閱讀書本，有閱讀別人的作品，好，有閱讀所紀錄下來的思想。（訪談，011203）

> 在「聽」與「說」方面，最主要是充實口語經驗，同時需重視口語的表達及理解；「寫」的方面要先從書寫預備練習開始，才能進入到書寫練習；「讀」的方面則包括閱讀練習及語文常識。從「聽」、「說」的表達或討論進入到文字

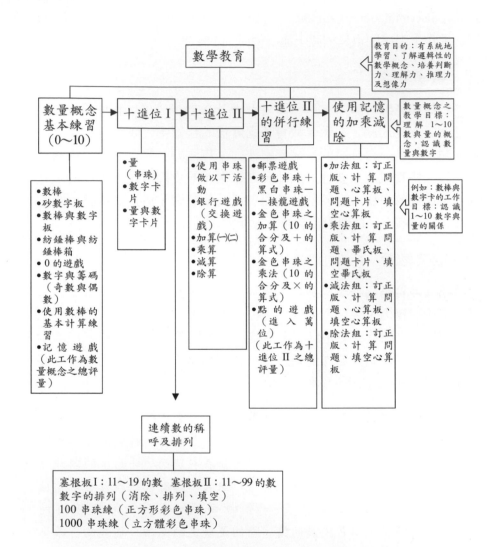

圖 15-5　數學教育的課程結構圖

資料來源：引自石井昭子等人（1991）。蒙台梭利教育理論與實踐（第四卷）：算術教育（頁 20）。臺北市：新民。

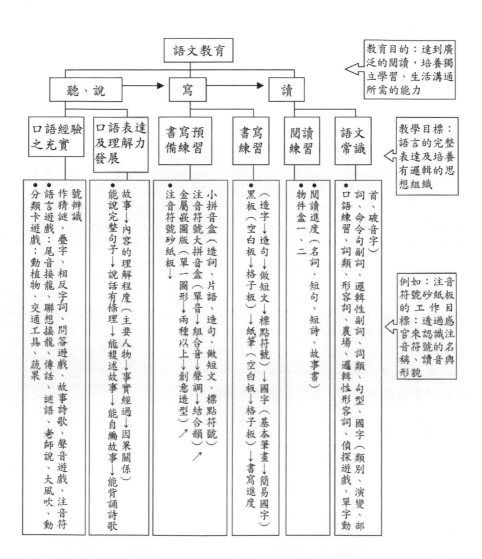

圖 15-6　語文教育的課程結構圖

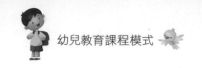

表達，不但增進幼兒的溝通能力，更是對於幼兒的能力給予
「自我價值肯定」。（訪談，011203）

換言之，看似偏重認知學習的語文工作操作及練習，其實是為了達到高層次能力養成之目的所使用的方法，例如：對於4歲以上幼兒而言，注音符號砂紙板是要讓幼兒透過感官來認識注音符號的名稱、讀音與形貌，以作為進入讀寫學習的入門步驟；對於5歲以上的大班幼兒來說，記錄親身經驗的作文或書寫遊記是在練習寫出心裡的話，目標在正確語言的完整表達與培養有邏輯性的思想組織。

> 我們用製作地理小書來培養孩子的學習，他的學習的專注力，他對語文的，譬如說，在他的書寫、文字的、思想的統整，因為我們討論過後，他必須要把它變成一段文字敘述，然後，再來做種種的，我們其實是用，我們其實用一個文字紀錄，來練習孩子在學習上面的，比如說他的學習態度、他的學習方法，好包括他的專注力，包括他的邏輯思考，我們在幫助孩子做這樣子的一個練習，那最後的具體呈現是一本小書。（訪談，011122）

因此，語文教育的目的不僅是著眼在低層次的記憶背誦知識或詞語，而且是在養成獨立學習、生活溝通所必須的語文能力。

五、文化教育

顏老師說明了文化教育包含的內容有天文與地質、地理與歷史、植物與動物，以及音樂，會因著各地的環境文化不同而有所差異。文化課程中的內容並沒有先後順序之分，端視該班的幼兒經驗而定。從幼兒年齡來看，約4歲半至5歲的幼兒才會開始文化課程（請參見第九章的圖9-2）。

顏老師所進行的文化課程為地理課，主題為「臺灣」，課程對象是班上的大班幼兒。顏老師介紹臺灣的主要目標在「了解我們的生活環境」，進而達到地理課的最高目標「建立寬廣的世界觀」。而認識臺灣就要從「形狀」、「位置」、「物產」、「交通」等具體的概念著手。課程結構環扣著「由大到小、由具體到抽象、由宇宙到世界、再到個人」的原則。

等於是「給他一把鑰匙，吸引他將來可以主動針對這個東西具有更深的認識」，最後之目的還是為了培養幼兒將來能獨立自主學習的能力及態度。

　　從圖 9-2 中可以看出顏老師在地理課程概念上之結構，圖中虛線部分代表顏老師計畫要做、最後卻沒有時間做的部分。

　　在概念結構部分，分別針對顏老師的五大課程領域進行完整的介紹說明，每個領域中的工作前後都有其系統性、順序性與關聯性，而從各領域中所提到的例子不難發現，雖然各個工作有其具體的工作目標，但工作目標最後都是為了達到最終之教育目的，也就是培養幼兒獨立學習所需的各種態度及能力。從顏老師不斷地強調各種高層次能力的培養可以得知，她心中時時有著清楚的課程目的。因此，在課程實施時不至於淪為單純的工作操作或認知的學習，而是以安排幼兒工作的方法來達到課程的最高目的。

參、蒙氏課程結構上的特色

　　以上述顏老師蒙氏課程的例子及前述之蒙氏課程的理論，可以歸納出蒙氏課程的特色，至少包括如下四點。

一、銜接性

　　顏老師課程中之銜接性，可用「整體與部分」來形容，為了更清楚了解這一層關聯，需要將焦點縮小至單一工作來看，每個單一工作都是介紹某個重要概念的完整活動。以數棒這個工作為例（見表 15-3），從數棒的「直接目的」及「教法」不難發現，其目標在學習「量」及「數詞」的概念。而從數棒的「適用年齡」及「錯誤控制」來看，可以發現數棒、長棒及視覺可以視為一個整合的活動，因為在進行下一個工作之前，需要先前工作累積的能力。而從「間接目的」部分可發覺，數棒與十進位又是另一個整合活動，因為數棒所養成的數量概念乃十進位所需之先備能力。由此我們可以清楚得知，工作與工作之間所產生的「整體—部分」之銜接性。

　　從前述數棒的例子已經說明了單一工作與其他工作之間的「整體—部分」關係，透過表 15-3，蒙氏各個工作之間的關聯性及銜接性更是一目了

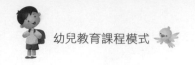

表 15-3　數棒表

•名稱：數棒。
•工作：由 1～10 的 10 根木製角棒組成。其尺寸與感官教育的工作「長棒」相同。數棒每隔 10 公分分別塗上紅色和藍色，紅色代表奇數，藍色代表偶數。最短棒長為 10 公分，代表「1」的量，最長棒為 100 公分，代表「10」的量。
•工作配置：依 1～10 的順序排列，每根木棒都是將紅色部分靠左邊對齊。
•適用年齡：熟悉感官教育的工作，尤其是長棒的幼兒。
•教法：
1.提示(A)：名稱練習（1～10）
第一階段：教師坐在幼兒的右側，以左手握住 1 棒，向上提起，用右手食指指著數棒，清晰地說：「這是 1。」（以下 2～10 依此類推）
第二階段：將 1 和 2 兩根數棒散置地墊上，教師對小朋友說：「請把 1 拿來！」、「哪一個是 2？」（以下依此類推）
第三階段：教師拿起 1 的數棒問說：「這是什麼？」（以下依此類推）
2.提示(B)：找出教師所指示的數目（量）之數棒
錯誤控制：當數棒排列整齊時，紅藍的部分沒有對齊。（視覺）
直接目的：了解數的集合體（量）。
記憶名稱（數詞，也就是 1～10 的數字）。
間接目的：十進位的預備。
導入數的概念。

資料來源：引自石井昭子等人（1991）。**蒙台梭利教育理論與實踐（第四卷）：算術教育**（頁 27）。臺北市：新民。

然。

　　岩田陽子等人嘗試性地從蒙特梭利的五個階段（前面曾提及的課程配合教具之呈現順序的階段）內容，和她的著作當中所能知道及參考過去她所學的內容（以感官教具為主），整理成系統圖（請參見第九章的圖 9-4）。橫座標是各種感覺教育之內容，縱座標以大約年齡和蒙特梭利的五個階段來排列教具，以呈現教學內容之先後順序。

　　圖中縱座標的年齡是岩田陽子等人以大約方式書寫進行的，因此並不意謂著一定要確實照這個年齡所列的給予教具不可。

關於教具的排列問題，蒙特梭利是先以視覺為重點，由基本的大小辨別（三種視覺教具）著手，發展到顏色和形狀的認識，然後對於其他感官、觸覺或聽覺也有進行系統性的刺激。

　　蒙特梭利不是只有感官教具是有系統的注意銜接性之排序，對於其他教具（語文、數學、文化）也做有系統的安排。Standing（1957）指出，兒童的心智不是僅在感官教材中尋求不同的秩序，對更高階的蒙特梭利教材也相同，若將這些教材集合起來可以形成所謂的「文化之道」。所有的學科，如閱讀、書法、數學、地理、幾何、文化、歷史等，可以形成一個統整的途徑，等待兒童去探索。兒童自動自發順著這些路徑，各按自己的步調進行，在他們前進時各有所發現。

　　大多數的路徑，如第九章的圖 9-4 所示，是由感官教材呈放射狀延伸。他們繼續向前行，邁向更高、更抽象的層次。

　　根據這些，我們不難理解蒙特梭利不只是對於感官教具是如此，對於其他教具（包括數學、語文、文化等），也都建立了銜接性與統整性的系統，同時也能理解蒙特梭利確立了由感官教育（教具）成為邁向連續學科（智能教育）之準備教育的角色。換句話說，蒙特梭利已將感官教育當成奠定所有教育基礎的角色。

二、統整性

　　蒙氏課程強調統整性，而非分散的、片段的知識。

　　以地理課程為例，顏老師利用製作地理小書作為統整幼兒地理概念之方法。由圖 15-7 可發現，製作臺灣地理小書需要具備特定知識、態度及能力，而這些先備知識、能力及態度都是在日常生活練習、感官教育等領域培養起來，最後應用到文化領域內。

　　透過地理小書的製作，幼兒得以應用先前學得的知能，並加以鞏固這樣的知能，然後成為幼兒能夠朝向下一階段學習之基礎，如此周而復始，幼兒的知識與能力得以穩定成長。

三、個別性

　　蒙氏課程強調個別化教學，顏老師的班級為混齡班，幼兒年紀最小為 2 歲 9 個月，最大的幼兒為 5 歲 10 個月。因為蒙氏的感官、日常生活、語文、

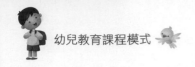

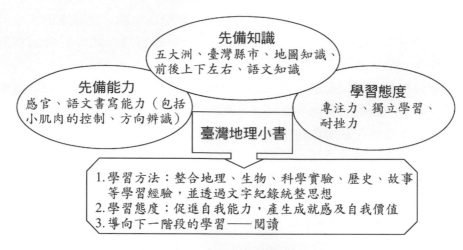

圖 15-7　地理小書統整概念圖

數學等教具與工作之間具備有系統性及順序性的特質，操作工作時有一定
程序性，因此筆者稱其為「結構性課程」。而文化教育課程使用較少的固
定工作，顏老師在課程規劃及設計的自主性較高，因此筆者將文化教育課
程歸納為「非結構性課程」。

　　在結構性課程方面，會因著蒙氏教學法裡既定存有的規例，依照個別
孩子的年齡發展與學習狀況為幼兒擬定個別的幼生輔導計畫。

> 　　課前的準備就相當相當重要，所謂課前準備，我們每位
> 老師應該都要手上有一份幼生輔導計畫……。（訪談，
> 021018）

　　每個輔導計畫依個別差異會有不同階段與層級的學習項目，而這個部
分的課程是以一個星期為規劃，且依幼兒每週的學習狀況來修訂下一週的
學習進度。

> 　　事前課程我怎麼規劃呢？每個工作有它的年齡層，就是
> 大概參考的年齡層，這個年齡層的孩子應該有這些東西（能
> 力）了，例如：我會先規劃這個年齡層應該做到紡錘棒箱，
> 可是他好像還沒有做，必須寫在計畫裡，下一週或明天我要

幫他示範這一個；那事前先做計畫，然後在課堂我們在跟孩
子接觸的時候，我們才會知道說，他的能力到底到哪裡？這
個工作是不是太早介紹給他了？或是太晚介紹了？好，或者
是他這個工作還需要一些時間去醞釀？……下課之後，我們
就要去思考、做一些紀錄，然後到禮拜六的時候做統整，才
去修正下一週我要從什麼方向去幫助他。（訪談，010905）

　　由於蒙氏課程著重個別幼兒獨立學習能力的培養，因此教師與幼兒之
間有很多一對一的互動，依據幼生個別輔導計畫，在一週內每個孩子都會
與教師「提示」一次以上。在此，顏老師所指的「照顧」或「提示」，都
是指教師在蒙氏工作上，一對一正式地指導幼兒。

　　　比如說我有三十個孩子，在一週以內，一定要每一個孩
子都起碼會被照顧到一次到兩次，所以呢！我會規劃說星期
一我大概要接觸到幾個孩子，哪個孩子在什麼時候，我在一
週裡面要怎麼照顧到他？（訪談，021018）

　　教師在教導／輔導幼兒時，所採取的方法為工作的提示，其方式可分
為；團體提示、小組提示，以及個人提示，三種提示方式會因不同的教學
過程內容而改變。圖 15-8 顯示不同提示方式在不同課程重要程度的改變。

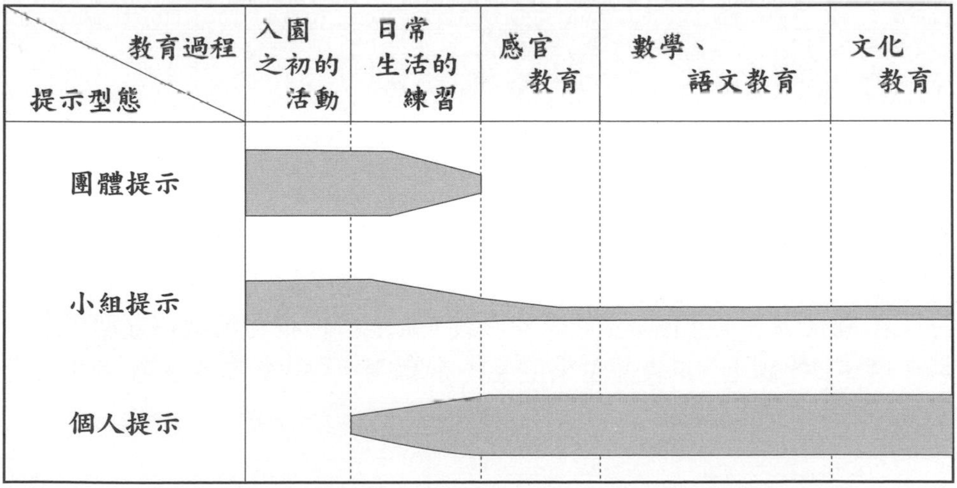

教育過程 提示型態	入園之初的活動	日常生活的練習	感官教育	數學、語文教育	文化教育
團體提示					
小組提示					
個人提示					

圖 15-8　蒙氏課程過程內容的三種提示狀態圖

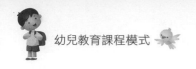

蒙氏主張，幼兒要先依照其工作的操作形式進行工作，直到幼兒對該工作精熟之後，才能脫離形式，自由地應用工作。蒙氏強調的是有限制的自由，亦即在精熟之後才能獲得的自由。

顏老師在規劃環境時，除了會依照蒙氏工作的系統呈現工作，以建立秩序感（左到右、上到下），同時也會依照幼兒的實際狀況彈性調整，而並非墨守成規。顏老師了解工作本身所內含的秩序與精神，並順著其已有的秩序與精神去使用它，才不會流於過度形式化，此也反映出顏老師在做課程決定時，幼兒是重要的考量因素之一。

> 放工作的時候是由左到右、由上到下……，可是這個粉紅塔本來應該放在那邊，我把它放這邊，小朋友才會注意到……。這個長棒本來應該放下面，我把它放這邊，因為考慮到小朋友的身高，我是有考慮到小朋友的發展。（訪談，021030）

四、可調整性

在一般蒙氏課程中並不包含戶外教學，這並不表示蒙氏課程就不能有戶外教學。顏老師的一週課程時間中，每週二固定有戶外教學（參見表15-1）的時間，而且，戶外教學在顏老師的課程中扮演重要角色。

第三節　課程結構實例：方案課程

壹、時間結構

B園是以方案課程為主的課程形式。顧老師所進行的課程分別可以學期、週、日、課堂等時間單位來呈現其時間結構，由表 15-4 及圖 15-9 可說明 B 園課程的時間規劃。

表 15-4　顧老師全學期之課程主題表

週數＼課程	品格教育	方案課程	雲門律動	體適能	良好習慣	生命教育	福祿貝爾恩物	全園活動
一	開學週							
二	專注	美化教室	踩一踩 拍一拍	暖身 向前走	刷牙 借書的方法 玩後要洗手		恩物1	律動：集合進行曲
三				暖身 倒著走	借書和還書	我的家人：親密家人		
四	團體合作		玩圈圈 畫圈圈	暖身 側走		我的家人：我的妹妹不見了		律動：健康操
五				暖身 走平衡木		我的家人：爸爸你愛我嗎	恩物2（三立體：立方體、圓柱體、球體）	
六			玩圈圈 畫圈圈 圈圈會跳舞	暖身 小跑步		我的家人：我的天才老爸		
七	團體合作 責任		大野狼與七隻小羊	彎著走 大跑步		我的家人：我的天才老媽		
八			鬼抓人	跑跳 過障礙物		我的家人：我的爺爺奶奶		律動：捏泥巴
九			大野狼與七隻小羊	跑並繞過S型障礙物		我的家人：我的親戚		律動：我的身體最神氣
十			鬼抓人	橫力跑		我的家人：陪爺爺上街	恩物3（三立體）	舉辦10、11月份慶生會
十一			蓋印章			（此課程結束）		律動：複習教過的律動
十二	團體合作 責任 專注	大家來演戲	走一走 拍一拍 橡皮筋樂園					律動；OH-My Baby
十三			走一走 拍一拍	傳球遊戲：頭上傳球				複習教過的律動
十四			橡皮筋樂園	傳球遊戲：腳下傳球				集合進行曲 向日葵進行曲
十五		（方案課程中）（此課程從十五週之後融入）	小園丁來種樹	傳球遊戲：腳下傳球過去→頭上傳球回來				向日葵進行曲 複習健康操
十六				丟球接球或地上滾球（滾大龍球）			恩物4（三立體）	向日葵進行曲 律動：比一比

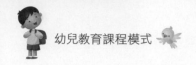

表 15-4　顧老師全學期之課程主題表（續）

課程 週數	品格教育	方案課程	雲門律動	體適能	良好習慣	生命教育	福祿貝爾恩物	全園活動
十七	（此課程從十五週之後融入方案課程中）	大家來演戲	爆米花	丟球接球或地上滾球（滾大龍球）	借書和還書	（此課程結束）	恩物 4（三立體）	律動：複習比一比 12 月份慶生會
十八			（此課程結束）	躲避球			恩物 5（立方體）	律動：戴米飼閹雞
十九					（此課程結束）			複習教過的律動
二十							（此課程結束）	舉辦 1、2 月份慶生會 本學期結業式＋律動

圖 15-9　品格教育課程的主題及時間圖

一、以學期為單位

　　從「學期」的時間單位，可看出在一學期中進行方案課程的數目及種類。由於顧老師所進行的課程內容，包括：品格教育、方案課程、雲門律動、體適能、良好習慣、生命教育、福祿貝爾恩物，以及全園活動，所以以下將分別就個別課程內容來看其一學期的課程結構。

　　由表 15-4 可知，顧老師在一學期中所進行的所有課程主題。其中，「品格教育」課程的時間規劃上共進行四大主題，包括：第 2～3 週進行「專注」、第 4～6 週進行「團體合作」、第 7～11 週進行「團體合作＋責任」，以及第 12～14 週進行「團體合作＋責任＋專注」，平均三至五週一

個主題。

　　從圖 15-9 的時間架構來看顧老師在一學期中所進行的品格教育課程，可以發現品格教育是以螺旋式的方式進行，主題之間會漸進地堆疊在一起，即剛開始是分別上不同的主題，之後所有的主題將混合在一起。此課程採如此方式進行的原因，是希望不斷地提醒幼兒、不斷地讓幼兒練習。品格教育課程之主題只安排到第 14 週，之後即將品格教育課程融入方案課程中，即在進行方案課程時，亦培養幼兒專注、團體合作及責任的精神。

　　「方案課程」主要在時間規劃上共進行二大主題，包括：第 2～11 週進行「美化教室」、第 12～20 週進行「大家來演戲」。「雲門律動」課程的時間規劃上共進行十三個主題，原則上是每週進行一個主題活動，有些主題則是進行二週或三週，例如：第 4～6 週進行「玩圈圈＋畫圈圈」。「體適能」課程的時間規劃，大部分課程是每週進行一個主題活動，有二個主題進行三週，共進行十五個主題。至於「全園活動」課程進行主要的主題，包括律動教學及每月慶生會，每週皆進行律動教學，每月進行一次全園的慶生會。「福祿貝爾恩物」課程的時間規劃上共進行五種恩物，包括：第 2～4 週進行「恩物 1」、第 5～9 週進行「恩物 2」、第 10～15 週進行「恩物 3」、第 16～17 週進行「恩物 4」、第 18～19 週進行「恩物 5」。「生命教育」課程的時間規劃是在第 3～10 週進行一個主題：「我的家人」。「良好習慣」課程的時間規劃共進行二個主題，包括：第 2 週進行「刷牙＋借書的方法＋玩後要洗手」、第 3～18 週進行「借書和還書」。

二、以週為單位

　　從「週」的時間單位可看出各個課程一週的安排及所進行的課程活動之主題。由表 15-5 可知，顧老師在一週中所進行課程的時間規劃，B 園之品格教育課程一週的安排為星期一至星期五皆進行；方案課程的安排亦為星期一至星期五皆進行；雲門律動及體適能安排在星期一及星期二；體能活動及生命教育安排在星期四；福祿貝爾恩物之課程安排在星期五；全園活動安排在星期三及星期五；良好習慣課程則在星期三。

　　表 15-6 為顧老師進行一週課程之實例，從表中可以看出各個課程主題課程活動在第 2 週進行的主題。

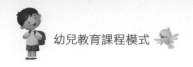

表 15-5　顧老師的週課程設計時間及內容規劃表

時間	星期一	星期二	星期三	星期四	星期五
8:30～9:00	入園及早餐時間				
9:00～9:40	品格教育				
9:40～11:30	方案課程				
11:30～14:30	午餐、清潔工作（擦桌子、掃地、刷牙）、午休				
14:30～15:00	下午點心時間				
15:00～16:00	雲門律動 體適能	雲門律動 體適能	全園活動 良好習慣	體能活動 生命教育	福祿貝爾恩物 全園活動
16:00～	放學				

表 15-6　顧老師的週課程設計時間及內容規劃實例表

時間	09/10 星期一	09/11 星期二	09/12 星期三	09/13 星期四	09/14 星期五
8:30～9:00	入園及早餐時間				
9:00～9:40	品格教育 專注	品格教育 專注	品格教育 專注	品格教育 專注	品格教育 專注
9:40～11:30	方案課程 製作窗簾	方案課程 染布	方案課程 再染布 製作畫框	方案課程 製作個人 畫框	方案課程 製作個人畫框
11:30～14:30	午餐、清潔工作（擦桌子、掃地、刷牙）、午休				
14:30～15:00	下午點心時間				
15:00～16:00	雲門律動 踩一踩、 拍一拍、 體適能 暖身、 向前走	雲門律動 踩一踩、 拍一拍、 體適能 暖身、 向前走	全園活動 律動：集 合進行曲 良好習慣 借書的方 法	體能活動 生命教育 我的家人	福祿貝爾恩物 恩物1 全園活動 律動：集合進 行曲
16:00～	放學				

三、以日為單位

由表 15-7 可知，顧老師在一天中所進行課程的時間規劃：8：30～9：00，入園及早餐時間；9：00～9：40，品格教育及習慣培養；9：40～11：30，方案課程；11：30～14：30，午餐、清潔工作（擦桌子、掃地、刷牙）、午休；14：30～15：00，下午點心時間；15：00～16：00，團體活動課程；16：00，放學。

表 15-7　顧老師的日課程設計時間、內容規劃及實例表

時間	課程內容	實例：以第六週2001/10/01（星期二）為例
8:30～9:00	入園及早餐時間	入園及早餐時間
9:00～9:40	品格教育及習慣培養	品格教育：團體合作
9:40～11:30	方案課程	方案課程：分組活動 彩繪花瓶、紙黏土做花瓶、釘畫框、自由創作
11:30～14:30	午餐、清潔工作（擦桌子、掃地、刷牙）、午休	午餐、清潔工作（擦桌子、掃地、刷牙）、午休
14:30～15:00	下午點心時間	點心時間
15:00～16:00	團體活動課程	雲門律動：圓圈會跳舞 體適能：暖身、小跑步
16:00～	放學	放學

四、以課堂為單位——以日課程中的方案課程為例

從表 15-8 可看出，顧老師所進行約 2 小時之方案課程的時間安排：9：40～10：00（大約 20 分鐘）進行團體討論，由教師提供書籍或實物引發幼兒動機、討論及示範製作方法，以及討論幼兒在這堂課中將要進行之工作內容；之後 10：00～11：00（大約 1 小時）進行幼兒個人或小組之工作活動；11：00～11：05（大約 5 分鐘）要幼兒停止工作活動，開始收拾工具、材料，並整理環境；11：05～11：30（大約 25 分鐘）進行分享與討論，分享彼此作品、心得及討論工作中遇到困難及問題之解決方法。

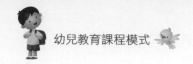

表 15-8　方案課程一堂課程中的時間安排、內容規劃及實例表

時間	課程內容	實例：90/09/24（星期一）為例
9:40～10:00	團體討論： 引發動機、製作示範及討論工作內容	團體討論：引導並示範製作畫框的方式，以及討論分組方式，並進行分組（共分六組）
10:00～11:00	團體或分組活動： 進行個人工作活動	分小組活動：進行製作畫框的活動
11:00～11:05	收拾工作： 停止個人工作活動及收拾	收拾及整理
11:10～11:30	分享與討論： 分享彼此作品、心得及討論工作中遇到困難及問題之解決方法	分享：請幼兒說出他們如何分工合作把作品完成 檢討：檢討工作無法完成的原因

貳、概念結構

　　本章的概念結構是以總概念目標、整體的概念單元、中介概念單元等三個層級為主（可參考本章第一節，對此三層級之概念結構有過介紹）。

　　圖 15-10 顯示顧老師所進行的「品格教育」課程之概念結構圖。顧老師所進行的「品格教育」課程是為了配合全園目標中之希望培養孩子的品格，此即為品格教育課程之總概念目標，其內容主題共進行包括專注、團體合作及責任，各個主題單元皆透過不同的活動及遊戲（方法活動）來達成學得這些概念的目標。

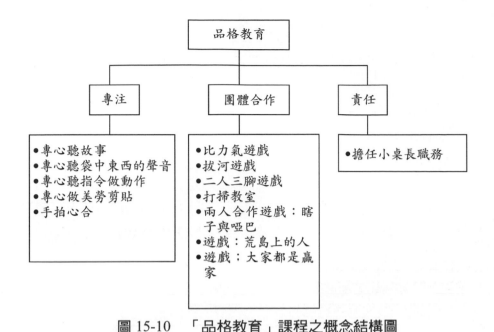

圖 15-10　　「品格教育」課程之概念結構圖

　　從概念結構來看顧老師進行之「方案課程」，如圖 15-11 所示。以「美化教室」方案課程為例，「方案課程」主要的目的是希望透過此一連串與主題相關的活動，讓幼兒學習達成增進思考與解決問題能力的教學目標。在「美化教室」主題下，其主要的教學目標為培養美的情操、增進思考及解決問題的能力，以及培養創造力；而活動目標則是會利用各種素材創作出美的作品、活動中遇到問題會透過思考來解決，以及會表達自己的作品。依據上述這些目標共進行了製作窗簾、製作畫框、布置教室、製作桌巾布、製作花瓶等八大類，與美化教室的概念相關及擁有相同的活動目標之活動。在不同的活動之下，又分別包含不等的相同概念之類型活動，以完成此一活動概念之學習，例如：「製作窗簾」包括染窗簾布、畫窗簾布及縫窗簾布；「製作畫框」則包括畫個人畫框、小組畫畫框、製作畫框引導、彩繪畫框及釘畫框。這些活動雖然可以依照其相同目標的活動及類型，分為相同概念下之不同活動，但因為在方案課程的進行，並非完全由教師在課程之前事先規劃，而是依照課堂中幼兒當時的興趣及意願進行，所以活動彼此之間並不具有時間上的順序性，有時甚至會同時進行許多活動。

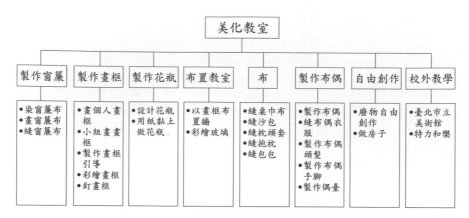

圖 15-11 「美化教室」課程之概念結構圖

　　圖 15-12 顯示顧老師進行體適能課程之概念結構，此課程之總概念目標為強健幼兒的體魄與動作技能的發展，內容主題包括走、跑步，以及傳球遊戲。在各項主題之下，分別進行不同但與主題相關的活動，以使幼兒能在不同的活動中強健其體魄，例如：以向前走、倒著走、側走及走平衡木，培養幼兒關於「走」的能力。在此課程中之內容主題及方法活動是有時間次序的，即這些不同的單元間是有先後次序，例如：「走」單元進行之後才進行「跑步」，之後才進行「傳球遊戲」；而在「走」這個內容主題中，依目標所設立之各活動間亦有先後順序，例如：「向前走」之後進行「倒著走」、「側走」，最後才進行「走平衡木」。

　　圖 15-13 是顧老師進行的福祿貝爾恩物課程之概念結構圖。「福祿貝爾恩物」課程安排的總概念目標為希望藉由幼兒操作恩物，啟發其思考能力、培養美感，以及獲得物體形狀、顏色、空間、大小等的概念，其內容主題主要是利用恩物 1──六色球，恩物 2──球體、圓柱體、立方體，恩物 3──球體、圓柱體、立方體，恩物 4──長方體，以及恩物 5──三角柱、立方體，來學會比較、顏色、形狀、排列、空間、大小等概念。在此課程中之內容主題亦與時間次序有關，即這些不同的單元間是有先後次序，例如：「恩物 1」單元進行之後才進行「恩物 2」，之後才進行「恩物 3」，如此依序下去。

　　綜合上述課程結構之分析結果，可以看出 B 園課程的安排具均衡性，

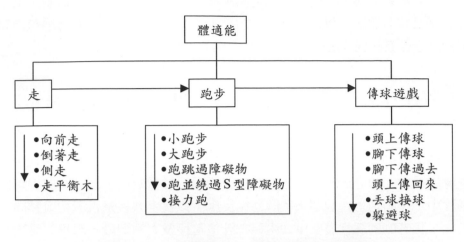

圖 15-12　「體適能」課程之概念結構圖

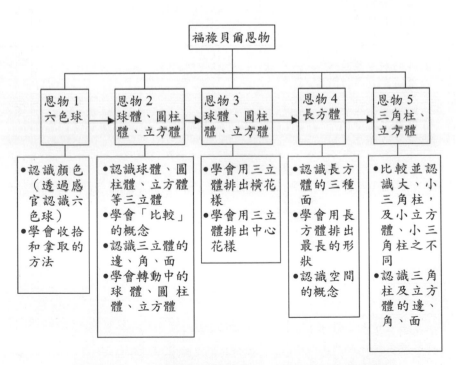

圖 15-13　「福祿貝爾恩物」課程之概念結構圖

即課程對於幼兒發展中的認知（方案課程和福祿貝爾恩物）、情意（生命教育和品格教育），以及技能（雲門律動和體適能）等三方面的培養均有兼顧到，並有螺旋式之銜接性的特色，例如：品格教育課程。

第四節　課程發展實例：蒙氏課程的發展

圖 15-14 所示的課程發展模式是 A 園顏老師發展一個非結構性課程時所經歷的過程。顏老師的課程發展並沒有明顯的評量階段，而是在課程實施過程中，不斷地透過觀察來了解幼兒反應，以決定課程是否繼續或轉向。因此，顏老師的課程發展模式中只有計畫階段及實施階段，課程的發展並

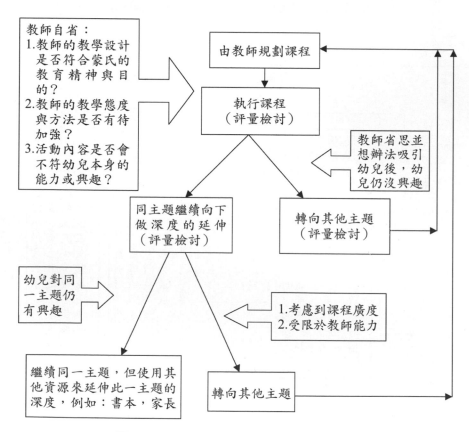

圖 15-14　顏老師之課程發展模式圖

非線性進行，而是一個迴路的形式。

壹、計畫階段

在符合蒙氏教育精神與目的的狀況下，她考量以自己的能力、興趣和學生的興趣來規劃課程。

貳、實施階段

若當其所設計的課程無法引起孩子興趣時，顏老師會先檢討自己是否有問題並進行修正，也會檢討自己的教學態度是否有問題存在。

> 如果說今天孩子對工作沒有興趣喔，其實是老師要檢討，我要先檢討的是我設計這項東西，為什麼他沒有興趣？我是不是要針對一個特別的孩子再做一些努力和修正？是不是可以用另外一個角度切進去讓他們去接觸到？……如果我就是很想讓他從我這邊進入的話，我是不是需要重新修正？另外，是不是我在帶領的過程中，我的態度、我的方法，都值得修正？（訪談，010905）

同時，整個課程的進度與深度可能會因為教師能力的限制而轉變或中止。

> 如果我能力不是很好的話，我可能只帶到火山，我就沒有辦法再往下帶到所謂板塊移動那個部分，因為那個東西就真的愈來愈深；而且你還要做出模型，是要讓他們有操作經驗，這一點就是變成做不到了，這時我就轉成介紹地球。（訪談，010905）

若孩子的興趣未能消滅，顏老師會請家長進入協助，以幫助孩子的學習。

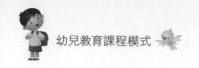

　　　　我會跟孩子做一個交代，我會跟他說，我會介紹他幾本
　　書，那如果可以的話，我會跟父母談，我希望這樣子的延續
　　就放到，慢慢放到父母身上……。所以家長要出來協助，可
　　能就是帶著他去博物館。如果學校可以做，我當然可以做，
　　萬一是因為學校、我的時間，還有交通因素，我沒有辦法帶
　　他去博物館，我就希望家長利用放假時間；甚至他們家如果
　　有百科，可以帶著他繼續往這條路走，所以家長的角色其實
　　要出來。（訪談，010905）

　　因為顏老師在文化教育的課程教學中並非一次呈現一種主題內容，可
能是雙線、三線重疊交錯了，所以在結束點與轉接上並不會出現太大的突
兀。

　　　　基本上就是說我在帶孩子文化這些東西的時候，我不是
　　只有一個課程在帶，我是雙線這樣，兩個、三個一直出來，
　　而且是一直重疊，交錯加進來。（訪談，010905）

　　本章第二節實例中之地理課概念結構圖，也是顏老師的一個地理課之
課程發展實例。

第五節　課程發展實例：方案課程的發展

　　從圖 15-15 可以看出 B 園顧老師在進行「美化教室」方案教學之課程發
展所經歷的歷程。課程的產生、課程的實施及課程的評價，三個階段不是
線性的關係，而是每個階段間或與前兩階段間不斷的循環關係。以下將依
照課程發展模式的三個階段分別說明。

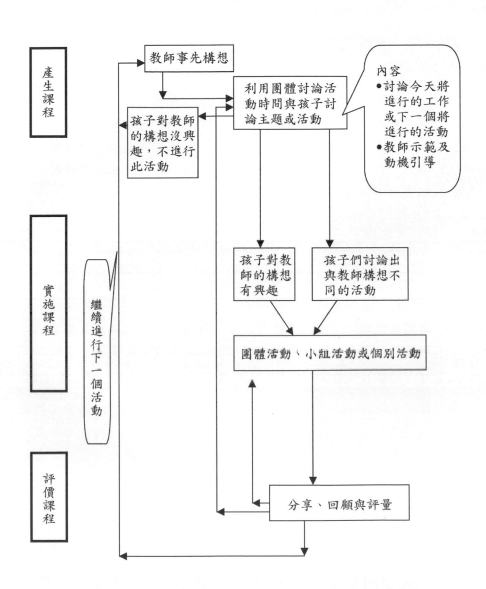

圖 15-15　顧老師的「美化教室」課程發展歷程圖

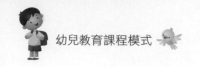

壹、產生課程

顧老師在方案課程開始前，會和班上另一位教師先討論活動的主題及可以進行的活動。

> 我跟高老師（協同教學的老師）不斷地討論，在討論的時候就會發展出可進行的方向。在活動和活動之間也會討論，今天的活動進行下來，若這個活動進行得讓孩子蠻有興趣的，我們下禮拜就會讓孩子繼續該活動，並引發他們新的想法。（訪談，021030）

當顧老師對課程有構想後，即開始方案課程。一開始先進行團體的討論，利用不同的工具或教學材料引發幼兒對教師事先所構想之主題的興趣。

> 之前我們老師就設計好要製作「窗簾」，……今天就以我們所設計好的課程來進行討論，還準備了各式的窗簾及工具書讓他們參考。還將以前別班有做過染畫的成品給大家欣賞，以便引起孩子的動機。（檔案，010910）

再引導孩子討論在「美化教室」這個主題下，可以進行的活動，教師或是引導幼兒進入自己事先構想的活動：「老師告訴他們，後面那個窗戶是透明的，陽光很強都會刺進來，問小朋友怎麼辦？小朋友就想到做窗簾布。」或是依照教師引導幼兒，與幼兒討論出來的活動進行。

> 教師：教室哪裡還需要美化？
> 幼兒：教室的玻璃都透明，沒有圖案很不好看。
> 教師：怎樣使玻璃上有圖案？
> 幼兒：色紙剪貼、貼有動物或卡通的貼紙。
> 教師：小朋友能自己動手畫嗎？
> 幼兒高興歡呼地說：我們用廣告顏料來畫。（檔案-1）

在「美化教室」主題中，主題下之活動產生的方法可歸納出兩種：

1. 教師預先構想好及期望幼兒學會某些能力的活動：

　　　　兩位老師構想先讓孩子進行染布活動，並以成品作為「窗簾」加以布置教室。（檔案-1）

　　　　老師希望幼兒能透過活動學習「與人合作」，並期待藉由合作，激盪出更多不同的創意和作品形式。（檔案-1）

2. 在教師與幼兒討論互動中產生：

　　幼兒：教室的牆壁白白的很不好看，可以在牆壁上畫上圖
　　　　　案。
　　教師：牆壁塗上顏料就擦不掉，有沒有什麼方法讓我們教室
　　　　　的白牆變漂亮呢？
　　　　幼兒開始熱烈討論，有人提到牆壁上貼上白紙然後在上面畫畫。這雖然也是個好方法，這時我就引導他們（幼兒）看吊在鐵絲上的畫框來引起他們注意。他們看到就說：「對呀！我們可以用那些畫框來布置牆。」（檔案，010928）

　　在討論主題下之活動時，雖然教師會事先構想活動，但若幼兒顯現出沒興趣，即大多數幼兒不選擇進行此活動時，教師亦不堅持自己先前的想法，而尊重孩子的興趣，另外找符合教育目標的活動繼續下去，例如：「我事先就講好今天要進行分組活動（製作門簾和彩繪玻璃兩組），但小朋友都要彩繪玻璃」（訪談，011004），所以，「本來要製作門簾，試了一下但沒有往下走，那時發現彩繪玻璃帶給孩子很大的樂趣，所以製作門簾就沒拉進來跟孩子討論」（訪談，021017）。

貳、實施課程

　　顧老師每天在方案課程開始之前，都要進行團體討論，討論的內容除了接續進行的活動討論外，還要討論幼兒今天的工作計畫。「團討是一個統整的時段，統整今天要做什麼，大略說一下，然後再來小組活動」（訪談，021030）。

　　團體討論之後，開始實施課程即是進入進行團體活動或分組活動的階段。在B園「美化教室」方案課程中，一開始是從團體活動開始（例如：一開始進入主題時，大家一起進行染布，以製作窗簾布），「對於染畫的步驟及材料，昨天就已示範給孩子看了，今天主要是讓孩子實際操作」（檔案，010910）。接著，由於孩子的興趣不同，加上教師繼續給予引導，而分出不同工作內容的小組（例如：製作花瓶、縫沙包、縫桌巾布、釘畫框），之後開始進行分組的活動。在此方案課程中，有三種產生分組活動內容的方式：

1. 教師直接提供幼兒資源材料，讓幼兒依照自己的興趣進行下一項工作：「做窗簾布時，有些（幼兒）已經畫完了，不知道要做什麼。那時剛好教室裡還有剩的布，我們（老師）就引導要不要做其他的東西，老師會加入一些新的東西，提供新的東西，他們（幼兒）就會繼續做，原來的東西做完，他們會選擇別的東西繼續做」（訪談，021030）。

2. 教師提供許多主題相關的成品，給幼兒參考學習：「我（顧老師）會放很多關於布的成品在教室中，譬如說有包包、我自己做的布偶，他們（幼兒）就會看到成品而學著做，所以後來會有很多人在製作布偶」（訪談，021112）。

3. 孩子自己摸索創作出來：「像他們（幼兒）製作花瓶，到後來有用蕾絲裝飾花瓶，之後有些小朋友就用這個蕾絲來裝飾自己縫的包包」（訪談，021112）。

　　就因為如此，「美化教室」主題下後來發展出同時進行五、六組不同主題活動的小組（包括：製作花瓶、縫沙包、縫桌巾布、釘畫框、自由創作、製作布偶）。

　　方案課程時段結束時或在完成一項作品之後，幼兒要先收拾整理，之後再進行分享與討論。分享與討論的內容包括作品欣賞：「今天作品欣賞是先讓大家慢慢欣賞每個人的作品，然後請小朋友說一說別人的作品，對於還沒進行分組活動之前與現在所看到的有沒有什麼變化，增加了哪些東西」（檔案，011118），並思考問題解決的方法：「第一次染的布我們有設定要染出花紋，後來小朋友染出來的布沒看到花紋，小朋友說是因為包石頭的布綁得不夠緊。為了證實假設，就決定再做一次染布活動，……結果

發現作品有更多不同的變化」（檔案-1）。

參、評價課程

　　在執行課程之後即進入評價課程階段，它可以是以每天、每個小成品或是整個大方案的完成為評量的時機。在進行分享與討論時，同時也是教師進行學習評量的時機：「針對染畫作品的分享與討論，……進行時，發現他們觀察力很強，透過觀察力會做比較，也會把兩者之間的問題提出，並找出解決的方法」（檔案，010912）。

　　評量可幫助教師在課程後對於課程進行的省思：「在欣賞作品時，……有一位孩子說出畫家所畫出來的畫在討論，引起其他孩子對每一幅畫做討論。……當我再做省思時，發現到孩子對於畫家的作品很感興趣，我們可以安排欣賞畫家的作品，作為孩子對於各畫家的作品認識及學習」（檔案，010925）。

　　討論和分享時段是評量的好時機：「我個人覺得一個活動的進行，討論與分享占很重要的地位，如果沒有透過這兩項活動而只是一味地進行工作式活動，真的無法激發孩子的思考，那根本就無法讓孩子進步，所學的就會在原地踏步，孩子在學習上索然無味，老師在教學上也會不帶勁」（檔案，011002）。

　　分享與討論進行之後，課程發展則會回到教師事先構想，或團體與討論的部分，以進行下一主題活動：「針對染畫作品的分享與討論……。接著是討論我們下一個活動是製作『畫框』……」（檔案，010912），或繼續小組活動的模式：「孩子還沒做完，他會繼續做，到後來他自己縫包包，他自己設計自己縫」（訪談，021017）。

　　從圖 15-16 可以看出，顧老師在進行「美化教室」方案課程時，所進行的各項活動的時間、活動內容，以及各活動內容發展變化轉折點的軌跡紀錄圖。整個課程時間共進行十週，在此圖中藉由課程活動轉折點之說明，詳細描繪出課程發展的過程。

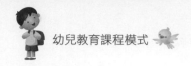
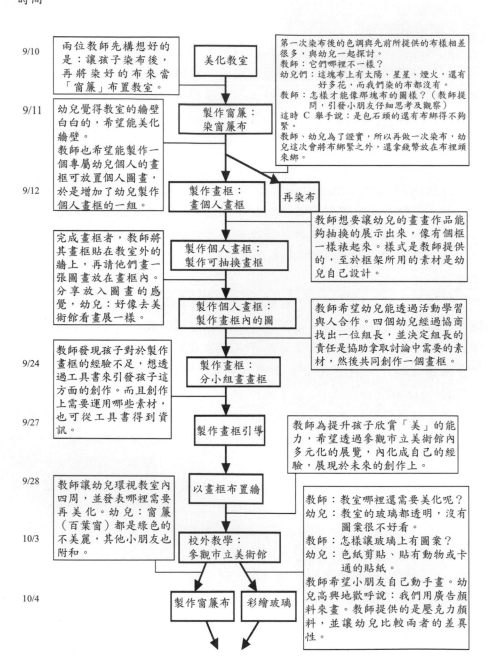

進行的時間	轉折過程的說明	活動	轉折過程的說明

9/10　兩位教師先構想好的是：讓孩子染布後，再將染好的布來當「窗簾」布置教室。

美化教室

第一次染布後的色調與先前所提供的布樣相差很多，與幼兒一起探討。
教師：它們哪裡不一樣？
幼兒們：這塊布上有太陽、星星、煙火，還有好多花，而我們染的布都沒有。
教師：怎樣才能像那塊布的圖樣？（教師提問，引發小朋友仔細思考及觀察）
這時 C 舉手說是：是包石頭的還有布綁得不夠緊。
教師、幼兒為了證實，所以再做一次染布，幼兒這次會將布綁緊之外，還拿錢幣放在布裡頭來綁。

9/11　幼兒覺得教室的牆壁白白的，希望能美化牆壁。
教師也希望能製作一個專屬幼兒個人的畫框可放置個人圖畫，

製作窗簾：染窗簾布

9/12　於是增加了幼兒製作個人畫框的一組。

製作畫框：畫個人畫框

再染布

完成畫框者，教師將其畫框貼在教室外的牆上，再請他們畫一張圖畫放在畫框內。分享放入圖畫的感覺，幼兒：好像去美術館看畫展一樣。

製作個人畫框：製作可抽換畫框

教師想要讓幼兒的畫畫作品能夠抽換的展示出來，像有個框一樣裱起來。樣式是教師提供的，至於框架所用的素材是幼兒自己設計。

製作個人畫框：製作畫框內的圖

教師希望幼兒能透過活動學習與人合作。四個幼兒經過協商找出一位組長，並決定組長的責任是協助拿取討論中需要的素材，然後共同創作一個畫框。

9/24　教師發現孩子對於製作畫框的經驗不足，想透過工具書來引發孩子這方面的創作。而且創作上需要運用哪些素材，也可從工具書得到資訊。

製作畫框：分小組畫畫框

9/27

製作畫框引導

教師為提升孩子欣賞「美」的能力，希望透過參觀市立美術館內多元化的展覽，內化成自己的經驗，展現於未來的創作上。

9/28　教師讓幼兒環視教室內四周，並發表哪裡需要再美化。幼兒：窗簾（百葉窗）都是綠色的不美麗，其他小朋友也附和。

以畫框布置牆

教師：教室哪裡還需要美化呢？
幼兒：教室的玻璃都透明，沒有圖案很不好看。
教師：怎樣讓玻璃上有圖案？
幼兒：色紙剪貼、貼有動物或卡通的貼紙。

10/3

校外教學：參觀市立美術館

教師希望小朋友自己動手畫。幼兒高興地歡呼說：我們用廣告顏料來畫。教師提供的是壓克力顏料，並讓幼兒比較兩者的差異性。

10/4

製作窗簾布　　彩繪玻璃

圖 15-16　課程發展軌跡圖——以「美化教室」為例

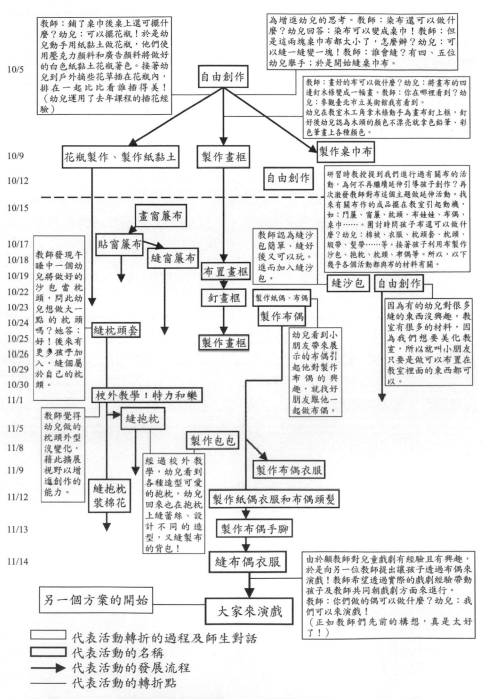

10/5 教師：鋪了桌巾後桌上還可擺什麼？幼兒：可以擺花瓶！於是幼兒動手用紙黏土做花瓶，他們使用壓克力顏料和廣告顏料將做好的白色紙黏土花瓶著色。接著幼兒到戶外摘些花草花插在花瓶內，排在一起比比看誰插得美！（幼兒運用了去年課程的插花經驗）

自由創作

為增進幼兒的思考。教師：染布還可以做什麼？幼兒回答：染布可以變成桌巾！教師：但是這兩塊桌巾布布太小了，怎麼辦？幼兒：可以縫一縫變一塊！教師：誰會縫？有四、五位幼兒舉手；於是開始縫巾布。

教師：畫好的布可以做什麼？幼兒：將畫布的四邊釘木條變成一幅畫。教師：在哪裡看到？幼兒：參觀臺北市立美術館我有看到。
幼兒在教室木工角拿木條動手為畫布釘上框，釘好後幼兒認為木頭的顏色不漂亮就拿色鉛筆、彩色筆畫上各種顏色。

10/9 花瓶製作、製作紙黏土　製作畫框　製作桌巾布

10/12 自由創作

研習時教授提到我們進行過有關布的活動，為何不再繼續延伸引導孩子創作？再次激發教師對布這個主題做延伸活動。找來有關布作的成品擺在教室引起動機，如：門簾、窗簾、枕頭、布娃娃、布偶、桌巾……圍討時間孩子布還可以做什麼？幼兒：棉被、衣服、枕頭套、枕頭、緞帶、髮帶……等。接著孩子利用布製作沙包、抱枕、枕頭、布偶等。所以，以下幾個各項活動都與布的材料有關。

10/15

畫窗簾布

10/17 10/18 10/19 10/22 10/23 10/24 10/25 10/26 10/29 10/30 教師發現午睡中一個幼兒將縫好的沙包當枕頭，問此幼兒想做大一點的枕頭嗎？她答：好！後來有更多孩子加入，縫個屬於自己的枕頭。

貼窗簾布
縫窗簾布
布置畫框

教師認為縫沙包簡單、縫好後又可以玩。進而加入縫沙包。

縫沙包　自由創作

因為有的幼兒對很多縫的東西沒興趣，教室有很多的材料，因為我們想要美化教室，所以就叫小朋友只要是做可以布置在教室裡面的東西都可以。

釘畫框
製作紙偶、布偶
製作布偶
製作畫框
縫枕頭套

幼兒看到小朋友帶來展示的布偶引起他對製作布偶的興趣，就找好朋友跟他一起做布偶。

11/1 校外教學！特力和樂

11/5 教師覺得幼兒做的枕頭外型沒變化，藉此擴展視野以增進創作的能力。

縫抱枕

11/8 11/9 製作包包

經過校外教學，幼兒看到各種造型可愛的抱枕，幼兒回來也在抱枕上縫蕾絲、設計不同的造型，又縫製布的背包！

製作布偶衣服

11/12 縫抱枕裝棉花　製作紙偶衣服和布偶頭髮

製作布偶手腳

11/13

11/14 縫布偶衣服

由於顧教師對兒童戲劇有經驗且有興趣，於是向另一位教師提出讓孩子透過布偶來演戲！教師希望透過實際的戲劇經驗帶動孩子及教師共同朝戲劇方面來進行。
教師：你們做的偶可以做什麼？幼兒：我們可以來演戲！
（正如教師們先前的構想，真是太好了！）

另一個方案的開始　大家來演戲

□ 代表活動轉折的過程及師生對話
▭ 代表活動的名稱
→ 代表活動的發展流程
— 代表活動的轉折點

圖 15-16　課程發展軌跡圖——以「美化教室」為例（續）

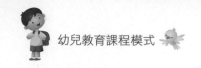

綜合以上之資料可知，顧老師在課程進行之前，會對課程事先有個預先的構想計畫，但因秉持著以「幼兒為本位」的精神，所以活動係由兒童的興趣出發、配合著目標、已有之資源、自己的興趣，而對預先之構想必要時稍作修改後再進行教學活動。課程活動執行是從團體討論中，教師引發學生之動機以進入教師事先計畫的課程活動，或透過與孩子討論後達到共識的活動。經由教師示範或動機引導後，才開始進入團體活動、小組活動或個別活動。進行何種小組活動是由孩子自行依照其興趣選擇；之後，進行分享與討論，即孩子的成品分享及討論工作中問題的解決方法。教師評量孩子，除了整個課程進行中的觀察外，亦會在分享與討論期間評量孩子的行為表現，以及教師的自我評量，以作為下次課程進行的參考及改進方向，並緊接著進行下一個可能從教師構想出來或由孩子討論出來的活動。

歸納上述之資料來看，對於 A 園而言，課程發展的樣貌在課程規劃階段就已儼然成形，所以在課程的實施上，教師只需要依據計畫執行，或是幼兒學習狀況給予幫助或將課程稍作調整。而對於B園來說，教師在計畫階段尚未規劃出課程發展的最後樣貌，因為課程的發展需由教師及幼兒在執行過程中一起共同形塑。

因此，筆者認為在課程發展中的教師角色，A園的教師屬於課程的執行者及輔導者，B園的教師則是課程的引導者。

第 六 章

課程模式、課程決定與教師
教學關係的實例探討

　　從課程發展的過程觀之，「課程發展」是動態的，可分為兩方面的意義：縱的演變或橫的發展。縱的演變即「課程的歷史變化」；橫的發展即「課程編制與修訂」（簡楚瑛，1981）。課程的歷史變化涉及時間向度的問題；課程編制與修訂涉及學習內容的問題。Glatthorn（1994）指出，課程發展的過程是團隊合作的過程，是教育行政單位、學校行政領導者、教師、學生及家長分享領導權的過程。因此，課程發展不僅是技術的問題，同時也是不同層級介入運作的問題，這個運作包括：政策的決定、內容的選擇、技術的發展，以及機會的安排（游淑燕，1994，第424頁）；亦即是「課程決定」（curriculum decision making）的問題。

　　Goodlad（1979）認為，課程決定係指在做決定的各個政治階層內，不同的個人和團體為有關教育及學校的教育目的和手段所做的種種決定。因此，舉凡：國家中央層級、地方教育部門，到學校校長、行政單位、教師或學生等，都可能是課程決定者。游淑燕（1994，第422頁）歸納學者的說法指出：「課程決定是指一個人、一群人或一個團體，就教育情境中，有關課程的相關問題，經分析、計畫、執行及評鑑的過程，研擬有關的變通方案，進而提出最佳選擇的過程。」近來受到「學校本位課程」趨勢的影響，有關「課程發展」的研究（Glatthorn, 1994）都從「學校」層級進行探

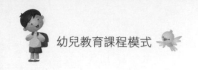

討，這樣的研究取向提供我們了解學校外部系統與社會大系統之間的關係，但是對於教室內的教師與幼兒之關係與師生所生活的教室卻了解有限。

有關「教師」課程決定的研究，有關注教師課程決定「權力」的問題（游淑燕，1996，1998；McNeil, 1990），有關注教師課程決定的「過程」，有關注教師課程決定的影響因素（呂若瑜，1994；杜美智，1997；沈桂枝，1995；高敬文，1994；高新建，1991；游淑燕，1994；Klein, 1981; Schmidt, Porter, Floden, Freeman, & Schwille, 1987）等。對於教室層級裡的「課程發展」與「課程決定」兩個因素之互動狀況的探討所知有限，同時，不論是那種課程模式，都會涉及「課程決定」的議題。

本章即從一個幼兒園教室當中觀察其「課程發展」與「課程決定」的過程，呈現兩者間之關係，並提出值得思考的教學問題。

本章觀察的幼兒園是前章中的 B 園所進行的一個方案課程為例，先呈現其課程發展之歷程與轉折原因（如圖 16-1 所示），進而說明與分析教師之角色與教學上的問題。

第一節　課程發展與課程決定：以「動物園」方案為例

圖 16-1 是一個「動物園」方案的課程與教學內容及發展過程軌跡紀錄圖。整個紀錄內容的進行時間為一學期，圖表所要呈現的焦點有二：一為課程從無到有的過程，其發展的順序和大致的內容；一為每個轉折點的產生和變化是如何在教室情境下由師生互動而來（見框格內描繪情境、師生互動的文字）。以下簡略地就動物園方案的源起、發展、結束做一說明，並加以評析。

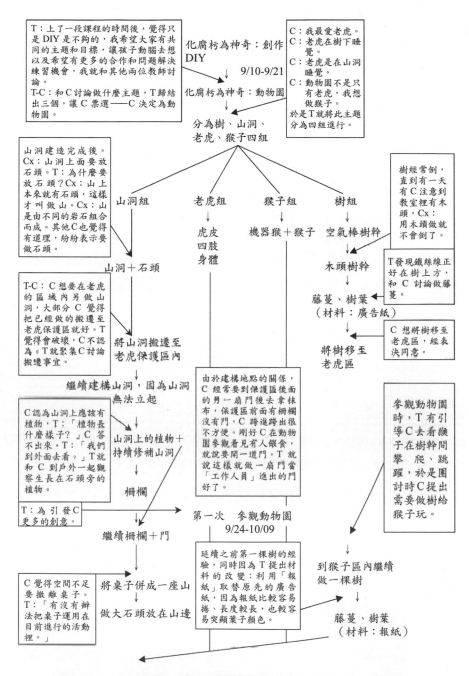

圖 16-1 動物園方案的課程發展軌跡及其轉折原因圖

註：T指老師；C指學生；T-C指師生的互動；Cx指某一位學生。

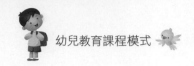

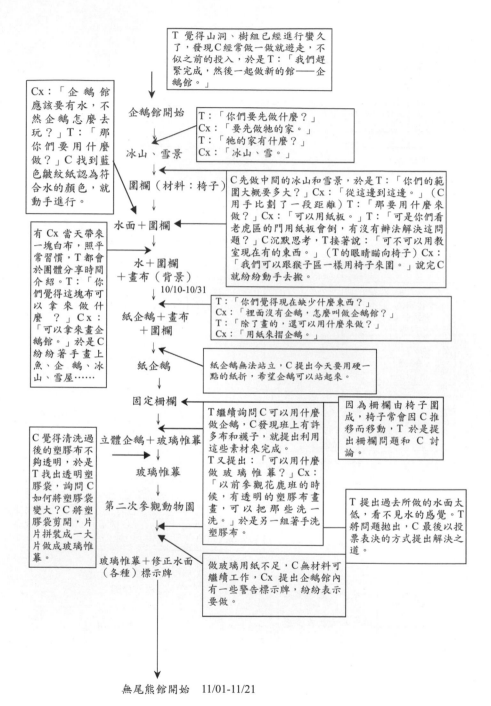

T 覺得山洞、樹組已經進行蠻久了，發現 C 經常做一做就遊走，不似之前的投入，於是 T：「我們趕緊完成，然後一起做新的館——企鵝館。」

Cx：「企鵝館應該要有水，不然企鵝怎麼去玩？」T：「那你們要用什麼做？」C 找到藍色皺紋紙認為符合水的顏色，就動手進行。

企鵝館開始

T：「你們要先做什麼？」
Cx：「要先做牠的家。」
T：「牠的家有什麼？」
Cx：「冰山、雪。」

冰山、雪景

圍欄（材料：椅子）

C 先做中間的冰山和雪景，於是 T：「你們的範圍大概要多大？」Cx：「從這邊到這邊。」（C 用手比劃了一段距離）T：「那要用什麼來做？」Cx：「可以用紙板。」T：「可是你們看老虎區的門用紙板會倒，有沒有辦法解決這問題？」C 沉默思考，T 接著說：「可不可以用教室現在有的東西。」（T 的眼睛瞄向椅子）Cx：「我們可以跟猴子區一樣用椅子來圍。」說完 C 就紛紛動手去搬。

有 Cx 當天帶來一塊白布，照平常習慣，T 都會於團體分享時間介紹。T：「你們覺得這塊布可以拿來做什麼？」Cx：「可以拿來畫企鵝館。」於是 C 紛紛著手畫上魚、企鵝、冰山、雪屋……

水面＋圍欄

水＋圍欄＋畫布（背景）
10/10-10/31

紙企鵝＋畫布＋圍欄

T：「你們覺得現在缺少什麼東西？」
Cx：「裡面沒有企鵝，怎麼叫做企鵝館？」
T：「除了畫的，還可以用什麼來做？」
Cx：「用紙來摺企鵝。」

紙企鵝

紙企鵝無法站立，C 提出今天要用硬一點的紙折，希望企鵝可以站起來。

C 覺得清洗過後的塑膠布不夠透明，於是 T 找出透明塑膠袋，詢問 C 如何將塑膠袋變大？C 將塑膠袋剪開，片片拼裝成一大片做成玻璃帷幕。

固定柵欄

因為柵欄由椅子圍成，椅子常會因 C 推移而移動，於是提出柵欄問題和 C 討論。

立體企鵝＋玻璃帷幕

玻璃帷幕

T 繼續詢問 C 可以用什麼做企鵝，C 發現班上有許多布和襪子，就提出利用這些素材來完成。
T 又提出：「可以用什麼做玻璃帷幕？」Cx：「以前參觀花鹿班的時候，有透明的塑膠布畫畫，可以把那些洗一洗。」於是另一組著手洗塑膠布。

第二次參觀動物園

T 提出過去所做的水面太低，看不見水的感覺。T 將問題拋出，C 最後以投票表決的方式提出解決之道。

玻璃帷幕＋修正水面（各種）標示牌

做玻璃用紙不足，C 無材料可繼續工作，Cx 提出企鵝館內有一些警告標示牌，紛紛表示要做。

無尾熊館開始　11/01-11/21

圖 16-1　動物園方案的課程發展軌跡及其轉折原因圖（續）

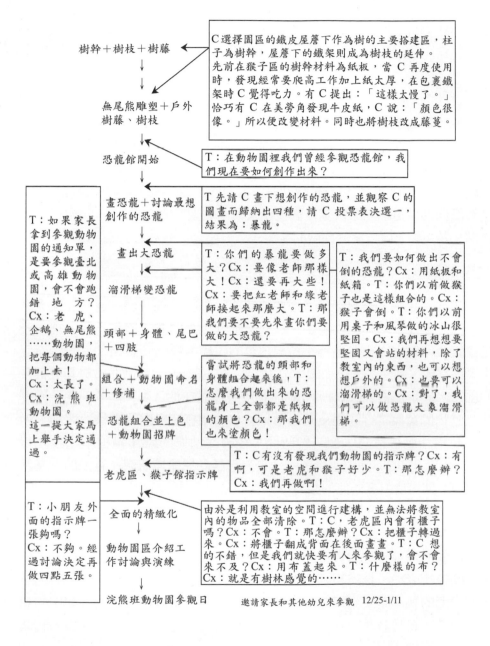

樹幹＋樹枝＋樹藤

C選擇園區的鐵皮屋簷下作為樹的主要搭建區，柱子為樹幹，屋簷下的鐵架則成為樹枝的延伸。
先前在猴子區的樹幹材料為紙板，當C再度使用時，發現經常要爬高工作加上紙太厚，在包裹鐵架時C覺得吃力。有C提出：「這樣太慢了。」恰巧有C在美勞角發現牛皮紙，C說：「顏色很像。」所以便改變材料。同時也將樹枝改成藤蔓。

無尾熊雕塑＋戶外樹藤、樹枝

恐龍館開始

T：在動物園裡我們曾經參觀恐龍館，我們現在要如何創作出來？

畫恐龍＋討論最想創作的恐龍

T先請C畫下想創作的恐龍，並觀察C的圖畫而歸納出四種，請C投票表決選一，結果為：暴龍。

T：如果家長拿到參觀動物園的通知單，是要參觀臺北或高雄動物園，會不會跑錯地方？Cx：老虎、企鵝、無尾熊……動物園，把每個動物都加上去！Cx：太長了。Cx：浣熊班動物園。這一提大家馬上舉手決定通過。

畫出大恐龍

溜滑梯變恐龍

T：你們的暴龍要做多大？Cx：要像老師那樣大！Cx：還要再大些！Cx：要把紅老師和綠老師接起來那麼大。T：那我們要不要先來畫你們要做的大恐龍？

T：我們要如何做出不會倒的恐龍？Cx：用紙板和紙箱。T：你們以前做猴子也是這樣組合的。Cx：猴子會倒。T：你們以前用桌子和風琴的冰山很堅固。Cx：我們再想想要堅固又會站的材料，除了教室內的東西，也可以想想戶外的。Cx：也要可以溜滑梯的。Cx：對了，我們可以做恐龍大象溜滑梯。

頭部＋身體、尾巴＋四肢

組合＋動物園命名＋修補

嘗試將恐龍的頭部和身體組合起來後，T：怎麼我們做出來的恐龍身上全部都是紙板的顏色？Cx：那我們也來塗顏色！

恐龍組合並上色＋動物園招牌

T：C有沒有發現我們動物園的指示牌？Cx：有啊，可是老虎和猴子好少。T：那怎麼辦？Cx：我們再做啊！

老虎區、猴子館指示牌

T：小朋友外面的指示牌一張夠嗎？Cx：不夠。經過討論決定再做四點五張。

全面的精緻化

動物園區介紹工作討論與演練

由於是利用教室的空間進行建構，並無法將教室內的物品全部清除。T：C，老虎區內會有櫃子嗎？Cx：不會。T：那怎麼辦？Cx：把櫃子轉過來。T：將櫃子翻成背面在後面畫畫。Cx：T想的不錯，但是我們就快要有人來參觀了，會不會來不及？Cx：用布蓋起來。T：什麼樣的布？Cx：就是有樹林感覺的……

浣熊班動物園參觀日　　邀請家長和其他幼兒來參觀　12/25-1/11

圖 16-1　動物園方案的課程發展軌跡及其轉折原因圖（續）

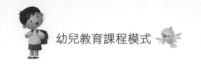

壹、軌跡

一、源起

此方案為全班幼兒均參與的方案，共有三十位；教師則有三人（原帶班教師二位與實習教師一位）。這主題一開始並不是「動物園」[1]，"教師所提出的初步構想是「化腐朽為神奇」，想利用各式資源回收素材讓幼兒進行創作"，"後來教師發現只是讓幼兒自由 DIY，似乎沒有共同的目標"，"於是教師向幼兒提議大家決定一個主題來共同完成"，"投票後"，決定以「動物園」為主題，此方案於此展開。

二、發展

主題決定後，幼兒提出多種想要完成的動物，經"投票表決"先從「老虎」和「猴子」兩種動物著手，從中又細分出「山洞」組和「樹」組，於是就變成同時有四組在進行。各組內容的建構由教師和該組幼兒討論而逐步增添完成。其內容變化如圖 16-1 所示。在過程中，"教師為激發幼兒更多的創意，於是提議去參觀動物園"。也因著幼兒在進行動物園的方案，使得此次動物園參觀之行顯得更有目標和引起幼兒專注參與的動機與興趣。動物園建構活動持續約一個月的時間，教師從幼兒的製作過程中之投入程度，"發現幼兒的興趣似乎降溫了，於是建議幼兒建構新館（企鵝館）為新的刺激，期再度引發幼兒的動力"。

教師此一舉動，可說是一個成功的轉折點，既使幼兒能有動力將（手邊）的工作做一完成，也順利地引導幼兒進入了另一個階段——企鵝館。當企鵝館的情境、企鵝寶寶的創作都漸成熟後，教室似乎不再是教室，而是一間擁有老虎、企鵝和猴子三館的小型動物園。此時，方案並沒有因為教室空間的狹小而受到侷限，幼兒提出可以向教室外延伸動物園範圍的想法。此時，正巧臺北市木柵動物園無尾熊的相親記上演，不少媒體的相關

---

1. 以下「""」指的是教師較主導課程發展的轉折處；「____」指的是師生或幼兒較主導課程發展的轉折處。

報導牽引著幼兒的心思，幼兒主動地提問：「裡面做不下，可不可以做到外面去？」在"教師和園長的同意"下，打破了教室界線，孩子開始在教室外建立無尾熊館的點子蹦了出來。

　　進入無尾熊館發展之際，時間已從學期初的 9 月走到了 11 月底。在這過程中，家長、幼兒的兄弟姊妹不時地往教室探望，好奇教室內的樣貌為何，"教師也想帶領幼兒一起和眾人分享這學期努力的成果"。表面上建構無尾熊館的車輪正轟轟地向前駛去，殊不知最後的高潮活動——動物園參觀日，也同時漸在師生心中醞釀和發酵著。一種興奮、神祕卻又緊張的氛圍在教室內外圍繞。

三、尾聲

　　繼無尾熊館之後，"教師提出建構恐龍館的想法"，在教師問話的引導下，幼兒動手利用既有的校外溜滑梯加工，而呈現出一隻立體暴龍作為恐龍館的象徵。之後，幼兒和教師就為整個方案課程的高潮進行最後的修飾和精緻化工作。就在動物園參觀日當天，幼兒邀請爸爸媽媽和全園的小朋友一起來參觀浣熊班動物園，且由幾位孩子擔任解說的工作，解說參觀的注意事項，同時分享大家在建構過程中的點滴，一學期的動物園方案課程也隨之落下了句點。

四、其他

　　原先幼兒是依所建構的內容不同而分組，隨著幼兒漸漸熟悉這樣的課程進行方式，也能隨時融入正在進行的建構活動。課程發展至中後期時，逐漸打破最初固定的分組形式，幼兒可以自己決定當天所要加入的工作組別是延續自己過去所進行的，或是變換組別及工作內容。

貳、形式和內容

　　統整「動物園」方案的形式和內容有：
　　1. 討論：學生和教師討論全班共同的建構焦點——動物園；討論接下來要增添的內容，例如：「企鵝館有冰山、有雪，還要什麼？」，討論使用什麼材料來進行，例如：「要做企鵝館的水面要用什麼

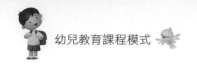

做？」，以及針對發生的問題進行討論，例如：「塑膠布的玻璃帷幕清洗後不夠乾淨和透明，怎麼辦？」，也討論到動物園「要觀賞的焦點和注意事項？」

2. 繪畫：幼兒繪製企鵝館的背景圖於布上、繪製動物園的導覽地圖。

3. 觀賞影片與圖片：觀賞參觀動物園時所拍攝的影片，以及動物相關圖片、模型。

4. 實地經驗：實地參觀動物園；到校外看看生長在石頭旁的植物。

5. 勞作：無尾熊雕塑、企鵝摺紙、設計標示牌等。

參、型態（指的是教學過程中學生組合的方式）

1. 個人學習：個人製作一個無尾熊雕塑和摺紙、立體企鵝。

2. 小組：小組共同完成一棵樹，共同裁剪（小）塑膠袋，並黏貼成一大片玻璃帷幕。

3. 大團體：參觀動物園、討論和觀賞影片等。

回顧教學型態的變化，其實並非教師刻意固定其型態所致，而是順著課程內容自然而成。怎麼說呢？從一開始「動物園」主題的決定，勢必經過「大團體」的討論形成；當決議內容為分區建構時，「小組」的型態就出現了；而小組活動中則視其建構內容的差異，而出現個別的學習，例如：在企鵝館小組內，有一幼兒提出要個人獨力製作一個告示牌。在過程中，若教師認為需要與全班進行某議題的討論，例如：「教室空間已不敷使用？」議題，其攸關全部幼兒的想法和需參考全體幼兒意見之必要性時，則「大團體」型態之教學即因應而現。整體而言，「小組」的型態多於另外兩者，原因有二：一為培養幼兒「在團體中合作」的態度與能力，是教師所設定之教學目標之一；另一原因則是每日活動進行的內容多是互動所產生（例如：要做樹的話，要用哪些材料？怎麼做？做多大棵？如何固定？），並非教師的設計與固定步驟，係由幼兒負責執行之故。

肆、教師的角色

一、觀察與記錄幼兒的行動、對話和完成成品的過程

　　教師可從中發現學生的人格、發展和學習、社交等多種重要層面。一個在教室遊走未投入工作的學生，可能是因為缺乏他人的鼓勵，也可能是缺乏工作上的技巧與理解，或可能剛與同儕發生爭執而離開正在進行的工作，教師對於學生個別化教學的決定有賴教師的觀察。

二、記錄整個課程發展的進度與軌跡

三、提供幼兒技術上的協助

　　藉由拋問引導幼兒，使幼兒能順利進行活動和將想法呈現出來，例如：幼兒想要用桌子來做冰山，可是不知道要怎麼擺放？於是教師和幼兒以對話和技術上的協助，互動如下[2]：

> S1：要有溜滑梯，另外一邊要有樓梯，才能從一邊爬上去、一邊溜下來。
>
> T：既然要溜下來，那要怎樣做才能有溜下來的感覺？
>
> S3：要高一點，才能溜。
>
> S2：對，要這麼高。（幼兒將手放在自己胸部的地方）
>
> T：好，那我們要怎樣用這些桌子來搭建？
>
> S3：就把兩張桌子併起來就好。（指一般幼兒園的方桌）
>
> T：那，圓桌要怎麼用？（指一般幼兒園所見的圓桌）
>
> S2：放在上面啊！
>
> T：放在上面做什麼？
>
> S5：可以當冰山啊？

---

2. 對話中的符號，其意義為：
　　S1 (2)(3)：指某位特定的學生（每一個獨立）；T：指教師；Sm：指多個學生；＞：指對誰說話，例如：教師對學生說早安，即是 T＞S：「早安。」

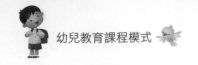

T：其他人覺得呢？

Sm：可以啊。

於是，教師協助幼兒將桌子和圓桌依所說的加以固定……。

四、教師是給予者

教師有三個給予的角色：一為適時地對幼兒的創作給予幼兒意見；二為給予幼兒思考的機會並鼓勵之；三則是給予幼兒行動的機會。

1. 對幼兒的作品表示意見，例如：幼兒使用長條型皺紋紙來表現企鵝館的水面，卻將皺紋紙貼得高高低低，教師說：「這樣看起來像是起伏很大的海浪一樣，想一想企鵝館的水應該是水浪式的，還是較平靜式的？」

2. 給予幼兒思考的機會，例如：幼兒摺紙時發現紙太小，教師不是給幼兒大一點的紙，而是問：「怎樣能把紙變大？」，於是幼兒想起用小色紙黏貼成大色紙的辦法。又如：教師對幼兒說：「企鵝除了可以用畫的，還可以用什麼來做？」

3. 給予幼兒機會試驗自己的想法，例如：幼兒想將已有彩繪圖案的塑膠布清洗後作為玻璃帷幕；教師同意讓幼兒自己動手去清洗，使幼兒經驗自己想法落實後的效果。

筆者將教師之「給予」角色細分為三，乍看之下，似乎沒有多大的區分和不同的意義。事實上，筆者之目的乃希望教師能更積極地發揮自己的角色，並更了解自身行動所承載與傳遞之力量。換言之，教師剎那之下的「決定」可能促動幼兒不同的學習。更詳細地來說，當幼兒沒有主動提問或發現問題時，教師可以先刺激幼兒的知覺，然後再提出與該情境有關的想法；當「問題情境」出現時，教師所扮演的角色是刺激幼兒就該情境下深入問題的探索；當幼兒主動有想法希望嘗試時，教師的認同與機會的給予，可以使幼兒有檢視思考與行動間之關聯性的機會。

其實，三個教師「給予」角色之間是有彼此含括、包容之關係，例如：

1. 教師是幼兒的夥伴、協助者：幼兒想將自己拼貼成的大玻璃紙黏貼在天花板上，做成企鵝館的玻璃帷幕。可是天花板太高，於是教師

變成是幼兒的夥伴，由教師來黏貼天花板的部分，幼兒在下面幫忙撕膠帶遞送給教師。

2. 教師是課程決策者：從圖 16-1 和對動物園方案課程發展之軌跡的呈現與分析資料可以看到，教師才是教室裡課程決定的主要決策者。本書介紹的各種課程模式，幾乎都強調教師教學時居於課程決策的角色，該角色應該是深具彈性的。因幼兒的年齡、興趣、能力、家長與社會的期待、政府的政策等因素，決定在該模式理念下，其上課活動的內容與方法。

伍、幼兒的角色

上述我們談論教師在課程中的角色，談論教師如何給予孩子協助、回應或成為孩子的夥伴等，事實上，幼兒在課程發展過程中亦占有極重要與具影響力的地位。

一、孩子是知識（概念）的提供者

對於課程的定義，我們往往侷限在教師和學校所能帶給幼兒的種種經驗或知識（不管內容是多精彩、生動或是看似單調、重複的課程皆然）。事實上，孩子也可以是其他同儕（甚或教師）的知識提供者，例如孩子說：「山是不同的岩石組合而成。」，其他孩子紛紛認同。該課程的教師也曾提及：「我那時候就不知道他們是怎樣分肉食性和草食性的，他們就說因為肉食性的恐龍牙齒比較尖，草食性的比較平，我才知道，我以為是看爪子。很丟臉呢！」（訪談，020418）。這之中還要提及的一點，就是所謂「向孩子學習」應該不只是學習孩子的童心，還可能涵蓋成人自以為一定比孩子多的概念和知識。

二、孩子是教師的工作夥伴

當我們說教師是孩子的工作夥伴，所指的是教師可以和孩子一起進行「孩子」正在進行的工作；那麼，從這個課程發展的軌跡圖來看，孩子不也是教師規劃課程的工作夥伴？孩子提出他想要進行的下一個活動、想使用什麼材料、協助材料的蒐集（這是家長跟教師說的：「我們家小朋友說

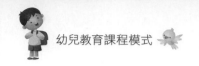

紙板、保特瓶不可丟，學校要用。」、「跟上小學的姊姊搶資源回收，說要平均分配帶到學校。」），以及整個課程的部分構思；有時孩子的一句話，也可能啟動教師另一種活動進行的靈感（如孩子主動提出：「我們再去參觀動物園，好不好？」）。這些不都可能是同儕教師也會提供的嗎？當教師將孩子視為自己的工作夥伴，筆者認為那種對孩子的看重，隱約多了一份對孩子的尊重和珍視，似乎也更容易讓一位教師嘗試去放下自己的身段，做到所謂去「貼近」孩子的作為。

三、孩子是教師專業能力的促進者與挑戰者

從圖 16-1 的課程發展軌跡來看，教師和孩子的對話、孩子所提的意見，有極大的部分是教師必須臨場與之互動和反應的（當然也有另一種可能性，容稍後再議）。孩子意見之不確定性和可能性，若是教師確切地開放與之討論，且能不忘教育、活動之目的，對於教師來說，其實是給自己挑戰專業能力的好機會，當然也是專業能力提升的時候。然而，筆者尚要提醒與釐清的是，如果教師只是照著孩子的意見而提供與快速更動課程的內容，那麼教師的專業性就在這裡消失殆盡（請參考簡楚瑛，1999〈引導課程發展與教學方向的豈只是師生間的對話而已〉一文）。這之中的擺盪和拿捏，正是教師專業性成長的空間。

陸、方案評析

以下以簡楚瑛（2001，第4-7頁）所提出之方案教學：以「解決問題」為終極目標、強調「步驟性」的「學習過程」、強調學習活動對學生的意義性、強調「做」的要素，以及強調「思考」的要素等五要素之角度，來評析與檢視「動物園」之方案課程。

一、以「解決問題」為終極目標

在動物園的方案中，幼兒和教師試圖將一間教室變成是一個靜態的動物園空間。如何規劃動物園的空間與內容？要使用哪些材料去建構？建構的過程中會面臨和解決哪些問題？例如：材料的適當性等，從構想、設計內容到行動，再回歸到構想一個新館區的循環過程，幼兒和教師可說是一

直處於面對待解決的問題、尋找解決問題之策略、行動和評估成果的環境中，其終極目標在培養幼兒解決問題的能力。

以企鵝館為例，小至畫布的內容：

> T：你們要用這條布畫什麼來當作企鵝館背景？
> S1：我想畫企鵝住的房子。
> S2：我想畫冰山。
> S3：我想畫雲……

大如企鵝館的整個內容問題：

> T：你們的企鵝館範圍要到哪裡？
> T：你們要先做什麼？
> S4：先做他們的家。
> S5：企鵝館裡有水……
> T：那要怎麼做水？

教師引導幼兒或是做決策都是以終極目標為指標，此方案之終極目的即在解決「從一無所有到建立一個靜態動物園」的「大」問題上。

二、強調「步驟性」的「學習過程」

這裡要評析的有兩個要素：一為「學習過程」，從整個動物園課程的軌跡發展圖來看，很明顯地可看見那是幼兒的一個學習過程。當然，學習過程可以是整個的方案過程，也可以聚焦於小活動來看。以「企鵝摺紙」為例，幼兒不是由教師給予材料再依教師的步驟完成一個成品，企鵝摺紙只是整個課程中的一部分，而幼兒從「色紙企鵝」學習到紙質過軟無法使成品站立，而自己提出要使用「厚紙板」重新製作，這便是一個「學習過程」。另一要素為「步驟性」，Dewey提出解決問題的五大步驟，依序為：發現問題→確定問題性質→提出可以解決的方法→實驗→解決問題，其與幼兒的「企鵝摺紙」之過程相對應，發現其過程亦符合步驟性。筆者將兩者對照如下：發現問題「企鵝站不起來」→確定問題性質「紙質問題——太軟」→提出可以解決的方法「換另一種紙」→實驗「用厚紙板試試看」→解決問題「站立的厚紙板企鵝」。當然，若是提出的解決方法不適

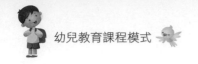

合，則有修正的反覆性步驟。

三、強調學習活動對學生的意義性

有意義的學習迥異於被動、索然無味的學習。以上述的「企鵝摺紙」為例，幼兒因為要建構企鵝館的模樣，希望能讓人看見站立的企鵝，所以當色紙企鵝無法站立時，幼兒提出要嘗試不同的材料，企圖完成自己所想要的效果。這與教師將色紙發給幼兒，然後一一教幼兒摺紙的步驟而完成一隻企鵝，是不同的。前者，幼兒知道自己想要達成的目標在哪裡，縱使挫敗也願意再嘗試；後者，幼兒只是聽命於教師被動地完成作品而已。

四、強調「做」的要素

在動物園的方案中，幼兒所思考的抽象觀念是「蓋一間動物園」，並在過程中實際動手，一一將自己的想法呈現出來，也就是將程序性的思維藉由素材來具體表現（上述幼兒利用桌子建構冰山即是一例），而不僅止於「說」或是「討論」動物園的樣子而已。

五、強調「思考」的要素

方案的每一步驟都應涉入「思考」的活動。從「動物園」究竟要包含哪些館？企鵝、老虎、恐龍，還是夜行館？決定要有企鵝館後，那麼企鵝館要包含哪些內涵？決定要有立體企鵝後，那麼要使用哪些材料建構出立體企鵝？一旦開始動手，就啟動了思考的活動！在過程中，碰到不如規劃時所期望的部分，就產生繼續思考的情境，例如：幼兒在黏貼玻璃帷幕，做到一半時發現沒有塑膠袋了，那麼原本預期的建構進度如何完成呢？幼兒在「思考」後，發現可以先做一些館內的標示和警告牌（禁止抽菸、禁止拍打、禁止攝影……）：

S1：要有「請勿照相」的標示，因為閃光燈會嚇到企鵝。

S2：閃光燈會讓企鵝頭暈。

S3：禁止吃東西的牌子，這樣企鵝館才不會髒。

S4：「禁止跨越欄杆」，要不然小朋友去拍玻璃會嚇到企鵝。

於是當日的活動得以繼續進行，帷幕所需之素材就繼續尋找、思考，過了一些時日，想出辦法時，建構帷幕的工作就再繼續下去，直到完成為止。

第二節　教學上兩難的問題

在開放式教育、以幼兒／學生為中心的教育或建構式教學等理念的宣稱下，教師對於自己教學行為的拿捏，常面臨到進退維谷、兩難的困境。小紅老師在教學日誌中寫道（兩例）：

在尚未戶外參觀時，已經和孩子們討論到動物園時要觀察哪些動物的特徵及周邊環境，因此，今天一到動物園，孩子們應該是清楚我們觀察的目的為何。大部分的孩子都會仔細地觀察，不過我仍不放心，所以會一直提醒孩子要觀察的部分。我會不會是在強迫孩子觀察？若不一再地提醒，孩子會仔細觀察注意到些微差異的地方嗎？此時我有種感覺，好像一個人手上抱著一個氣球，不抱緊害怕被風吹走，抱緊又害怕氣球會破。後來，我發現我這樣提醒孩子是有用的（孩子會把剛剛看見的斑馬和環尾狐猴做比較，因為牠們身上都是一黑一白的條紋，不過斑馬的線條有長有短，環尾狐猴的線條則是一圈黑、一圈白；同時，孩子也會將動物的臉型、尾巴和耳朵的不同做比較。這時我的感覺是回到家氣球沒有破，才跟自己講說剛剛抱那麼緊是對的）。

今天半數以上的孩子都參加親子旅遊去了，班上剩下十一位學生。基於安全的考量，我希望學生的活動不是分散在教室內、外太廣的地方，而是在我能掌握所有的狀況下進行。因此，我希望學生是做小型恐龍館。但問學生時，學生希望在教室內進行藤蔓的製作和到教室外去懸掛藤蔓（我是否應該順著孩子的期望去走？是的話，安全問題怎麼辦？不

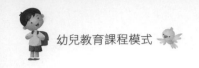

順著孩子的興趣走，要求他們做小型恐龍館會不會太強迫孩子了？）。為了安全問題，因此我問學生：我們上次去動物園有參觀恐龍館，今天要不要試試看、做做看？結果投票表決，有九位贊成。孩子遂進行小型恐龍館的建構，我觀察原先說要做藤蔓的孩子也快樂地沉浸在創作的樂趣中（我這樣做應該不會太主導吧？）。

在教師教學中，常害怕自己是不是在主導課程的決定？是不是一種強迫幼兒的行為？也常疑惑自己的教學是否太開放和主導。在上述兩個案例中，小紅老師雖也有兩難的時候，但她都會檢視（觀察）自己行為之結果，也就是教師會去看孩子在自己的教學行為下之反應是什麼？案例一，教師認為孩子的確更專心的觀察了；案例二，教師認為孩子也都沉浸在創作之中，檢視結果最後均肯定自己的決定。教師對於兩難的問題，是需要反覆思考、討論（自我對話或是與人、與書對話），進而得到解決的答案。

表 16-1 為 Paley 的例子，除了呼應上述兩個例子，說明兩難的困境是教師發展課程與教學決定時常面臨到的處境外，重要的是對因應困境時之信念與策略的省思。從下面的例子可以看到 Paley 老師常在情境、理念和與孩子的對話中，透過不斷地省思、行動、觀察與驗證，來處理兩難的處境。Paley 不僅僅是以幼兒／學生為中心而已，她同時堅持對每一個學生公平的對待、養成學生對他人的關懷，以及民主化教育的理念，並以教育的方式（討論、分享想法、提供學生間互動以建構新思維／觀點的方法）處理涵蓋在學生排斥另外一個學生問題下的兩難問題。

表 16-1　Paley 的例子 [3]

情境	教師的思考	教師與孩子的行動	分析
	60 歲以後，我對教室裡排擠他人的聲音特別敏感，尤其是「你不能玩」這句話，聽起來真讓人感到難受，孩子們常因不經意的一句話而決定了另一個孩子的命運。長久以來，教師們努力地禁止學校裡打人和罵人的行為，但對此一具破壞力的現象（拒絕他人）卻視而不見。並任其在每個年級中像野草一樣的蔓延著。事情非得如此嗎？今年我下定決心要找出答案。（分析 1～3）	T：我向孩子宣布：「在教室裡不能說：你不能一起玩」這項新規定。S：「我不相信你真要我們這麼做。」討論規則時，孩子們迫切地想找出漏洞。二十五個孩子中只有四個覺得蠻好的，而這些正是常吃閉門羹的孩	1. 從幼兒園很普遍存在的四個字：「你不能玩」，Paley 思考其中所隱含的意義及這句話對孩子的影響。2. 對長久以來教育現象的觀察和省思：拒絕他人比打人罵人的傷害性小嗎？3. 從全面性看問題存在的嚴重性及待解決的需要：因為事實上各個年級都存在拒絕他人的現象。4. 孩子同意或不同意教師的新規定，乃基於新規定與自己有無利益的衝突為出發點。5. 孩子可以思考教師所提出之

---

3. 本表的閱讀方式為：先看「教師的思考」，再看「教師與孩子的行動」，之後再回到「教師的思考」，依此類推；「分析」一欄係筆者針對上述兩項的分析，當看到段落後有「分析」一項時，再看即可。

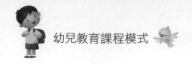

表 16-1　Paley 的例子（續）

情境	教師的思考	教師與孩子的行動	分析
		子。（分析 4～5）	規定的合理性而不是絕對服從，這才是真正討論的精神。
	到別的城市演講的路上，我腦海裡不斷地想著，安澤是不是在和人打架？當卡蘿躲在小小的遊戲屋時，誰來安慰她？（分析 6）		6. 教師腦海中時常浮現孩子的情況，關於孩子的問題可能隨時浮現，而不僅止於在學校的教學時間內。
班級討論的時間到了		T：「今天在玩積木的時候發生了一件不愉快的事，我還不知道怎麼處理，現在卡蘿很傷心，她覺得別人不要和她玩……。」孩子轉頭去看卡蘿。	7. 教師對自己產生懷疑：也許是太敏感了？問題和現況有這麼嚴重嗎？真的有必要在意嗎？
	多年來，我一直不曾正視這個問題，但卻愈來愈清楚聽到孩子內心寂寞的哭聲，難道是我太敏感了嗎？（分析 7）	S：「老師快點啦，卡蘿快哭了。」卡蘿：「茜雅和麗莎在蓋房子給他們的狗狗住，問他們可不可以也讓我一起玩，他們說不行，因為我只有貓咪，沒有狗狗。還	8. 孩子對於朋友的定義在哪裡？實際反應在行為上的是什麼？（教師可以與孩子深入探討）
			9. 孩子對於加入者的要求標準

表 16-1　Paley 的例子（續）

情境	教師的思考	教師與孩子的行動	分析
		說：我不是他們的朋友。」	為何？（教師可以與孩子深入探討）
		麗莎辯說：「我們有說過只要她帶一隻胖狗狗來就可以玩的呀！」 尼森：「賓賓也不讓我玩。」 賓賓急著說：「才不是我啦！是查理，他才是老大。」 安澤也說：「我也一樣，他們都不讓我玩……哼！我才不要在乎他們。」（分析 8～10）	10.一個話題引起大家激烈的討論，平時隱藏的聲音和感受都浮現了。因著討論，孩子壓抑的情緒和平時未發出的聲音，在討論過程中都顯現出來了。
	孩子自己炒熱了這個話題，每個人都聽過「你不可以玩」、「你不要坐我旁邊」、「別老是跟著我們」、「走開」，這些話在大人的世界裡是件極大侮辱的事，但在教室裡卻一再發生……		11.教師看重孩子的感受和可能受到的傷害，同等地看待孩子和大人的世界。如果大人覺得受侮辱，難道在孩子的世界裡不應被正視嗎？
事情發生的時候，卡蘿躲到小洞裡去			12.如果你是教師，你認為受

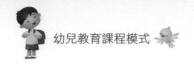

表 16-1　Paley 的例子（續）

情境	教師的思考	教師與孩子的行動	分析
哭，我發現她一個人坐在那裡，就帶卡蘿去找他們談……（分析 12）		麗莎說：「我不想要其他人來玩，而且兩個人玩就夠了。」	排擠的孩子會不會是因為有什麼特質而導致被排擠呢？（教師應該觀察被排擠的孩子是否有哪些特質或行為，導致他們無法加入遊戲中，這樣在輔導這些被排擠的孩子時，就可以針對其個別的弱勢點加以處理）
		T：「雖然不想讓別人參加，可是卡蘿需要你們呀！」萬雅垂下眼瞼說：「我有要她跟我們玩呀。」麗莎哭了起來：「這是我的遊戲，我有權決定讓誰玩。」（分析 13～14）	13.孩子如何認定遊戲是誰的？（教師可以帶領孩子做深入的討論） 14.若屬於自己的東西，就有權做任何決定嗎？考量點應包含哪些？（教師可以帶領孩子做深入的討論）

表 16-1　Paley 的例子（續）

情境	教師的思考	教師與孩子的行動	分析
	我又得趕去演講了。孩子們回答的聲音，常可以幫我釐清一些問題，因為往往當場討論時，並不能完全理解他們的意思，所以我把錄音資料拿到飛機上聽……	T：「我本來想幫卡蘿的忙，但這麼做是不公平的。我會破壞麗莎和茜雅的遊戲，不過如果卡蘿加進來，真的會破壞遊戲嗎？怎麼破壞呢？」 T：「今天我一直在想一個問題，其實在學校裡，小朋友是不是可以不准其他人加入他們的遊戲？那樣公平嗎？因為教室是大家的，不像家是自己的地方。」（分析 15～16）	15.教師將自己的立場和疑惑與孩子分享。 16.教師說明自己的想法讓孩子知道，並提出一些問題激發孩子的思考。 17.教師重視孩子討論時的聲音，並使用錄音的方式記錄，以方便能再次聆聽孩子的看法。
在飛機上，我聽著錄音資料。 麗莎說：「那幹嘛還玩呢？」 尼森說：「你就只想和茜雅玩。」	我們所作所為無形中就變成遊戲規則，並進一步成為日後的生活模式。		18.教師不停地問自己問題，思考如何解決孩子在遊戲中想占有某些朋友和整個遊戲，因此某些人遭到拒絕和剝奪遊戲權利的問

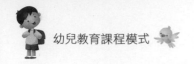

表 16-1　Paley 的例子（續）

情境	教師的思考	教師與孩子的行動	分析
	難道玩的目的就是尋找一個好朋友，然後緊緊抓住他不放？或是看誰能當老大？如果占有確實就是遊戲的最大特質，那麼我們又該如何打破這種傷心的占有權？ 現今的民主化教育，大部分都用表決的方式來決定事情，但是我們卻默許孩子在教室裡排擠他人或當老大，仔細想想看，幫派老大正逐漸消失，我們卻允許孩子在教室和遊戲的空間中建立藩籬。（分析 18～19）	一個五年級的學生跟我說：「你又不可能一輩子吃閉門羹，所以不如現在就有點經驗，有了經驗，當你被排擠時，就不會難過了。」 但我仍然沒有放棄我的主張，我說：「那些受排擠的孩子年復一年地被剝奪玩遊戲的權利，被排斥的重擔都由幾個人來承擔，公平嗎？」（分析 20）	題。 19. 從社會現象反思教室裡所看到的情境，將面臨到之兩難問題成為教學的內涵，進而確定應堅持自己的信念。 20. 教師以刺激學生思考的方式表達自己的觀點，堅定自己的信念。
和孩子分享自己到亞利桑那州演講的經驗……		T：「我也問這些教師在教室遊戲時，如果有孩子不讓別人玩怎麼辦？」	

表 16-1　Paley 的例子（續）

情境	教師的思考	教師與孩子的行動	分析
		T：「有些教師要大家相親相愛，讓別人也能一起玩，如果不行的話，他們就幫受到排擠的人找新朋友，像我們一樣；但也有些教師覺得應該要任孩子自己解決。」 S：「那我們該怎麼辦才好？」 T：「我試著不要給你們一些意見，我們得坐到這邊來。」 S：「還要討論……」 T：「我不是要告訴你們該討論些什麼？我只想仔細聽每個人到底說什麼？」 S：「那我們得輪流說話。」	21.教師從孩子的態度中再度省思自己的權限？對自己所訂定的規定進一步地思索。
	這是孩子第一次對我所扮演的角色提出強烈質疑，事實是他們警覺教室規則將有所改變而產生反彈？當孩子們的態度這麼堅決時，我懷疑自己是否有權強迫他們接受我的意見？		22.從開學討論至此時，已歷時約一個多月近兩個月的時間。 23.教師察覺此次的特殊性，乃

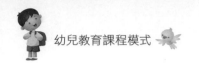

幼兒教育課程模式

表 16-1　Paley 的例子（續）

情境	教師的思考	教師與孩子的行動	分析
	以往，我常建議圈外人建立某種特質和管道，以便被大部分的同事接受，這次我卻要求大團體主動改變態度去適應未被體制接受的小眾人士。（分析 23）	T：「我要和高年級的孩子談一談，春假回來以後，我要和一、二、三、四、五年級的孩子們講話，我們就會知道哥哥姊姊對於不可以說：『你不能玩』這個新規定的看法。」（分析 22）	由於與過往主張不同。（教師自我解構）
放學前，我把一年級的談話內容翻一翻，孩子吵著要看討論的事項。 一年級孩子的強烈反應嚇了我一跳，對問題表現出極端不同且夾雜著濃烈的情緒。		民意調查──春假過後，我整理了一張與高年級談話的時間表。 T 把簿子高高舉起來，一面唸著： A. 也許新規定會引起爭吵。 B. 也許太多人想一起玩同一個遊戲。 C. 也許有人會對你很凶。 D. 如果別人要玩，就得當強盜才可以玩，這樣公平嗎？ E. 如果已經對一個人說不可以，能對另一個人說「可	

表 16-1　Paley 的例子（續）

情境	教師的思考	教師與孩子的行動	分析
		以」嗎？公平嗎？ F.如果帶頭玩的人說不准，別人能說可以嗎？ G. 女孩子可以說只許女生玩，男孩子可以說只許男生玩，除非有人覺得好奇想加入對方的遊戲。 孩子們都嚇了一跳，沒想到教師的主張會得到那麼多回應。	
教師慢慢地翻著書頁，「你看！這是我寫下來的故事，我希望你們能幫我畫小小的圖。」 一天早上，我在慢跑時……	如果教室像這樣，我們就不需要規定了，因為每個孩子都參與教師指定的計畫，包括了每一個人。 新的遊戲規定是用在別的時候，當孩子的利益與公眾的利益產生衝突時，才需要用規則來加以限制。（分析24） 我想著孩子忍受教師已夠受的了，還要被同學排斥，不是很慘嗎？我這種	話還沒講完，麗莎已經畫好喜鵲……教室裡瞬間亂成一團，有的拿剪刀、有的拿蠟筆……	24.教師釐清使用新規定的情境。

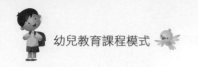

表 16-1　Paley 的例子（續）

情境	教師的思考	教師與孩子的行動	分析
	道德訴求合理嗎？其他精神上的需要可以不顧嗎？比如學生可以自由地選擇玩伴，愛跟誰玩就跟誰玩。不過想跟誰玩，不想跟誰玩，是不是人的天性呢？在心理學，這是否跟想咬人是屬於同一類型的慾望？有些 2 歲的孩子有咬人的慾望，當他們學習去控制衝動時，他們就覺得好多了。也許破壞也是一種負擔。是的，當你的快樂不再建築在別人的痛苦之上時，那就是一種解脫。對學生的行為規範，我們常常患了腳踏兩條船的毛病，我們猶豫不決，這樣好嗎？對嗎？公平嗎？我已經決定不再猶豫了，我對新的規定要速戰速決。（分析 25～28）		25.教師再次思考這次規定的合理性。 26.教師試著從不同孩子的需求角度去思考問題，進行自我辯證。 27.教師認為孩子可以經由學習來控制自己。 28.自我思辯後有了確定的想法，亦即儘速處理新規定落實的問題。
		29.教師觀察孩子	

表 16-1　Paley 的例子（續）

情境	教師的思考	教師與孩子的行動	分析
開始囉！孩子們仔細看著我貼在鋼琴上方牆上的規定：「不可以說：你不能玩。」	我們設計一個方法，讓孩子不那麼難過，公開讓大家知道這個規定。	孩子彼此看來看去，顯得有些不自在。（分析29）	非語言的反應，以了解孩子對新規定正式宣布後實施的反應。
	孩子根本就不需要我解釋，我覺得很欣慰。	T：「這個規定的意思是比如：有一次，麗莎和茜雅告訴卡蘿說沒有狗狗就不能玩……。」安澤搶著說：「賓賓不讓我加入恐龍幫。」卡蘿說：「佳美說我不能坐她旁邊。」（分析30）	30.經過長期的討論，孩子們對規定的內涵更加清楚，並知道落實到實際教室活動指的是哪些行為。
		麗莎嘟著嘴說：「這樣子不公平，我以為我們只是說而已……。」我說：「麗莎我知道你的感受，你還是可以常常跟你喜歡的人一起玩。」麗莎不為所動：「有些人我就是不	

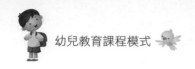

表 16-1　Paley 的例子（續）

情境	教師的思考	教師與孩子的行動	分析
一個五年級的學生告訴我：如果他們班有人因為這個規定被處罰的話，他們一定不在乎。	就讓這個新規定做實驗吧！如果麗莎能在故事或遊戲中接受安澤，那麼這個規定就成功了。（分析 31）他的評語使我驚訝，讓我覺得還要對規定再多做解釋。「不可以說：你不能玩」，不像其他的規定，它是從許多不同的角度來反省自己的行為。既然孩子最在乎遊戲，在遊戲中使用負面字眼，是很容易用來檢視自己的。（分析 32）	喜歡嘛！」安澤說：「你就是不喜歡我。」	31.教師在心中訂了一個目標，也可說是評量新規定是否行得通的標準。 32.即使新規定已經實行，T仍在過程中不斷思索可能引發的問題，以發現所規定之事項是否有不足之處。
途中，麗莎向我抱怨：「茜雅對我不好，我給她看我的新皮包，她就說：『那有什麼了不起，我有幾百個這種皮包。』」麗莎有些懷疑：「那算不算違反規	這是一個值得探討的問題，它是不是有更深的涵義、是不是意指著：「我不想讓你跟我們玩。」現在，每一件小事都可以放在這個規	T：我把茜雅叫過來……	33.規定使得孩子能思考和檢視行為背後的意念。

表 16-1　Paley 的例子（續）

情境	教師的思考	教師與孩子的行動	分析
定？」 當天下午，角色更換了，茜雅向我告狀說麗莎對她不好，因為她和美麗講悄悄話，這樣算不算違反規定呢？我說是的……	定下來檢視。每一次我們分析這個規定的道理時，我們同時也在反省自己行為背後的意念。（分析 33）	茜雅補充說：「麗莎，我說錯了，我奶奶剛剛給了我一個新皮包，我也不曉得一共有多少皮包了。」麗莎和我對這種解釋法都覺得很滿意。	
隔天，麗莎和廣子留在教室，麗莎對廣子說：假裝我們住在一個美麗的城堡……珍妮跑進教室，麗莎像皇族一樣歡迎她。	這些女孩子都是原先麗莎不喜歡的人，這證明一點：排斥人是會逐漸增強的。 孩子已經知道打開心門接納他人比排斥他人容易得多呢！（分析 34）	這是麗莎第一次邀請廣子或珍妮一起玩。	34.教師從孩子的行為看見孩子的改變及自己推行新規定的成效。
大約是新規則實行後的兩星期，在學校裡，雖然遊戲時間逐漸變得相安無事，不過我們卻面臨了另一個難題。	在這片混亂中，我看清楚一件事：教室裡的「公平宣言」並未包括講故事這個活動。說故事的人擁有選擇角	T：「我了解妳的感受，不過我認為如果大家遊戲時可以一起，為什麼講故事就要選人。我們得先試試看一陣	35.對規則之定義認知不同，因此引發新的爭議。

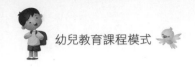

表 16-1　Paley 的例子（續）

情境	教師的思考	教師與孩子的行動	分析
——在講故事和演戲的活動中，麗莎發火了：「不公平，你答應過我的……」 茜雅焦慮地說：「我只說大概可以……」 茜雅媽媽問：「怎麼一回事？」 茜雅快哭出來說：「我不讓她演我說的故事，所以麗莎很生氣。」	色的權利。孩子仍然可以在講故事時，拒絕他人。	子，如果不行再恢復以前的……。」 有兩天，查理和麗莎拒絕參加講故事活動，但後來就像沒事一樣，又加入了。隨著新規定而來的調整是： A.角色的改變：講故事的人會因為輪到你表演，你就是女生，故事角色是男生，就自動改成女生。 B.加入角色：加入一個你想演的角色。 C.若不能改變角色，欲參加者就接受一些不受歡迎的角色。（分析 36） 麗莎私下跟我說：「我還是不喜歡新辦法，茜雅和美麗也一樣。」 T：「不過你讓魏老師和我很快樂。以前，你總是拒絕和安澤在同一組玩	36.孩子的自我調適並學會為他人著想。 37.教師經由和孩子談話，告訴孩子她帶給老師的快樂，使孩子知道自己作為的影響力和帶給他人的良好情緒。 38.教師藉由明白

表 16-1　Paley 的例子（續）

情境	教師的思考	教師與孩子的行動	分析
故事表演開始前………		數數看的遊戲，但是現在……」「現在我把糖給他了，而且也沒說過難聽的話。」麗莎馬上想起那件事。「麗莎，你現在看見他要演你故事的角色時，你會對他笑嗎？」我說。（分析 37～39） 我再次說明我喜歡新規定的原因，「你們真是可愛的小朋友，現在說故事的人不再選人演戲，演戲的人也接受說故事的人所分配之角色，記不記得，你們以前不喜歡誰就不肯演她的故事……」（分析 40）	地說出（描述）孩子現在和以往的不同在哪裡，回饋給孩子，同時也是增強孩子下一次願意繼續去做的動力。 39.孩子也清楚並說出自己和以往不同的行為表現。 40.知道孩子無法注意到教室裡每一個細節的變化。於是再次回饋給孩子，說出孩子進步的地方和以往的差異。讓所有的孩子也看見自己的轉變和帶給他人的快樂。

資料來源：游淑芬譯（1996）

註：情境、教師的思考、教師與孩子的行動三部分之資料改寫自 Paley《孩子國的新約：不可以說「你不能玩」》之著作；分析的部分則為筆者對 Paley 教室裡師生之對話、行為和 Paley 之思考的再分析與釐清。

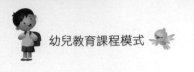

第 七 章

課程模式、教師角色與「以幼兒為中心」理念的實例探討

　　對許多幼教工作者而言，開放教育中「以幼兒為中心」之訴求已是朗朗上口、毋庸置疑的一個名詞。幼教教師於教學中是以「人」為本位，視幼兒之發展、興趣及能力為課程發展中之首要考量，此為訴求中最起碼的考慮。在上述介紹的模式裡，幾乎所有的模式都會認為它是以學習者為中心的角度去思考學習的問題。然而，在這一片聲浪中，仍有學者提出關於「開放教育」、「以幼兒為中心」的盲點與迷思。余安邦（1997，2001）指出，「以幼兒為中心」為理念的開放教育，如進一步去探究教師實質上的教學活動、課程設計與實施情形，仍是以教師為主要掌控的一方，意即教師教個人的個性、喜好、價值觀以及所有的生活經驗，皆在有意無意間左右著每一項教學內容的選擇與教學方式的實施。教師於教學實施歷程中，時時刻刻需要考慮幼兒在學習上之興趣及能力展現；另一方面，教師本身之專長、知識、個人興趣及特性，也是決定課程時的影響因素，不是標榜著「以幼兒為中心」的課程即可代表教學品質的保證。因此，探討「以幼兒為中心」之信念與作法，在課程與教學上的意義及其衍生的問題是什麼？基於上述之動機，本章有兩個基本的目的：一為，了解班級層級中師生之課室言談；二為，從資料分析之結果，省思以「幼兒為中心」之課程與教學上的意義與可能衍生的問題，以及教師在課程與教學中可扮演之決策者的角色。

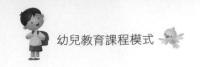

本章資料蒐集之幼兒園課程的特色是強調「以幼兒為中心」的課程。研究班級為中小班，共有三十位幼兒，其中年齡屬於中班的幼兒共九位（男生六人，女生三人），年齡屬於小班的幼兒共有二十一位（男生六人，女生十五人）。研究對象是小綠老師。

小綠老師有二十多年的教學經驗，教學上非常強調應該要與幼兒雙向互動，並藉由討論來了解幼兒的內心想法。她認為，語言是表達內心思想的管道，所以透過互動性的討論，才能真正了解幼兒的想法與行為背後的原因，進而才能針對其需求進行教學。她同時認為，個人若只是在有限的知識中打轉，是無法繼續成長的，必須要有一位能力較高的人適時做指引，為其搭建學習的鷹架。

本章資料的蒐集為整個方案課程資料，包括：整個方案課程所進行之活動內容、主題活動之活動內容、課堂活動之活動內容，以及課堂時段內所進行課程活動之教室言談的資料蒐集。資料的分析範圍是從 2002/09/09 至 2003/01/04 所進行之方案課程活動內容中，抽取 2002/11/04 至 2003/01/04 中的主題活動之活動內容，並從中選取 2002/12/11 方案課程所進行課堂活動之活動內容，以及 2002/12/11 當日 10：16～10：29 課堂時段內所進行課程活動及教室言談的資料蒐集（如圖 17-1 所示）。資料分析架構係參考 Dixon 與 Green（2000）所提出，分析教師在教學活動中所產生事件資料之架構，可從微觀至鉅觀，依序分為「活動時段—活動—日—月—學期」進行分析。資料分析方法係採質性研究方法，即先將資料依照其具有的相關意義加以群組起來，以界定資料屬性，例如：本研究中之情境或課堂時段單位的切割；之後再將分割的資料，或獨立、或彼此之間聚合起來，以進行第一次與第二次的分析及比較，以對複雜的現象及各單位彼此之間的關係進行了解；最後，根據分析及比較結果發現教學事件其背後隱含之意義，進而深入討論相關議題。

第一節　班級裡師生課室言談案例之分析

圖 17-1 所呈現的既是資料蒐集與分析的架構圖，也是小綠老師一學期之「麵粉」方案的課程內容圖。以下即從微觀至鉅觀之方式依序分析與敘述。

課堂時段

時間	師生對話
10：16	情境 1
10：18	情境 2
10：19	情境 3
10：20	情境 4
10：22	情境 5
10：29	情境 6

課堂活動：蘋果饅頭（2002/12/11）

日期	活動內容
10：14	品嚐昨天製作的饅頭
10：16	討論學生製作之饅頭的缺點以及改善方法
10：29	針對材料的分量，討論下一次製作之分量是否做增減
10：31	詢問下一次要做什麼口味的饅頭
10：31	比較自己做的饅頭和老師帶來的饅頭
10：33	詢問下一次要做什麼口味的饅頭
10：42	詢問及確認每一個幼兒需負責攜帶的材料
10：50	結束

主題活動：饅頭——如何製作好吃的饅頭

日期	活動內容
2002/11/04	品嚐與比較自製及買來的饅頭
2002/11/08	製作白饅頭
2002/11/28	製作草莓蘋果饅頭
2002/12/09	製作蘋果饅頭
2002/12/11	討論改善自己製作的蘋果饅頭
2002/12/12	製作葡萄饅頭
2002/12/13	品嚐昨天製作的饅頭
2002/12/18	製作香蕉饅頭
2002/12/19	討論第二次製作的香蕉饅頭
2002/12/20	分享專家長試吃饅頭的心得
2002/12/31	製作葡萄乾饅頭
2003/01/04	成果展

方案：麵粉

日期	活動內容
2002/09/09~2002/09/13	有色麵團
2002/09/13~2002/10/14	麵泥塔
2002/10/14~2002/10/28	酵母實驗
2002/10/28~2002/11/04	認識測量單位
2002/11/04~2002/11/25	製作好吃的饅頭
2002/11/25~2003/01/04	分為三組：1.饅頭 2.捏麵人 3.麵團工廠
2003/01/04	饅頭組成果展

91學年度第一學期課程方案（方案課程在整個課程結構中的位置，請參考本書第十五章的表15-4）

圖 17-1　「麵粉」方案的課程內容圖

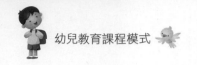

壹、課堂時段（早上 10：16～10：29）

　　筆者擷取早上 10：16～10：29 作為分析時段，此時段主要在討論前次所製作饅頭之缺點，並希望幼兒能提出改善的方法。

一、情境內之對話內容及分析

（一）活動目標

　　該日的活動主要在討論上一次所製作的蘋果饅頭有沒有達到預期的結果？是否有需要改進之處？如需要改進那麼可行辦法為何？討論出結論之後將於下一次製作饅頭時試做。

（二）師生對話內容及分析

　　依照對話內容重點的轉換，筆者將 14 分鐘的對話切割成六個情境，分別進行描述與分析。

> **情境 1：**教師針對幼兒前一次所製作的蘋果饅頭沒有蘋果味道的問題繼續提出討論，但是，師生間的對話並未依教師的期望發展。

10：16

　　T：有吃到蘋果的味道嗎？

　　CS：沒有。

　　C1：好苦（指饅頭）。

　　T：像什麼一樣苦？

　　C：像咖啡一樣苦。

　　C2：像檸檬一樣苦。

　　T：他說（手指饅頭）像咖啡一樣苦，有誰喝過咖啡？

　　C2：我。

　　T：你喝過啊！你咖啡加不加糖？

　　C2：有。

……

分析

　　教師根據上次活動的結果，期望這次的討論目的是檢討做出的饅頭，在味道上有沒有達到預期結果，幼兒雖回答沒有蘋果的味道，但是並未繼續討論下去；因為此時 C 1 提出這個蘋果饅頭吃起來很苦，於是小綠老師延續著幼兒所說的意見，提出「像什麼一樣苦」的討論，轉移了原先討論的焦點。此外，在前次活動中及此次討論時，師生對「預期結果」是什麼是否有共同的理解？這個「預期結果」是要「做出」有「蘋果味道」的饅頭，強調成品的完成，還是要「實驗」加入蘋果之後，饅頭味道的變化，強調實驗過程中變項的控制與實驗結果間的關係？從教師的提問來看，小綠老師所預期的結果是「做出有蘋果味道的饅頭」，然而，幼兒的回答卻傾向於饅頭加入蘋果之後味道的改變。師生間的對話顯然欠缺共同的理解。

> 情境 2：教師提出糖的「分量」應改變多少的問題，但是幼兒討論的則是加糖的「方法」。

10：18

　　T：這次的蘋果饅頭要多加一點什麼？（手指著牆上貼的白紙上所寫的字──水與糖）水跟糖，因為要做甜一點的饅頭。昨天加了多少糖？

　　C1：兩湯匙。

　　T：兩湯匙的四分之一，是不是？是兩個四分之一的糖……你覺得呢？（問一位小朋友）

　　C1：太少了。

　　T：為什麼太少了？

　　C1：我爸爸都是用倒的。

　　T：你爸爸都是用倒的喔！倒下去的。（手做出倒東西的動作）

　　C1：不用全部倒。

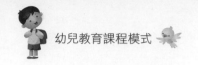

T：不用全部倒，這樣會比較甜嗎？

C1：你要把它攪拌一點。

T：要攪拌一點。

分析

在這段的對話中，可以發現兩處的師生對話有答非所問的情況，教師問「為什麼太少了？」，C1 卻回答「我爸爸都是用倒的」；教師問「這樣會比較甜嗎？」，C1 回答「你要把它攪拌一點」，兩方對談沒有交集。不過，幸好小綠老師在接續的提問中適時地將話題拉回，繼續討論糖應該加多少分量的問題上（情境 3）。

情境 3：接續情境 2，教師討論如要改善這一次饅頭的缺點，那麼糖的「分量」是不是要做增減，但是幼兒的回答則是朝著饅頭嚐起來的「味道」如何之方向前進。

10：19

T：那我們下次做的時候要放多少的比例？今天的饅頭有沒有很甜？

CS：有。

T：那我們要放多少的糖才會比較甜？你們覺得今天的蘋果饅頭需不需要再放多一點的糖？

CS：要。

T＞C2：你覺得呢？這樣的饅頭需不需要多放一點糖？

C2：要要要。

T＞C4：你覺得今天的饅頭怎麼樣？

C4：很不錯。

T＞C4：很不錯啊，怎樣很不錯？

……

分析

小綠老師的問話與幼兒的回答一直繞著「饅頭的味道嚐起來如何」的

問題上。從第一句的提問以及下一句的提問之兩次提問來看，小綠老師在一句話中一連問了兩個問題，幼兒的答話容易隨著後一句話的問句回答，以致一直無法帶領到教師心中想討論之甜度、麵粉和糖之間的關係問題。

情境 4：承接情境 3，教師欲繼續與幼兒討論，如要增加饅頭甜度，那麼糖的「分量」應如何調整，但是對話的結果走向對饅頭甜度的個人感受上去了。

10：20

　　T：C1 他的比較苦，為什麼會這樣子？

　　T：那為什麼會這樣？今天做的蘋果饅頭……

　　C：這個沒味道。

　　T：這個沒味道，然後……

　　C3：我的吃起來剛剛好（手搖了搖），沒酸沒苦。

　　T＞C3：有沒有甜？

　　C3：沒有，剛剛好。（手搖了搖）

　　T：可是我們這裡（指白板上）寫了要加多一點糖會比較甜，這樣夠嗎？

　　CS：我的甜甜的。

　　T：有的人說剛剛好。剛剛好的舉手，不會太甜，不會很甜，也不會不太甜，有點甜的舉手。

　　C6、C5、C7 舉手。

　　T＞C6：覺得有一點甜，你覺得吃起來好吃？

　　C6：（點點頭）

　　C5：我也是。

　　T：你覺得吃起來怎樣？

　　………

分析

　　小綠老師希望繼續討論如何調整糖的分量以增加饅頭的甜度（第八

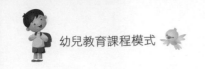

句），但（第十二句）「你覺得吃起來好吃？」之問話，頓時將討論的焦點轉移至個人對饅頭甜度之觀感上，使得原本想討論之焦點被轉移。

情境 5：小綠老師請幼兒從觸覺、味覺、嗅覺及視覺等多方面做觀察。比較自己做的饅頭與張阿伯所做的饅頭之間的差異，希望藉由專家所製作的饅頭，刺激幼兒再觀察自己製作饅頭之缺點。

10：22

T：好，現在把你手上的饅頭先放著。我們來比比看張阿伯做的饅頭（將大饅頭拿起並撥開）。請拿到的時候先不要吃。我要你們先去壓壓看（手做壓的動作）、捏捏看，先不要吃。（將饅頭撕開，分別發給每一位小朋友）

C1：好軟喔。

CS：好香喔。

C2：有熱熱的味道、熱熱的味道。

T：好，壓壓看，是張阿伯的比較軟，還是我們做的比較軟？

C3：張阿伯做的好軟。

T：比較軟，那要不要吃吃看？（吃一口張阿伯做的饅頭）

C4：甜甜的。（繼續吃饅頭）

T：除了甜甜的，還有吃到什麼？咬起來的感覺？

CS：軟軟的。

T：為什麼張阿伯做的比較軟？

C3：（舉手）因為他有加很多水。

T：加比較多的水。還有呢，為什麼張阿伯做的饅頭比較軟？

T：好，那你打開（指張阿伯做的饅頭，撕開讓小朋友看），有洞洞喔。然後撕開，有一條喔……我們自己做的饅頭有嗎？

CS：有。

T：我們做的饅頭你撕開，有沒有洞洞？（拿起小朋友做的饅頭並將它撕開）有沒有？這個是洞洞（指著饅頭的洞洞讓小朋友看）。顏色有沒有一樣，做的顏色？

CS：沒有。

T：張阿伯做的饅頭顏色跟我們做的饅頭（將兩種饅頭擺在一起），那裡有……

CS：……顏色比較白。

T：我們的顏色比較白一點，對不對？

……

分析

　　小綠老師在這一段話中話鋒一轉，拿出示範樣本——張阿伯所製作的饅頭——與幼兒自己做的相比較，從觸覺、味覺、嗅覺及視覺等多方面做觀察。幼兒雖可以比較出兩者的不同，卻無法提出造成差異的原因，並說出如何改進的方法。意即，教師原意希望藉由張阿伯的饅頭刺激幼兒說出自己所做饅頭的缺點，並提供改進的方法，但是僅停留在比較的階段，並未見到後續提出更深入的解決辦法，讓人有功虧一簣之感。

情境 6：在情境 1 已與幼兒討論過為什麼自己做的饅頭沒有蘋果味道，當時並未得到結論，於是教師在此又再次地提出這個問題。教師欲討論的是如何改進味覺上沒有蘋果味道的問題，但是幼兒的對話卻走到了另一個方向。

10：29

T：ㄟ，我們做的蘋果饅頭，為什麼大家沒有吃到蘋果呢？那蘋果到哪裡了？

C2：因為它都捏在饅頭裡。

T：那為什麼蘋果不夠多，你有吃到蘋果味道嗎？

CS：沒有。

CS：……

T：蘋果，那下次要做什麼？

C3：蘋果都被包起來了。

T ＞ C3：可是你有吃到包起來的蘋果嗎？

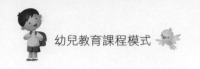

C3：沒有。

T：為什麼？

C3：融化掉了。

T：融化掉了，融化在哪裡？

C5：（拿饅頭給老師看）裡面。

T：什麼叫融化？

C4：融化就是消失。（將雙手向外劃大）

T＞C4：消失在哪裡？

C4：消失在饅頭。

T：喔，消失在饅頭裡喔。

C4：（點頭）嗯。

T：那應該吃的出來還是吃不出來？

C4：（搖頭）吃不出來。

T：吃不出來。那怎樣才會吃到蘋果的味道？

C5：……原味的蘋果饅頭……。

T：好。我剛才問要怎樣有蘋果味道的饅頭？

C5：……

C6：……饅頭。

T：對，可是我剛才問你們的，你們都不回答我。還是你們還沒想？

C5：都還沒有想到。

T：我要看誰的頭腦最會想。

C7：想到了。

T：好，你說。

C7：有點甜甜的。

C3：加更多糖。

分析

教師問：「為什麼大家沒有吃到蘋果呢？那蘋果到哪裡了？」意思是指沒有吃到蘋果味道，而不是真的指蘋果本身，但是教師所使用的語言不夠精確，從幼兒的反應（「融化掉了」、「消失在饅頭」）顯示幼兒理解到的是蘋果本身，因此3分鐘的對話都在沒有交集的情況下進行。最後，教

師再次回到本次活動的目標之一「怎樣有蘋果味道的饅頭」，答案卻是「有點甜甜的」、「加更多糖」，仍是雞同鴨講、答非所問的討論。

二、小結──平凡的瞬間露出了滴水穿石的威力

若將六個情境串連起來看時，在歷時 14 分鐘的對話情境中，可以發現小綠老師心中欲討論的重點有二：一為「如何解決蘋果饅頭中蘋果味道太少」的問題；二為「糖的分量應為多少」的問題。但由於教師語言上的曖昧性，帶領討論時焦點不斷的轉移問題，師生間對話的失焦性、討論目的的不明確性等狀況，導致在 14 分鐘之內，整個教學過程未能達到教師所設定的活動目標。

貳、課堂活動（早上 10：14～10：50）：蘋果饅頭

一、課堂活動時間、教學流程及其分析

課堂活動之分析：從圖 17-2 來看，可以看到兩個現象：

1. 討論問題、教學活動間的轉換頻繁，欠缺提供問題深化所需的時間。在 37 分鐘內，討論四、五個主要的問題。一個問題尚未解決就提出第二個問題；第二個問題尚無結論又出現第三個問題。

2. 教學欠缺銜接性：在 10：14、10：16 及 10：29 三個時段是品嚐及檢討上次做的饅頭，並討論下一次如何改善蘋果饅頭，到了 10：31 及 10：33 時，討論話題卻變成「下一次要做什麼口味的饅頭」。本次活動是要「討論、改善已製作之蘋果饅頭」，在活動中卻出現了「下一次要做什麼口味」的討論。活動時段之間欠缺銜接性。

二、小結──滴水匯成河川，緩緩而行，將行向何方？

在 37 分鐘的時段裡，教學活動依然未能達到教師所設定的活動目標與教學目標。

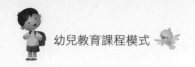

10:14　品嚐昨天製作的蘋果饅頭

10:16　討論學生製作之饅頭的缺點及改善方法

10:16　情境 1—改善蘋果味道過少的問題 ────────── 沒結論

10:18　情境 2—糖的「分量」應增為多少 ────────── 話題轉移至加糖的「方法」

10:19　情境 3—糖的「分量」應增為多少 ────────── 話題轉移至饅頭嚐起來「味道」如何

10:20　情境 4—糖的「分量」應增為多少 ────────── 話題轉移至個人對甜度的觀感上

10:22　情境 5—比較自己製作和專家製作的饅頭 ────── 幼兒能比較差異，但無法提出原因

10:29　情境 6—改善蘋果味道過少的問題 ────────── 沒結論

10:29　針對材料的分量，討論下一次製作饅頭時各種材料之分量是否做增減

- 牛奶維持前次分量（200 毫升）
- 麵粉維持前次分量（300 公克）
- 酵母粉維持前次分量（二個 1/4 茶匙）
- 糖的分量需增加（檢討昨天做的太苦，所以從原本的一個 1/4 茶匙增為二個 1/4 茶匙）

10:31　詢問下一次要做什麼口味的饅頭 ────────── 一句話帶過，沒有討論

10:31　比較自己做的饅頭和顧老師帶來的饅頭 ────── 因為幼兒吃不下，所以沒有深入比較

10:33　詢問下一次要做什麼口味的饅頭
　　　依照個人意願，下次製作饅頭分為三組： ────── 三組材料的分量，皆是今天所討論的結果
　　　1. 蘋果（一人）：想繼續前一次的口味。
　　　2. 葡萄果醬（七人）：因為果醬比較方便。
　　　3. 葡萄果粒（一人）：因為以前已有使用過果醬的經驗，所以想換果粒試試看。

10:42　詢問及確認每一個幼兒需負責攜帶的材料

10:50　結束

圖 17-2　2002/12/11 課堂活動時間之教學流程圖

參、主題活動：饅頭

一、主題活動內容之發展及分析

（一）主題活動內容之發展

　　小綠老師於教學活動設計中說明了在進行「麵粉」主題活動時，其教學目標為下列五項：(1)增進團體合作的態度；(2)增進語言發表的能力；(3)培養良好習慣；(4)培養科學研究的精神；(5)創作的能力。

　　在製作饅頭的過程中，小綠老師主要欲達到的目標為「培養科學研究的精神」。由於小綠老師欲培養幼兒科學研究的精神，因此每一次在製作好吃的饅頭之活動當中，她會帶領幼兒針對饅頭的特性（味覺：甜度、草莓口味、蘋果口味、香蕉口味、葡萄口味、葡萄乾口味；觸覺：軟硬、乾濕；視覺：光滑、顏色）做討論。在這兩個月的教學中，其課程發展如表17-1 所示。

（二）主題內容之分析

　　在「麵粉」方案中，小綠老師以做饅頭為達到教學目標之方法（手段），幼兒的興趣的確影響著教師的教學，活動的取捨常與幼兒的興趣所在互相牽動。小綠老師在教學日誌上曾提及：「原來預定製作饅頭時，我曾想，難道這一學期都要這樣一直製作麵粉製品嗎？幼兒會有興趣嗎？」她因為擔心幼兒對於麵粉製品的興趣會消失，於是時常思考該如何引起幼兒的興趣，以讓活動持續進行。為了讓幼兒保持製作饅頭的高度興趣，小綠老師採取的方式是讓幼兒自己提議下一次要製作的饅頭口味。

　　小綠老師依著學生的興趣，忙著做各種不同口味的饅頭，理想上是希望透過製作好吃的饅頭來帶領幼兒探索好吃的變項。教師帶領著幼兒觀察每一次所製作不同口味的饅頭可以改進之處，並提出具體辦法以在下一次製作時做實驗。小綠老師在課堂中談到影響饅頭好吃的變項有三項，但是卻沒有知覺到口味的改變也是饅頭實驗中的變項之一，造成每一次製作時皆有兩個以上的變項在進行實驗，其所預設要探索的主要變項被模糊化，

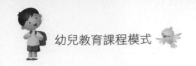
表 17-1　主題活動：「饅頭」課程之發展

日期	活動目標 （欲解決之問題）	活動內容	教學方法	結果
2002/11/04	能比較出自製的以及買來的饅頭兩者間的差異	品嚐與比較自製及買來的饅頭	品嚐、討論	買來的比較甜、比較軟、比較白
2002/11/08	味覺：如何讓饅頭甜一點？	製作白饅頭	製作饅頭、討論	多加點糖
	觸覺：如何讓麵團軟一點？			少加點酵母
2002/11/28	觸覺：如何讓麵團軟一點？	製作草莓饅頭	製作饅頭、討論	用力搓麵團
	視覺：如何消除麵團上的紋路，使之較光滑？			加水、加牛奶
2002/12/09	味覺：要如何做「好吃的」饅頭？	製作蘋果饅頭	製作饅頭、討論	加水、加糖、加蘋果
2002/12/11	味覺：如何讓蘋果饅頭更有蘋果味道？	討論改善已製作的蘋果饅頭	討論	沒解決
	味覺：饅頭的甜度夠不夠？糖的分量需不需要做調整？			增加糖的分量
2002/12/12	口味：為什麼每個人所吃的口感不一樣？要做什麼口感的饅頭？	製作葡萄饅頭	製作饅頭、討論	尊重個人喜好
2002/12/13	觸覺：如何解決饅頭比較軟，但是沒有筋度的問題？	品嚐昨天製作的饅頭	品嚐、討論	用力搓麵團，並帶回家讓爸媽品嚐，讓爸媽一起來評斷
2002/12/18	味覺：如何解決饅頭太苦的問題？	製作香蕉饅頭	製作饅頭、討論	加糖
2002/12/19	視覺：香蕉饅頭為什麼會黑黑的？	討論第二次製作的香蕉饅頭	討論、品嚐	沒解決
	味覺：如何解決饅頭太苦的問題？			
2002/12/20	味覺：為什麼每個人所吃的口感不一樣？要做什麼口感的饅頭？	分享家長試吃饅頭的心得	討論	尊重各人喜好
2002/12/31	味覺：為什麼饅頭吃起來臭臭的？	製作葡萄乾饅頭	製作、討論	因為酵母粉發酵過度

無法從實驗結果得知究竟是什麼造成改變，幼兒也不知道自己所面臨的是許許多多不停更動的變項，更導致推論、預測及實驗過程中的變項過多，幼兒最後仍不知道哪些變項影響了饅頭的好吃與否，例如：在製作香蕉饅頭時，幼兒覺得麵團太乾硬，於是有幼兒提出可以再多加一點牛奶試驗看看；在下一次製作饅頭時牛奶的分量增多，但是他們未考慮到製作葡萄饅頭中的果醬本身已含有水分，結果麵團又變得過於濕黏；於是解決辦法就變成多加一點麵粉，加了麵粉又導致過於乾硬——整個饅頭課程一直出現同樣的問題，不停地循環，卻無法解決。

另外，在討論當中，教師希望透過提問，使幼兒自己發現並說出解決方法，也就是「加多少分量的糖」。然而，每位幼兒對於味道的感覺是不同的。小綠老師於製作好吃的饅頭之後期才恍然大悟，自己對於帶領幼兒製作所謂「好吃」饅頭的迷思：

> 我將製作好吃的饅頭當成教學目標，其實饅頭好不好吃，可能因人而異，因為每個人的口感不同。如果要製作到如同專業的饅頭標準，似乎又只落在製作饅頭的技術上鑽研，這似乎是饅頭店的目標，並不是我們教學唯一的目標。如果這樣恐怕這學期都難達到，而幼兒的學習目標也會太狹隘。

二、小結——引導錯誤了，載舟之水成為覆舟之用

小綠老師與幼兒們共花費了兩個月的時間製作好吃的饅頭，其教學目標原本是要培養幼兒科學研究的精神，因此教學方法上應多做實驗，透過實驗的過程，學習透過變項的控制來看實驗的結果。但從表 17-1 來看，小綠老師的教學在強調與討論饅頭的「製作」，而不是在強調「實驗」。這顯示目標與手段間的錯置，致使教育效能無法彰顯。

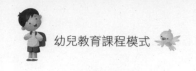

第二節　討論與省思

壹、討論

　　根據上述資料分析的結果，有下述三個值得深入討論的問題依序予以陳述。

一、教學目標的問題

　　「以幼兒為中心」的課程與教學理念在語意容易有表達上的限制，因此許多教師常誤以為課程不需要事先規劃，課程發展只要以「幼兒」為指標，沒有目標也無妨。從小綠老師的個案分析可以發現，目標的相關議題對其在課程與教學上所造成的影響。長久以來，學界與實務界常忽略目標在課程與教學中之重要性，是一件值得注意與省思的事。

　　從 Tyler（1949）、Williams（1976）以及 Dewey（1916）的論點來看，目標的功能在於引導教師在課程發展中的決定，唯有當教師對於目標的理解清楚及掌握住，才能使教育產生意義。本研究發現，目標之層級性、發展性及彈性與課程之決定發展等有密切的關聯性。以下分別敘述筆者個人之觀點。

（一）目標的層級性及其間之穿梭性

　　一般人們提及「目標」，都會想到行為學派的「行為目標」。從 Tyler（1949）在《課程與教學之基本原則》（*Basic Principles of Curriculum and Instruction*）一書中所舉的例子可以發現，他所提的目標其實有兩種：教育目標與行為目標。在他所舉出的一群英文老師定義目標的例子中，「能欣賞文學作品」為教育目標，而「學生想要多閱讀文章、了解文章作者的慾望；閱讀文章後刺激個人的創造力，並能表現出來；能認出文章中的角色；能判斷文章之好壞等」則是行為目標（pp. 60-61）。李子建、黃顯華（1996）則將不同目標的分類歸納成垂直分類與水平分類，層級性的目標

屬於前者,而 Bloom(1956)等學者對於認知、情意領域的目標分類屬於後者。不論是垂直分類或水平分類,分類層級愈低,目標就愈具體,層級愈高的目標則愈抽象。

　　小綠老師的目標也是具有層級的,由高至低分別為教育目的、教學目標及活動目標。在約兩個月的「饅頭」課程中,小綠老師課程中的活動目標並未隨著時間而漸漸朝向高層次發展。在課程實施時,只停留在好吃饅頭的「製作」,導致高層次的教學目標「培養科學研究的精神」難以達成。由此,筆者看到了忽視或混淆「目標的層級性」之可能危機是,在選擇課程內容及方法時,就會出現像小綠老師迷失在低層次的操作上,只求活動的延續,而幼兒學習或獲得的經驗是瑣碎而未經深化的,嚴格而言,只能算是活動發展,不能算是課程發展。筆者認為,低層次的行為目標可以抽象之高層次教學目標予以具體化與外顯化,而高層次的教學目標則是一個方向。活動目標需時時回扣教學目標,需時時檢驗教學目標的落實性,課程才能呈現出一貫的關聯性。活動目標與教學目標間的來回呼應、穿梭性的互動,有助於教育目的的達成。

(二)目標的發展性

　　從課程的工學模式來看,教學目標及行為目標的形成是事先設定的。然而從研究中得知,小綠老師的教學目標及活動目標其實是在過程中形成的。

(三)目標的彈性、不確定性與暫時性

　　Dewey(1916, p. 104)認為,目標是需要有彈性,且需參考實際情形;目標的彈性與其發展性是一體兩面,無法相互排除的。當目標設定之後,小綠老師仍會依幼兒之實際情形來調整原訂之目標,也就是在發展過程中,目標是可以改變的。因此,目標是具有彈性特質的,例如:在製作饅頭的過程中,小綠老師發現幼兒觀察到酵母發酵後使得麵團「長大」的過程,並抱持極大的好奇心,注意到這樣的教學機會,因此小綠老師停下原訂的活動目標,讓幼兒仔細探索酵母發酵的實驗過程。

　　在這個例子裡,小綠老師在課程發展的動態過程中,會從幼兒的反應掌握到教學機會,停止了原訂的活動,而發展出有意義的教學活動,反而

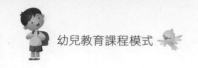

更能達到先前設定的高層次教學目標——「培養科學研究精神」。由此可知，剛開始預設的目標就成了暫時的目標，是可以變動的，而後續的目標又會因為難以預期的課程發展產生不確定性。換言之，彈性的另一面向是不確定性及暫時性。

保持目標的彈性能夠避免事先規劃之課程無法因應現狀之僵化問題，但若目標的彈性過大，則易造成課程走偏的問題。如何決定彈性的程度？筆者認為目標的彈性應有一個指標來控制——就是活動目標、教學目標和教育目標之間的關聯性。當教師要依實際教學情形來彈性調整活動目標時，若能時時檢視活動目標、教學目標和教育目的之間的關聯性，將教學目標與教育目的當成維持課程走向之總舵，就不致於產生課程偏向或是流於片段瑣碎的問題。

上述目標的三點特性在課程發展與教學實施的過程中，是互相支持、互動的。當教師在發展課程時，目標的發展性使得目標能保持彈性，進而促進課程發展的「活力」；目標的層級性更是增進教師在目標彈性拿捏上的依據，當教學目標與教育目的為主變項時，活動目標就是依變項，如此才能引導課程發展朝向有意義的學習，而非漫無目的地在知識汪洋之中游移。

二、教學方法的問題——「討論」教學法

從分析結果發現，小綠老師常以與幼兒互相討論的方式進行教學，然而卻在其帶領討論時，出現討論焦點不斷轉移、師生間對話失焦、討論目的不明確性等問題，導致教學效能低落的現象。

討論（discourse）通常是泛指廣義的對話活動。討論的進行是由兩個或兩個以上的人針對一個主題進行對話，彼此之間的互動是藉由語言交談、非語言線索，或藉由傾聽來擴充見解（Gambrell & Almasi, 1996）。討論其實是包含一種社會與文化的概念（Billings & Fitzgerald, 2002）；換言之，在討論中彼此所產生的意義及見解，是來自其所處之文化和社會脈絡中。Bakhtin（1981）進一步認為，討論是一種使意義之間持續互動的方式，在討論的進行中，透過成員之間對於此意義或觀點的相互流動，將使得討論的成員獲得新見解。同樣地，在教室中的討論，其主要概念亦是指成員在社會情境中使用語言來創造或協商（negotiate）彼此之間的立場及角色

（Mercer, 1995）。然而，與其他討論不同的是，若要以討論來進行教學，其討論的重點在於與學科相關的問題及議題，希望學生能藉討論而發現引起爭論及值得思考的地方。此外，討論議題的選擇應考慮和學生的生活經驗相關及學科中所包含的知識和程序（Brophy & Alleman, 2002）；且教師要幫助學生，提升學生從事討論主要議題及問題的能力。因此，議題及問題的選擇將是影響討論品質的最重要因素（Hogan, Nastasi, & Pressley, 1999）。

　　課堂中討論的進行，依照教師所欲達成的目的而有不同的形式，一般說來有兩種：一為教師藉由詢問學生問題，然後以傾聽學生回應的形式進行討論。此種形式的討論目的是希望引導學生了解課程的內容，並討論教師認為重要的議題。然而，此種形式受批評的地方是教師過於主導一切，即只是鼓勵學生進行聚斂式思考，例如（引自 Hogan et al., 1999, p. 405）：

　　　教師：好，這裡有一張固體的圖片，如果你想要聞到固體的
　　　　　　味道，你要怎樣做？
　　　學生 1：把固體斷開就可以聞到味道。
　　　教師：這樣就是斷開了嗎？
　　　學生 1：我的意思是把它斷得很小很小，才能聞得到味道。
　　　教師：你的意思是說還有東西比這些還要小？那你們要叫這
　　　　　　些一塊塊的東西叫什麼？
　　　學生 1：分子。

　　另一種討論則是較自由的形式，討論的成員彼此之間交換、分享彼此的觀點，也可能創造出新觀點。此種討論形式的目的在於探索不同的觀點及見解，廣納正反兩面的意見，幫助學生創新，例如（引自 Hogan et al., 1999, p. 402）：

　　　學生 1：嗯……固體的味道。
　　　他們回憶起並描述出實驗活動。
　　　學生 1：喔！我知道為什麼了，因為有像是小微粒（partic-
　　　　　　　les）的東西脫離出來。
　　　學生 2：對！但是這要怎麼做呢？（手指著固體、液體及氣體
　　　　　　　的分子結構圖）

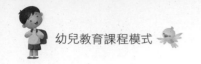

學生3：對呀！這……。

學生1：可能是這微粒脫離出來。（手指著圖片）

學生2：嗯……是這……。

學生3：並不會有任何改變，所以不是……。

學生2：不是啦！我們現在只討論固體。

學生1：對啊！所以……。

學生2：我們現在正討論……，它並不是氣體。

學生3：對呀！因為這所有都是固體。

學生1：是啊！

……學生不確定味道是固體還是氣體，所以繼續討論著。

　　這種較自由的討論形式具有三種特性（Nystrand, 1997; Wells, 1999），包括：(1)在討論中被視為重要的討論議題是參與討論的成員所共同決定的；(2)學生對於討論議題的見解是他們自己所創造出來，而非由教師給予；(3)討論的形成及內容並非由教師主導。

　　此外，教室中討論之理論上的假定是平等主義（egalitarian）的本質，即所有討論參與者關於主題的觀點、信念和見解都是有價值的，且參與者有責任參與討論及傾聽。然而，在團體討論中，只有少部分學生會積極參與或能產生有效學習，大部分的學生都只是被動的聽眾（Nuthall, 2002; Roth, 2002）。事實上，從研究結果顯示，在教室中並不常出現真正的討論（Mercer, 1995），就算進行討論的教學形式，最常出現的討論只是 IRE（initiate-response-evaluate）的形式；換言之，課程進行的方式大都是遵行著教師先發問問題，學生回答答案，之後教師再來評量學生回答的答案（Wells, 1993）。且大部分教室中的討論皆傾向以教師為中心，只是培養學生複製教師所知道的知識（Danielewicz, Rogers, & Noblit, 1996; O'Connor & Michaels, 1996）。當討論的進行是受到教師控制時（即以教師為中心），則教師的角色是管理者（manager）、程序上的促進者（procedural facilitator）、評量者（evaluator）、掌控者（controller），以及指導者（instructor）；相對地，學生的角色則為被動的觀察者（passive observer），與評論家（critics）一樣（Nystrand, 1997; Sperling, 1995）。

　　討論也可以應用在科學教育上，其教學方式亦可分為兩種取向，包

括：教科書取向（textbook-focused）及探索取向（inquiry-oriented），此兩種取向在討論上會呈現不同的教與學之情況。教科書取向的教學主要是要學生記憶科學的專有名詞及解釋，但並未教導學生將其應用於現實的日常生活中；這樣的學習使得學生無法透過經驗來整合知識，此教學中的討論是以教師起始的師生對話為主，師生互動多為教師說、學生回應，之後教師再評論的方式（似前述所提之教師主導的討論及IRE形式）。而在探索取向的教學中，學生不必死背名詞，透過許多直接參與的活動及討論來學習科學知識，此教學中的討論則多為學生起始的對談，教師則是以開放性問題促進學生的學習（似前述所提之成員間的自由討論形式）（Roth, 2002）。不過，不論是教科書或探索取向的教學，都只能幫助小部分的學生真正學得科學概念及科學的本質（Roth, Anderson, & Smith, 1987），因為有些教室中的討論（classroom discourse），並無法幫助學生學得知識及轉變先前已有的信念。之所以造成如此結果的原因有二：一為在教室討論中，只有少數的學生會參與討論，絕大多數的學生都屬於被動的聆聽者，很少主動參與討論；另一為只有藉由某些學生進行討論來獲得知識，而在討論中，應該經由每個人分享彼此的知識，並奠定在不需要解釋或詳述的已知知識之基礎上，才能使學生皆參與討論並學得知識（Ball & Bass, 2000）。簡言之，教室中的討論無法幫助學生學習，是因為一些特殊學生的經驗與班上的其他人過於不同所造成。因此，討論並非是課程進行中唯一值得進行的學習活動，有時候必須透過直接教學（direct instruction），以提供學生與討論議題相關的訊息（Bruner, 1990），並引導學生學習先備知識。

　　綜合上述討論及本研究之分析結果可知，在小綠老師的課堂中並未見到幼兒之間有互動的討論，大多數的情況是教師以問題引發幼兒的想法，例如：

　　　　教師：今天的饅頭有沒有甜？
　　　　幼兒：有。
　　　　教師：你們覺得今天的饅頭需不需要再多放一點糖？
　　　　幼兒：要要要。
　　　　教師：你覺得今天的饅頭怎麼樣？
　　　　幼兒：很不錯。

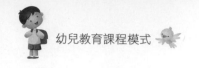
......

　　幼兒：苦苦的。

　　教師：你覺得苦嗎？

　　幼兒：他的比較苦。

　　由此可以看出，小綠老師在課堂中的討論是屬於教師主導的類型。然而，在其主導的討論中又缺乏評估幼兒回應的部分，因此導致小綠老師進行的討論活動常會有失焦、討論目的不明確的問題。

三、教師學科知識及學科教學法知識的問題

　　Shulman（1987）將教師的知識基礎分為七項，分別是：內容知識（content knowledge）、一般教學知識（general pedagogical knowledge）、課程知識（curriculum knowledge）、教學內容法知識（pedagogical content knowledge）、學習者特質的知識（knowledge of learners and their characteristics）、教育情境脈絡的知識（knowledge of educational contexts），以及教育目的、目標與價值的知識（knowledge of educational ends, purposes, and values）。其中，以「教學內容法知識」最能顯示出教師的專業性（Shulman, 1987），因為此項知識混雜著學科內容及教學知識。Cochran 與 Jones（1998）進一步指出，學科知識應該包含四個要素，即：關於學科知識的論據及概念的內容知識（content knowledge）、關於學科領域中典範的名詞知識（substantive knowledge）、在此學科領域中獲得新知的方法知識（syntactic knowledge），以及關於此學科之信念（beliefs about the subject matter）。

　　根據上述所言，教師在進行科學教育課程時，最基本的是應該要具有科學學科知識及科學教學知識。關於科學學科知識方面，因為自然學科知識包羅萬象，可包括物理、化學、生物、環境保育、地球科學等，對於幼教教師而言，並無法一一獲得各領域之相關學科知識，但必須要能了解科學知識的特性，包括：(1)科學知識具有連結性及結構性；(2)科學知識是利用描述、預測、解釋、設計及評價現實生活的現象；(3)科學知識是隨著時間而不斷改變，應該要不斷探索；(4)透過與他人共同合作建構知識，可以獲得新知識及見解（Roth, 2002）。

小綠老師在進行科學課程教學中所產生的問題，原因之一為缺乏充分的學科及學科教學法的知識。在幼教課程與教學多元化及廣博化的情況下，對於不同學科之教學上或有專門知能上的不足並非罪過，教師可以與學生同時學習某些學科知識技能，不一定要先比學生先行擁有，因此學科知能只是充分條件而非必要條件。重要的是，教師要有反省能力，並思考其自身對於所掌握的課程專業知能上是否足以帶領學生，如果不足，即要採取彌補的策略。

貳、省思

　　根據小綠老師的說法，其課程是開放式教育，強調「以幼兒為中心」的課程及建構式的教學方法。小綠老師受建構論的影響，但並沒有直接指出是受到哪一派的建構論所影響[1]。從小綠老師的教學中極為強調同學間與師生間的互動想法，筆者擬以社會建構論來探究。

　　社會建構論主要論及的是學習理論，並非教學理論（Brophy, 2002），亦即此論點傾向學習的論述，而不屬於教學的理論，尤其是他們較關心知識論（epistemological）的議題，亦即關心知識的本質為何？知識要如何建構？較不注重關於要結合哪些教學方法，才能使學生在知識的建構上達到先前想要達成之最佳效益目標的教學議題。在社會建構論的教學中，教師的角色是利用問題來挑戰學生已有的知識、信念及技能，使其能夠透過認知歷程來建立實踐學科概念的知識。此外，在學生有能力自己建構知識的情況下，教師則要避免直接提供學生知識或解決問題的方法（Hogan et al., 1999）。另外，教師並非只需要促進學生探索的內在動機（Cobb, 1994），尚需要提供示範（modeling）、解釋（explanations），透過合適的問題及活動來支持學生知識的建構，並給予學生的工作鷹架（scaffold）支持。學生的角色亦不只是給予答案，還需要表達自己的信念，及支持其理念的證據或理由。由此可見，社會建構論對於學習與教學的觀點具有四個特徵，包括：學習者自動建構知識、學習要立基在已有的知識上、社會互動在學習

1　不同學者（朱則剛，1996；許健將，2000；楊龍立，1997；Cobb, 1994; Ernest, 1995; Henriques, 1997）對於建構主義有不同的分類觀點，此不在本章的討論範圍。

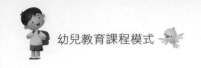

上扮演重要角色、有意義的學習端賴在實務上的學習工作（Brophy, 2002）。

上述所提之鷹架支持是指有經驗的人幫助學習者，使他們能夠在其能力範圍內進行工作，並在其無法處理的部分給予指引及幫助（Cazden, 1988; Wood, Bruner, & Ross, 1976），例如：以下的互動即是表現出因為寫作中必須要在一個段落之前寫出要旨句子（topic sentence），所以教師為學生提供鷹架，幫助學生學會寫要旨句子（引自 Englert, Berry, & Dunsmore, 2001, p. 165）：

> 教師：你有寫要旨句子嗎？
> 學生：沒有。
> 教師：你的要旨句子要寫些什麼？
> 學生：和蟻后有關。
> 教師：我們可以寫下我們所知道的嗎？
> 學生：喔……我們可以告訴你關於這個蟻后的事。

從以上的互動例子可以看出，教師係利用問題來為學生搭建鷹架。鷹架支持的結果是要使學習者往後在沒有幫助的情況下，能夠完成學習的工作（Maybin, Mercer, & Stierer, 1992）。教師的責任不只是給予學生鷹架支持，還要能計畫與組織一系列活動，讓學生透過參與這些活動，不但可以獲得課程的內容，還能發展出超越自己的能力（Vygotsky, 1987），也就是說，教師要能在學生的最佳發展區（zones of proximal development, ZPD）中，提供協助和回應他們的需求（Wells, 1999），接受學生多樣性的表現，並和學生共同討論課程議題、共同合作建構相關的知識及技能，以達成目標（Wells, 2002）。

總括來說，社會建構論者的教學活動之形成包括四個階段：(1)教學階段：亦即是活動的開始，教學的方式可經由教師講述、同學間的討論，或利用指導手冊進行，教學的內容主要是與特定活動及活動規則和程序有關；(2)實行活動階段：經過教學階段後，學生對於所要進行之活動具有基礎概念、知識及覺知後，即開始進行活動；(3)成果呈現階段：即在活動結束後，表現活動的成果；(4)結果討論：在成果展現後，教師通常會和學生

進行結果的討論，此時討論的目的在於和學生解釋此活動及其結果所具有的意義，教師並可利用此機會幫助學生連結先前活動的相關經驗和知識。

　　教學時若只應用社會建構論是不足的。許多學者都發現建構論的教學效能不彰，因為他們認為要能實施有效能的教學，教師需要具備充分的學科知識及快速回應能力，且學生要能主動參與學習。社會建構論所強調之社會互動，也有可能會偏離課程之主題或目標（Airasian & Walsh, 1997; Brophy, 2002; Windschitl, 1999），因此學者建議有效的教學應該是討論、直接教學、單獨或團體教學都需要（Bruner, 1990; Wells, 2002）。「討論」不應是唯一的教學法，當教師面對還未能透過講述和傾聽來學習閱讀和寫作技巧的幼兒時，或學習者之先備知識非常貧乏或表達技巧不佳，而未能針對議題提供相關的回應時，若特別依賴社會建構論者的討論模式，將會使得教學受到中斷的影響，而無法切中要點。

　　社會建構論觀點的教學常讓人誤解而存在著五大迷思，例如：不需清楚的目標、不需要有詳細的教學計畫、不需要學習架構、只要學習者參與社會互動自然就能學習，以及教師在教室中較不重要（Applefield, Huber, & Moallem, 2001）。這些迷思導致教學和師資培育上產生問題。事實上，社會建構論者認為，完整的教學方案應該要包含傳遞（transmission）與建構（constructivist）兩方面（Sfard, 1998; Staver, 1998; Trent, Artiles, & Englert, 1998; Wells, 1998）。

　　綜合上述，從社會建構論的觀點來看「以幼兒為中心」的信念，應該是尊重幼兒是主動建構知識的學習者，教師應避免直接提供唯一的答案，而應提供支持的鷹架，重視團體之間的互動及討論，但並非完全是要以討論進行教學，亦要以直接教學奠定幼兒概念的基礎，且概念內容的選擇要符合幼兒的最佳發展能力之範圍內。

　　小綠老師的學經歷豐富且完整，並且積極地追求專業上的成長，在教學中時時以幼兒為中心及建構式教學為念，但何以仍然產生前述的三大問題？深究其中的原因，筆者認為可能有三點：一為教師知識的問題；二為理論知識轉化為教學實務上的問題；三為教師對教學行為之自我反省思考（reflective thinking）的缺乏或效果不足的問題，例如：在教導學生科學概念時，幼兒的反應不佳，反思原因後認為教導的內容知識太深奧，幼兒的發展還不足以吸收此概念，因而降低教學目標及活動內容，而不是思考到

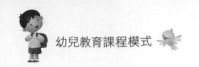

是因為幼兒擁有錯誤的概念（misconceptions），而無法學得教師擬教導之概念（Gallas, 1995）。在師資培育過程中，是否提供學生足夠的教師知識？同時，往往只重視理論知識的教導，缺乏將此理論知識連結生態情境（ecological tradition）的經驗，再加上教師對於教學行為缺乏轉化與省思的工作，使得理論知識和實際教學之間出現鴻溝。Carter（1990）認為，要解決學習和教學之間的問題，必須要將知識與情境（situation）緊緊連結在一起，也就是在各種不同的情境中學得不同的教學行為、教學主題及模式。Fenstermacher（1994）亦指出，唯有透過反省性思考才能連結教學實務及理論知識。

參、結語

本章的研究結果除了呼應余安邦（1997，2001）對開放教育中「以幼兒為中心」之訴求的提醒外，更擬藉此突顯師資培育機構及教師個人在提升幼教品質上所可以扮演的角色，也是在教育改革呼聲高揚之際，可以踏實前進的著力點。畢竟教師擁有在校與學生相處的每一分鐘，在教學的每一時刻裡，教師都是主控的一方。教師若能在每一個平凡的瞬間皆展現其專業知能與精神，相信幼教品質的提升是指日可待的。不管是哪一種課程模式，教師還是該模式理念是否可以落實的主要人物。

參考文獻

中文部分

孔禮美（2015）。遊戲如何在教學中實現蛻變：來自安吉遊戲的思考。今日教育：幼教金刊，6，32-33。

王和平（2015）。對我國兒童遊戲權保障問題的研究：以「安吉遊戲」遊戲活動材料投放為例。西北成人教育學院學報，5，101-104。

王堅紅（譯）（1994）。吸收性心智（原作者：M. Montessori）。臺北市：桂冠。（原著出版年：1949）

石井昭子等人（1991）。蒙台梭利教育理論與實踐（第四卷）：算術教育。臺北市：新民。

朱則剛（1996）。建構主義知識論對教學與教學研究的意義。教育研究，49，395。

余安邦（1997）。真的是以孩童為中心嗎？開放教育的盲點與迷失。師友，366，307。

余安邦（2001）。那株紅杏不出牆？開放教育的誘惑與陷阱。應用心理研究，11，175-212。

吳旭昌（編譯）（1995）。蒙台梭利教學法（原作者：M. Montessori）。臺北市：新民。（原著出版年：1912）

吳玥玢、吳京（譯）（1990）。發現兒童。臺南市：光華女中。（原著出版年：1967）

呂若瑜（1994）。我國國民小學社會科課程發展之研究（未出版之碩士論文）。國立臺灣師範大學，臺北市。

李子建、黃顯華（1996）。課程：範式、取向和設計。臺北市：五南。

李志方（2009）。安吉教育裝備事業的三次騰飛：安吉教育裝備事業32年歷程紀實。中國教育技術裝備，17，18-20。

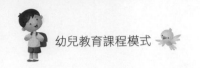

李季湄（譯）（1994b）。蒙特梭利兒童教育手冊（原作者：M. Montessori）。臺北市：桂冠。（原著出版年：1914）

李崗、楊淑雅（2016）。自由與紀律：Montessori 的人格教育思想。教育研究集刊，62（1），71-116。

李華玉（2015）。基於社會資本視角下村園互動共治的個案研究（未出版之碩士論文）。浙江師範大學，浙江省。

杜美智（1997）。國小社會科教師課程決定研究（未出版之碩士論文）。國立花蓮師範學院，花蓮市。

沈桂枝（1995）。國民小學教師體育教學決定影響因素之研究（未出版之碩士論文）。國立臺北師範學院，臺北市。

周欣（譯）（1994）。蒙台梭利教學法（原作者：M. Montessori）。臺北市：桂冠。（原著出版年：1912）

岩田陽子（1991）。蒙台梭利教育理論與實踐（第三卷）：感覺教育。臺北市：新民。（原著出版年：1977）

岩田陽子、南昌子、石井昭子（1991a）。蒙台梭利教育理論與實踐（第四卷）：算術教育。臺北市：新民。

岩田陽子、南昌子、石井昭子（1991b）。蒙台梭利教育理論與實踐（第二卷）：日常生活練習。臺北市：新民。（原著出版於1977）

岩田陽子、南昌子、石井昭子（1995）。蒙台梭利教育理論概說：日常生活練習。臺北市：新民。（原著出版年：1977）

林玉珠（2003）。華德福幼教課程模式之理論與實務。載於簡楚瑛（主編），幼教課程模式：理論取向與實務經驗（頁 243-315）。臺北市：心理。

林慧麗、胡中凡、曹峰銘、黃啟泰、蔣文祁、簡惠玲（譯）（2013）。認知發展：好學的大腦（原作者：U. Goswami）。臺北市：雙葉。（原著出版年：2008）

姚笑吟（2015）。走進安吉，走進遊戲。東方寶寶：保育與教育，7，45-52。

柯勝文（譯）（2002）。**人智學啟迪下的兒童教育**（原作者：R. Steiner）。臺北縣：光佑。（原著出版年：1985）

相良敦子（1991）。**蒙台梭利教育理論與實踐（第一卷）：蒙台梭利教育的理論概說**。臺北市：新民。（原著出版年：1977）

胥興春、陳玲潔（2015）。生命教育視角下的華德福幼稚教育解析。**教育導刊**，下半月，86-89。

孫麗華、孫曉女（2015）。瑞吉歐教育對中國當代幼稚教育的啟示。**學前教育：幼教版**，5-6。

徐炳勳（譯）（1991）。**蒙特梭利：生平與貢獻**（原作者：E. M. Standing）。臺北市：及幼。

高旭平（譯）（1994）。**面臨抉擇的教育**（原作者：J. Maritain）。臺北市：桂冠。（原著出版年：1960）

高敬文（1994）。**課程的誕生**。臺北市：豐泰文教基金會。

高敬文等人（編）（1985）。**幼兒團體遊戲：皮亞傑學說的應用**。屏東市：省立屏東師範專科學校。

高新建（1991）。**女國小教師課程決定之研究**（未出版之碩士論文）。國立臺灣師範大學，臺北市。

張帥（2015）。感悟「安吉遊戲」。**早期教育：教師版**，9，1-1。

張春興（1991）。**張氏心理學辭典**。臺北市：東華。

莊美玲（2008）。華德福教育模式之探討。**教育研究月刊**，169，55-61。

許健將（2000）。建構主義。載於洪志成（主編），**教學原理**（頁606）。高雄市：麗文。

許瑞雯（譯）（1999）。**課程與目的**（原作者：D. Walker & J. F. Soltis）。臺北市：桂冠。

游淑芬（譯）（1996）。**孩子國的新約：不可以說「你不能玩」**（原作者：V. G. Paley）。臺北市：豐泰文教基金會。

游淑燕（1994）。幼稚園課程決定層級體系及運作情形分析。**嘉義師院學報**，8，419-470。

游淑燕（1996）。教師課程自主之理論與實證分析：以私立幼稚園教

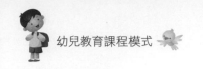

師為例。臺北市：五南。

游淑燕（1998）。自主與責任：幼稚園教室層次的控制。**嘉義師院學報**，12，219-239。

湯有根、程學琴、方永建（2006）。社會主義新農村建設的一件實事：關於安吉縣農村幼稚教育改革發展情況調查報告。**浙江教育科學**，4，3-9。

湯維正（譯）（1999a）。**理論與實踐：SSEHV 基礎入門**（原編者：T. Jareonsettasin）。臺北市：臺北市人類價值教育學會。

湯維正（譯）（1999b）。**為人父母：父母在 SSEHV 中之角色扮演**（原編者：Teerakiat Jareonsettasin）。臺北市：臺北市人類價值教育學會。

湯維正（譯）（1999c）。**科學與數學：SSEHV 實際融入理科**（原作者：Art-ong Jumsai Na Ayudhya）。臺北市：臺北市人類價值教育學會。

湯維正（譯）（1999d）。**藝術與課外活動：SSEHV 實際融入人文學科**（原作者：L. Burrows）。臺北市：臺北市人類價值教育學會。

湯維正（譯）（1999e）。**探索教學核心：SSEHV 之教學技巧**（原作者：L. Burrows）。臺北市：臺北市人類價值教育學會。

湯維正（譯）（1999f）。**五大人類價值與美好人性**（原作者：Art-ong Jumsai Na Ayudhya）。臺北市：臺北市人類價值教育學會。

程學琴（2015）。**社會主義新農村家園社區共育的實踐探索**。學前教育研究會大會報告（未出版）。

程學琴（2016 年 7 月 12 日）。私人手札。（未出版）

程學琴（主編）（2016）。**「安吉遊戲」教育模式**。上海市：華東師範大學出版社。

黃昆輝（1968）。克伯屈教育思想之研究。**教育研究集刊**，10，177-302。

黃曉星（2003）。**邁向個性的教育：一位留英、美學者解讀華德福教育**。臺北市：文景。

楊龍立（1997）。建構主義評析在課程設計上的啟示。**臺北市立師範學院學報**，28，72。

葉歡平（2013）。程學琴：中國竹鄉學前教育的舉旗人。**幼稚教育，教育教學**，6。

臺北市人類價值教育學會（2010a）。SSEHV 服務手冊。臺北市：作者。

臺北市人類價值教育學會（2010b）。**人類價值教育季刊**（第47期）。臺北市：作者。

趙慧（2016）。淺談農村幼稚園引入「安吉遊戲」教學嘗試。**教育實踐與研究：幼教版**，1，33-34。

劉禧琴、吳旻芬（譯）（1997）。**日本華德福幼稚園：實踐健康的幼兒教育**（原作者：高橋弘子）。臺北縣：光佑。

蔡金蓮（2016）。「安吉遊戲」對教師角色的新啟示。**幼稚教育研究**，2，27-28。

蔡敏玲（1998）。「內」「外」之間與之外的模糊地帶：再思建構論之爭議。**課程與教學季刊**，1（3），81-90。

鄧麗君（譯）（1998）。**幼兒的工作與遊戲：德國華德福幼稚園教學實務**（原作者：F. Jaffke）。臺北縣：光佑。（原著出版年：1984）

鄧麗君、廖玉儀（譯）（1998）。**邁向自由的教育：全球華德福教育報告書**（原作者：F. Carlgren, G. Kniebe, & A. Klingborg）。臺北縣：光佑。（原著出版年：1996）

鄭鼎耀（譯）（2001）。**善、美、真的學校：華德福教育入門**（原作者：R. Wilkinson）。臺北縣：光佑。（原著出版年：1980）

蕭麗君（譯）（1996）。**一間蒙特梭利教室**（原作者：A. D. Wolf）。臺北市：新民。（原著出版年：1968）

賴媛、陳恆瑞（譯）（1993）。**蒙特梭利兒童教學法**（原作者：M. Montessori）。臺北市：遠流。（原著出版年：1914）

霍力岩等人（譯）（2012a）。**學前教育中的主動學習精要：認識高寬**

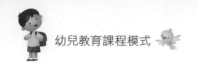

課程模式（原作者：S. Ann）。北京市：教育科學出版社。（原著出版年：2002）

霍力岩等人（譯）（2012b）。**有準備的教師：為幼兒學習選擇最佳策略**（原作者：S. Ann）。北京市：教育科學出版社。（原著出版年：2002）

霍力岩等人（譯）（2012c）。**我是兒童藝術家：學前兒童視覺藝術的發展**（原作者：S. Ann）。北京市：教育科學出版社。（原著出版年：2002）

薛曉華（譯）（2000）。**帶回瑞吉歐的教育經驗：一位藝術老師的幼教創新之路**（原作者：B. C. Louise）。臺北市：光佑。（原著出版年：1997）

簡楚瑛（1981）。**我國課程發展模式之初探**（未出版之碩士論文）。國立政治大學，臺北市。

簡楚瑛（1992）。**方案課程之理論與實務：兼談義大利瑞吉歐學前教育系統**。臺北市：文景。

簡楚瑛（1994）。**學前教育效果之後設分析**。行政院國家科學委員會專題研究計畫成果報告（NSC82-0301-H-134-001）。

簡楚瑛（1999）。引導課程發展與教學方向的豈只是師生間的對話而已。**國教世紀**，187，24-27。

簡楚瑛（2001）。**方案教學之理論與實務**。臺北市：文景。

簡楚瑛（2003）。**幼教課程模式：理論取向與實務經驗**（第二版）。臺北市：心理。

簡楚瑛（2009）。**課程發展理論與實務**。臺北市：心理。

羅雅芬、連英式、金乃琪（1998）。**兒童的一百種語文：瑞吉歐艾蜜莉亞教育取向進一步的迴響**（原作者：C. Edwards, L. Gandini & G. Forman）。臺北市：心理。（原著出版年：1993）。

英文部分

Adcok, E. P. et al. (1980). *A comparison of half-day kindergarten class on aca-*

demic achievement. Baltimore, MD: Department of Education, Maryland State University. (ERIC Document Reproduction Service No. ED194205)

Airasian, P., & Walsh, M. (1997). Constructivist caution. *Phi Delta Kappan, 78*, 444-449.

American Montessori Society (n.d.). *Consultation workshop registration*. Retrieved from http://www.amshq.org/schools_consultation.htm.

AnjiPlay (2016a). *Ms. Cheng Addresses MIT Media Lab*. Retrieved July14, 2016, from http://www.anjiplay.com/happenings/2016/4/3/ms-cheng-addresses-mit-media-lab

AnjiPlay (2016b). *Philosophy of AnjIPlay*. Retrieved June 22, 2016, from http://www.anjiplay.com/philosophy.

Applefield, J., Huber, R., & Moallem, M. (2001). Constructivism in theory and practice: Toward a better understanding. *High School Journal, 84*, 35-53.

Applegate, B. (1986). *A meta-analysis of the effects of day care on development: Preliminary findings*. (ERIC Document Reproduction Service No. ED280114)

Arseven, A. (2014). The Reggio Emilla approach and curriculum development process. *International Journal of Academic Research, 6*(1), 166-171.

Bakhtin, M. M. (1981). *The dialogic imagination: Four essays by M. M. Bakhtin* (M. Holquist, Ed.; C. Emerson & M. Holquist, Trans.). Austin, TX: University of Texas Press.

Ball, D. L., & Bass, H. (2000). Making believe: The collective construction of public mathematical knowledge in the elementary classroom. In D. C. Phillips (Ed.), Constructivism in education: Opinions and second opinions on controversial issues (pp. 193-224). *99th Yearbook of the National Society for the Study of Education: Part I*. Chicago, IL: University of Chicago Press.

Bauer, P., & Mandler, J. (1989). Taxonomies and triads: Conceptual organization in one-to- two-year-olds. *Cognitive Psychology, 21*(2), 154-184.

Becker, W.C., Engelmann, S., Carnine, D. W., & Rhine, W. R. (1981). Direct instruction model. In W. R. Rhine (Ed.), *Making schools more effective: New directions from follow through* (pp. 95-154). New York, NY: Academic Press.

Beckman, E. (2015). *This is AnjiPlay*. Retrieved July 14, 2016, from https://www.youtube.com/watch? v=HV0JIjxisUc

Bereiter, C., & Engelmann, S. (1966). *Teaching disadvantaged children in the preschool*. Englewood Cliffs, NJ: Prentice-Hall.

Biber, B. (1977). A developmental-interaction approach: Bank Street College of Education. In M. Day & R. Parker (Eds.), *The preschool in action: Exploring early childhood programs* (2nd ed.) (pp. 421-460). Boston, MA: Allyn & Bacon.

Biber, B. (1981). The evolution of the developmental-interaction view. In E. K. Shapiro & F. Weber (Eds.), *Cognitive and affective growth: Developmental interaction* (pp. 9-30). Hillsdale, NJ: Lawrence Erlbaum Associates.

Biber, B., Shapiro, E., & Wickens, D. (1977). *Promoting cognitive growth: A developmental interaction point of view* (2nd ed.). Washington, DC: National Association for the Education of Young Children.

Billings, L., & Fitzgerald, J. (2002). Dialogic discussion and the Paideia Seminar. *American Educational Research Journal, 39*, 907-941.

Bloom, B. (1964). *Stability and change in human characteristics*. New York, NY: John Wiley & Sons.

Bloom, B. S. (Ed.) (1956). *Taxonomy of educational objectives: The classification of educational goals: Handbook I, cognitive domain*. New York, NY: Longmans.

Brophy, J. (2002). *Social constructivist teaching: Affordances and constraints*. Oxford, UK: Elsevier Science Ltd.

Brophy, J., & Alleman, J. (2002). Learning and teaching about cultural universals in primary-grade social studies. *Elementary School Journal, 103*,

99-111.

Bruner, J. S. (1960). *The process of education*. Cambridge, MA: Harvard University Press.

Bruner, J. S. (1964). The course of cognitive growth. *American Psychologist, 19*(1), 1-15.

Bruner, J. S. (1990). *Acts of meaning*. Cambridge, MA: Harvard University Press.

Bruner, J. S. (1997). Education and the brain: Abridge too far. *Educational Researcher, 26*(8), 4-16.

Bruner, P., & Mandler, J. (1989). Taxonomies and triads: Conceptual organization in one-to-two-year-olds. *Cognitive Psychology, 21*(2), 154-184.

Cain, R. (2005). Moral development in Montessori environments. *Montessori Life, 17*(1).

Carey, S., & Spelke, E. (1994). Domain-specific knowledge and conceptual change. In L. A. Hirschfeld & S. A. Gelman (Eds.), *Mapping the mind: Domain specificity in cognition and culture* (pp. 162-200). Cambridge, MA: Cambridge University Press.

Carter, K. (1990). Teachers' knowledge and learning to teach. In W. R. Houston (Ed.), *Handbook of research on teacher education* (pp. 291-310). New York, NY: Macmillan.

Case, R. (1996). Changing views of knowledge and their impact on educational research and practice. In D. R. Olson & N. Torrance (Eds.), *The handbook of education and human development* (pp. 75-100). Cambridge, UK: Blackwell.

Cazden, C. (1988). *Classroom discourse: The language of teaching and learning*. Portsmouth, NH: Heinemann.

Chard, S. C. (1998). *The project approach: Practice guide: Developing the basic framework*. New York, NY: Scholastic.

Chow, K. L., & Stewart, D. L. (1972). Reversal of structural and functional effects of long-term visual deprivation in cats. *Experimental Neurology, 34,* 409-433.

Clarke-Stewart, K. A., & Gruber, C. P. (1984). Day care from and feature. In R. C. Ainsile (Ed.), *The child and the day care setting: Qualitative variations and development* (pp. 35-62). New York, NY: Praeger.

Clay, M. M. (1966). *Emergent reading behavior*. Unpublished doctoral dissertation, University of Auckland, Auckland, New Zealand.

Cobb, P. (1994). Constructivism in education. In T. Husen & T. N. Postlethwaite (Eds.), *The international encyclopedia of education*. UK: Elsevier Science.

Cochran, K. F., & Jones, L. L., (1998). The subject matter knowledge of preservice science teachers. In B. Fraser & L. Tobin (Eds.), *International handbook of science education* (pp. 707-718). Dordrecht, The Netherlands: Kluwer.

Copple, C. E. et al. (1987). *Path to the future: long-term effects of Head Start in the Philadelphia School District.* (ERIC Document Reproduction Service No. ED289598)

Danielewicz, J. M., Rogers, D. L., & Noblit, G. (1996). Children's discourse patterns and power relations in teacher-led and children-led sharing time. *Qualitative Reference Education, 9*(3), 311-331.

de Souza, D. L. (2012). Learning and human development in Waldorf pedagogy and curriculum. *Encounter, 25*(4), 50-62.

DeVries, R., & Kamii, C. (1975). *Why group games: A Piagetian perspective.* Urbana, IL: ERIC Publications Office.

DeVries, R., & Kamii, C. (1980). *Group games in early education: Implications of Piaget's theory.* Washington, DC: National Association for the Education of Young Children.

DeVries, R., & Kohlberg, L. (1987). *Programs of early education: The constructivist view.* New York, NY: Longman.

DeVries, R., & Kohlberg, L. (1990). *Constructivist education: Overview and comparison with other program*. Washington, DC: National Association for the Education of Young Children.

DeVries, R., & Zan, B. (1994). *Moral classrooms, moral children: Creating a constructivist atmosphere in early education*. New York, NY: Teachers College Press.

Dewey, J. (1916). *Democracy and education*. New York, NY: Macmillan.

Dixon, C., & Green J. (2000). *Mapping the events of everyday life*. 教室中的師生對話分析研習會。臺北市：國立臺灣師範大學理學院。

Donofrio, R. I. (1989). *The effects of the all-day everyday: Kindergarten program versus the half-day everyday kindergarten on student developmental gains in language anditory, and visval skills*. Flagstaff, AZ: Northern Arizona University.

Education Consumers Foundation (2011). *Direct instruction: What the research says*. Arlington, VA: Education Consumers Foundation.

Education, E. C. (2014). Values! A hot topic. *Anthropologist, 17*(2), 491-500.

Edwards, C. (1993). Partner, nurturer, and guide: The role of Reggio teacher in action. In C. Edwards, L. Gandini, & G. Forman (Eds.), *The hundred languages of children* (pp. 151-170). Norwood, NJ: Ablex.

Edwards, C. P, Gandini, L., & Forman, G. E. (1998). *The hundred languages of children: The Reggio Emilia approach: advanced reflections*. Santa Barbara, CA: Greenwood.

Eisner, E. W. (1991). *Recent papers*. Stanford, CA: School of Education, Stanford University.

Elkind, D. (2003). Montessori and constructivism. *Montessori Life, 15*(1), 26.

Englert, C. S., Berry, R., & Dunsmore, K. L. (2001). A case study of the apprenticeship process: Another perspective on the apprentice and scaffolding metaphor. *Journal of Learning Disabilities, 34*(2), 136-152.

Ernest, P. (1995). The one and the many. In L. P. Steffe & J. Gale (Eds.), *Con-*

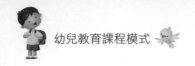
structivism in education (pp. 459-486). Mahwah, NJ:: Lawrence Erlbaum Associates.

Evans, E. D. (1982). Curriculum model. In B. Spodek (Ed.), *Handbook of research in early childhood education* (pp. 107-134). New York, NY: The Free Press.

Fenstermacher, G. D. (1994). The knower and the known: The nature of knowledge in research on teaching. *Review of Research in Education, 20*, 3-56.

Fodor, J. (1983). *Modularity of mind: An essay on faculty psychology*. Cambridge, UK: MIT Press.

Forman, G. (1993). Multiple symbolization in the Long Jump Project. In C. Edwards, L. Gandini, & G. Forman (Eds.), *The hundred languages of children* (pp. 171-188). Norwood, NJ: Ablex.

Forman, L., Lee, M., Wrisley, L., & Langley, J. (1993). The city in snow: Applying the multisymbolic approach in Massachusetts. In C. Edwards, L. Gandini, & G. Forman (Eds.), *The hundred languages of children* (pp. 233-250). Norwood, NJ: Ablex.

Gallas, K. (1995). *Talking their way into science: Hearing children's questions and theories, responding with curricula*. New York, NY: Teachers College Press.

Gambrell, L. B., & Almasi, J. F. (1996). *Lively discussion! Fostering engaged reading*. Newark, DE: International Reading Association.

Gandini, L. (1997). Foundations of the Reggio Emilia Approach. In J. Hendrick (Ed.), *First steps toward teaching the Reggio way* (pp. 14-25). NJ: Prentice-Hall.

Gardner, N. (1983). *Frames of mind*. New York, NY: Basic Books.

Gilkeson, E. C., Smithberg, L. M., Bowman, G, E., & Rhine, W. R. (1981). Bank Street Model: A developmental-interaction approach. In W. R. Rhine (Ed.), *Marking schools more effective: New directions from follow through* (pp. 249-288). New York, NY: Academic Press.

Glatthorn, A. A. (1994). *Developing a quality curriculum.* (ERIC Document Reproduction Service No. 378641)

Goffin, S. G. (1994). *Curriculum model and early childhood education: Appraising the relationship.* NY: Merrill.

Goodlad, J. (1979). *Curriculum inquiry.* NY: McGraw-Hill.

Gopnik, A., & Wellman, H. M. (1994). The theory theory. In L. Hirschfeld & S. Gelman (Eds.), *Domain-specificity in culture and cognition* (pp. 257-293). New York, NY: Cambridge University Press.

Greenough, W. T., Black, J. E., & Wallace, C. S. (1987). Experience and brain development. *Child Development, 58*, 539-559.

Hainstock, E. G. (1986). *The essential Montessori.* Retrieved from http://www. amshq.org/documents/AMSstandards_8_08.pdf

Hainstock, E. G. (2013). *Teaching Montessori in the home.* New York, NY: Random House.

Henriques, L. (1997). Constructivist teaching and learning。建構主義對科學教學、學校、師資教育與科學教育研究之啟示研習會手冊。臺北市：國立臺灣師範大學。

High/Scope Press (1992). *High/Scope Child Observation Record.* Ypsilanti, MI: High/Scope Press.

Hočevar, A., Šebart, M. K., & Štefanc, D. (2013). Curriculum planning and the concept of participation in the Reggio Emilia pedagogical approach. *European Early Childhood Education Research Journal, 21*(4), 476-488.

Hogan, K., Nastasi, B. K., & Pressley, M. (1999). Discourse patterns and collaborative scientific reasoning in peer and teacher-guided discussions. *Cognition and Instruction, 17*, 379-432.

Hohmann, M., & Weikart, D. P. (1995). *Education young children.* Ypsilanti, MI: High Scope Press.

Howard, E. M. (1986). *A longitudinal study of achievement associated with participation a public school kindergarten.* Dr. Dissertation of Mississip-

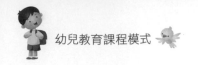

pi State University, MS.

Hunt, J. (1961). *Intelligence and experience*. New York, NY: Ronald Press.

Hunt, J. (1964). *Revisiting Montessori: In the Montessori method*. New York, NY: Schocken Books.

International Baccalaureate (2009). *Making the PYP happen: A curriculum framework for international primary education*. Retrieved from http:// tecnosanfran.wikispaces.com/file/view/Making+the+PYP+Happen.pdf

International Baccalaureate (2012a). *The IB Primary Years Programme*. Retrieved from http://www.ibo.org/globalassets/publications/become-an-ib-school/ibpyp_en.pdf

International Baccalaureate (2012b). *The IB: An historical perspective*. Retrieved from http://www.ibo.org/globalassets/digital-tookit/presentations/1503-presentation-historyoftheib-en.pdf

International Baccalaureate (2013). *What is an IB education*? Retrieved from http://www.ibo.org/globalassets/publications/become-an-ib-school/whatisanibeducation-en.pdf

International Baccalaureate (2015). *The IB: An historical perspective*. Retrieved from http://www.ibo.org/globalassets/digital-tookit/presentations/1503-presentation-historyoftheib-en.pdf

International Baccalaureate (2016). *Essential elements in the PYP*. Retrieved from http://www.ibo.org/programmes/primary-years-programme/curriculum/written-curriculum/)

Johnson, Jr. M. (1967). Definitions and models in curriculum theory. *Educational Theory, 17*(2), 127-140.

Kagan, D. M., & Smith, K. E. (1988). Beliefs and behaviors of kindergarten teachers. *Educational Researcher, 30*(1), 26-35.

Kamii, C. (1972a). An application of Piaget's theory to the conceptualization of a preschool curriculum. In R. Parker (Ed.), *The preschool in action*. Boston, MA: Allyn & Bacon.

Kamii, C. (1972b). A sketch of the Piaget-derived preschool curriculum developed by the Ypsilanti early education program. In S. Braun & E. Edwards (Eds.), *History and theory of early childhood education*. OH: Charles A. Johns.

Kamii, C. (1973a). A sketch of the Piaget-derived preschool curriculum developed by the Ypsilanti early education program. In J. Forst (Ed.), *Revisiting early childhood education*. New York, NY: Holt, Rinehart & Wineston.

Kamii, C. (1973b). A sketch of the Piaget-derived preschool curriculum developed by the Ypsilanti early education program. In B. Spodck (Ed.), *Early childhood*. Englewood Cliffs, NJ: Prentice-Hall.

Kamii, C. (1982). *Number in preschool & kindergarten*. Washington, DC: National Association for the Education of Young Children.

Kamii, C., & DeVries, R. (1977). Piaget for early education. In M. Day & R. Parker (Eds.), *Preschool in action* (2nd ed.). Boston, MA: Allyn & Bacon.

Kamii, C., & DeVries, R. (1978). *Physical knowledge in preschool education: Implications of Piaget's theory*. Englewood Cliffs, NJ: Prentice-Hall.

Kamii, C., & DeVries, R. (1980). *Group games in early education: Implications of Piaget's theory*. Washington, DC: National Association for the Education of Young Children.

Kamii, C., & DeVries, R. (1993). *Physical knowledge in preschool education: Implications in Piaget's theory*. New York, NY: Teachers College Press.

Kamii, C., & Radin, N. (1970). A framework for a preschool curriculum based on some Piagetian concepts. In I. Athey (Ed.), *Educational implications of Piaget's theory*. Waltham, MA: Xerox College Publishers.

Kanfush, P. M. (2014). Dishing direct instruction: Teachers and parents tell all! *The Qualitative Report, 19*(1), 1-13.

Katz, L., & Chard, S. (1989). *Engaging children's minds: The project approach*. Norwood, NJ: Ablex.

Kilpatrick, H. W. (1918). The project method. *Teachers College Record, 616* (4), 319-335.

Kilpatrick, W. H. (1914). *The Montessori system examined.* New York, NY: Houghton Mifflin.

Klein, M. F. (1981). Instructional decision in curriculum. In H. A. Penna & W. F. Pinar (Eds.), *Curriculum and instruction* (pp. 149-161). CA: McCatechan.

Kuyk, J. J. van (2003). *Pyramid: The method for young children* (English version). Arnhem: Cito.

Kuyk, J. J. van (2006). Holistic or sequential approach to curriculum: What works best for young children? In J. J. van Kuyk (Ed.), *The quality of early childhood education* (pp. 137-152). Arnhem: Cito.

Kuyk, J. J. van (2009). *The pyramid method.* Paper presented at 幼兒教育專業、品質與卓越：幼教課程與幼兒園經營。臺北市：國立政治大學幼兒教育研究所。

Kuyk, J. J. van (2011). Scaffolding: How to increase development. *European Early Education Research Journal, 19*(1), 149-162.

Kuyk, J. J. van (2013). The piramide method. In J. L. Roopnarine & J. E. Johnson (Eds.), *Approaches to early childhood education* (6th ed.) (pp. 299-330). Upper Saddle River, NJ: Merrill Education.

Kuyk, J. J.van (1997). *The pyramid project.* Retrieved from the ERIC database. (ED420369)

Lazar, I., & Darlington, R. B. (1982). Lasting effects of early education: A report from the consortium for longitudinal studies. *Monographs of the Society Research in Child Development, 47*(2-3, Serial No. 195).

Lee, V. E. et al. (1989). *Are Head Start effects sustained? A longitudinal follow up comparison of disadvantaged children attending Head Start.* No preschool and preschool programs. (ERIC Document Reproduction Service No. ED309880)

Leekeeman, D., & Nimmo, J. (1993). Connections: Using the project approach with 2- and 3-year-olds in university laboratory school. In C. Edwards, L. Gandini, & G. Forman (Eds.), *The hundred languages of children* (pp. 251-268). Norwood, NJ: Ablex.

Lillard, A. S. (2005). *Montessori: The science behind the genius*. New York, NY: Oxford University Press.

Lillard, A. S. (2013). Playful learning and Montessori education. *American Journal of Play, 5*(2), 157.

Lunenburg, F. C. (2011). Curriculum models for preschool education: Theories and approaches to learning in the early years. *Schooling, 2*(1), 1-6.

MacDonald, J. B., & Leeper, R. R. (Eds.) (1965). *Theories of instruction*. Alexandria, VA: Association for Supervision and Curriculum Development.

MacDonald, R. A., & Leithwood, K. A. (1982). Toward an explanation of influences on teachers' curriculum decision making. In K. A. Leithwood (Ed.), *Studies in curriculum decision making* (pp. 14-26). Ontario, Canada: OISE Press.

Majmudar, M. (1998). *Developing values education for the new millennium through a cross-cultural approach: Sathya Sai Education in Human Values (SSEHV): Theory and practice*. Retrieved June 23, 2016, from http://www.leeds.ac.uk/educol/documents/000000842.htm

Malaguzzi, L. (1991). *The very little ones of silent pictures*. Reggio Emilia, Italy: Coi Bambini.

Malaguzzi, L. (1993). *Your image of the child: Where the teaching begins*. Retrieved from http://emh.kaiapit.net/ShiningStars/.../YourImageChildTeachingBegins.pdf

Malaguzzi, L. (1996). *The hundred languages of children*. Reggio Emilia, Italy: Coi Bambini.

Marchand-Martella, N., Slocum, T., & Martella, R. (Eds.) (2004). *Introduction to direct instruction*. Boston, MA: Allyn & Bacon.

Maybin, J., Mercer, N., & Stierer, B. (1992). "Scaffolding" learning in the classroom. In K. Norman (Ed.), *Thinking voices: The work of the National Oracy Project* (pp. 186-195). London, UK: Hodder & Stoughton.

McNeil, J. D. (1990). *Curriculum: A comprehensive introduction*. IL: A Division of Scott, Froeman and Company.

Meltzoff, A. N., & Moore, M. K. (1983). Newborn infants imitate adult facial gestures. *Child Development, 54*, 702-719.

Mercer, N. (1995). *The guided construction of knowledge: Talk amongst teachers and learners*. Philadelphia, PA: Multilingual Matters.

Mitchell, A., & David, J. (1992). *Explorations with young children: A curriculum guide from the Bank Street College of Education*. MD: Gryphon House.

Montessori, M. (1964). *The Montessori method*. New York, NY: Schocken Books.

Montessori, M. (1966). *The secret of childhood*. New York, NY: Ballantine books.

Montessori, M. (1967). *The absorbent mind*. New York, NY: Dell.

Montessori, M. (2011). *Dr. Montessori's own handbook*. New York, NY: Schocken Books.

Nager, N., & Shapiro, E. K. (2007). *A progressive approach to the education of teachers: Some principles from Bank Street College of Education*. Retrieved from ERIC database. (ED495462)

New, R. S. (1992). The integrated early childhood and curriculum: New interpretations based on research and practice. In C. Seefeldt (Ed.), *The early childhood curriculum: A review of current research* (pp. 286-322). New York, NY: Teacher College Press.

Nicol, J. (2015). *Bringing the Steiner Waldorf approach to your early years practice*. New York, NY: Routledge.

Nordlund, C. (2013). Waldorf education: Breathing creativity. *Art Education,*

66(2), 13-19.

Nuthall, G. (2002). Social constructivist teaching and the shaping of student knowledge and thinking. In J. Brophy (Ed.), *Advances in research on teaching (Vol. 9): Social constructivist teaching*. New York, NY: Elsevier Science.

Nystrand, M. (1997). *Opening dialogue: Understanding the dynamics of language and learning in the English classroom*. New York, NY: Teachers College Press.

O'Brien, L. M. (1993). Teacher values an classroom culture: Teaching and learning in a rural, Appalachian Head Start program. *Early Education and Development, 4*, 5-19.

O'Connor, M. C., & Michaels, S. (1996). Shifting participant frameworks: Orchestrating thinking practices in group discussion. In D. Hicks (Eds.), *Effective teaching: Current research* (pp. 63-103). Cambridge, UK: Cambridge University Press.

Oliva, P. F. (2005). *Developing the curriculum* (6th ed.). Boston, MA: Allyn & Bacon.

Parkay, F. W., & Hass, G. (2000). *Curriculum planning: A contemporary approach* (7th ed.). Boston, MA: Allyn & Bacon.

Piaget, J., & Inhelder, B. (1964). *The early growth of logic in the child: Classification and sensation* (E.A. Lunzer & D. Papet, Trans.). NY: Harper & Row.

Pinker, S. (1990). Language acquisition. In M. Posner (Ed.), *Foundations of cognitive science* (pp. 359-399). Cambridge, UK: MIT Press.

Pinkett, K. E. L. (1985). *Preschool attendance and type of experience in advantaged children: long-term effects by third grade*. (ERIC Document Reproduction Service No. ED265947)

Pound, L. (2012). *How children learn: From Montessori to Vygotsky-educational theories and approaches made easy* (Vol. 1). Charlottesville, VA:

Montessori Accreditation Council for Teacher Education. Retrieved from http://www.macte.org/State.

Rabitti, G. (1995). An integrated art approach in preschool. In L. G. Katz (Ed.), *Reflections on the Reggio Emilia Approach.* (ERIC Clearinghouse on Elementary& Early Childhood Education)

Ramey, C. T., Byrant, D. M., & Suarez, T. M. (1985). Preschool compensatory education and the modifiability of intelligence: A critical review. In D. Ditterman (Ed.), *Current topics in intelligence* (pp. 247-298). Norwood, NJ: Ablex.

Randoll, D., & Peters, J. (2015). Empirical research on Waldorf education. *Educar em Revista, 56,* 33-47.

Rankin, B. M. (1993). Curriculum development in Reggio Emilia: A long-term curriculum project about dinosaurs. In C. Edwards, L. Gandini, & G. Forman (Eds.), *The hundred languages of children.* Norwood, NJ: Ablex.

Rinaldi, C. (1993). The emergent curriculum and social constructivism. In C. Edwards, L. Gandini, & G. Forman (Eds.), *The hundred languages of children* (pp. 101-112). Norwood, NJ: Ablex.

Rinaldi, C. (2006). *In dialogue with Reggio Emilia: Listening, researching and learning.* New York, NY: Psychology Press.

Roopnarine, J. L., & Johnson, J. E. (2013). *Approaches to early childhood education* (6th ed.). Upper Saddle River, NJ: Merrill Education.

Roth, K. J. (2002). Talking to understand science. *Social Constructivist Teaching, 9,* 197-262.

Roth, K. J., Anderson, C. W., & Smith, E. L. (1987). Curriculum materials, teacher talk and student leaving case studies in fifth grade science teaching. *Journal of Curriculum Studies, 19*(6), 527-548.

Salomon, G., & Perkins, D. (1998). Individual and social aspects of learning. In P. David & A. Iran-nejad (Eds.), *Review of research in education* (pp. 1-25). Washington, DC: American Educational Research Association.

Sapir, E. (1962). *Culture, language and personality*. Princeton, NJ: Princeton University Press.

Schmidt, W. H., Porter, A. C., Floden, R., Freeman, D., & Schwille, J. (1987). Four pattern of teacher content decision making. *Journal of Curriculum Studies, 19*(5), 439-455.

Schweinhart, L. J. (1997). Curriculum and evaluation in early childhood programs. In B. Spodek & O. N. Saracho (Eds.), *Issues in early childhood educational assessment and evaluation* (pp. 48-68). New York, NY: Teachers College Press.

Schweinhart, L. J., & Weikart, D. P. (1980). *Young children grow up: The effects of the Perry Preschool Program on youths through age 14*. Ypsilamti, MI: High/Scope.

Sfard, A. (1998). On two metaphors for learning and the dangers of choosing just one. *Educational Researcher, 27*(2), 4-13.

Shulman, L. S. (1987). Knowledge and teaching: Foundations of the new reform. *Harvard Educational Review, 57*, 1-22.

Sinclair, H. (1971). Piaget's theory of development: The main stages. In M. R. L. Steffe, & S. Taback (Eds.), *Piagetian cognitive development research and mathematical education*. Washington, DC: National Council of Teachers of Mathematics.

Skinner, B. F. (1954). The science of learning and the art of teaching. *Harvard Educational Review, 24*, 86-97.

Sommer, W. (2014). The general didactics of Waldorf education and Klafki's approaches in educational theory: Connections and divisions. *RoSE Research on Steiner Education, 5*(1), 48-61

Sowell, E. J. (2000). *Curriculum: An integrative introduction* (2nd ed.). Columbus, PH: Merrill.

Sperling, M. (1995). Uncovering the role of role in writing and learning to write. *Written Communication, 12*, 93-133.

Spidell, R. A. (1988). Play in the classroom: A descriptive study of preschool teachers' beliefs. *Early Child Development and Care, 4*(1), 153-172.

Spodek, B. (1988). Conceptualizing today's kindergarten. *The Elementary School Journal, 89*, 203-211.

Stallings, J. (1987). *Longitudinal findings for early childhood programs: Hocus on direct instruction.* (ERIC Document Reproduction Service No. ED297874)

Standing, E. (1957). *Maria Montessori: Her life and work.* New York, NY: New American Library.

Staver, A. (1998). Constructivism: Sound theory for explicating the practice of science and science teaching. *Journal of Research in Science Teaching, 35*, 501-520.

Stein, M., Kinder, D., Silbert, J., & Carnine, D. W. (2006). *Designing effective mathematics instruction: A direct instruction approach* (4th ed.). Upper Saddle River, NJ: Pearson.

Steiner, R. (1996). *The education of the child.* MA: Steiner Books.

Stenhouse, L. (1975). *An introduction to curriculum research and development.* London, UK: Heinemann.

Taplin, M. (2006)。價值教育的評價標準。載於香港賽巴巴教育中心，如何教價值教育融入主流課程。關懷教育 SSEHV 教育與行動研究教師研習。香港：賽巴巴教育中心。

Thornton, L., & Brunton, P. (2014). *Bringing the Reggio approach to your early years practice.* New York, NY: Routledge.

Thornton, L., & Brunton, P. (2015). *Understanding the Reggio approach: Early years education in practice.* New York, NY: Routledge.

Trent, S., Artiles, A., & Englert, C. (1998). From deficit thinking to social constructivism: A review of theory, research, and practice on special education. In P. D. Pearson & A. Iran-Nejad (Eds.), *Review of research in education* (vol. 23) (pp. 277-307). Washington, DC: American Educational

Research Association.

Tyler, R. W. (1949). *Basic principles of curriculum and instruction*. Chicago, IL: Chicago University Press.

Vygotsky, L. S. (1987). Thinking and speech. In R. W. Rieber & A. S. Carton (Eds.), *The collected works of L. S. Vygotsky (Volume 1): Problems of general psychology* (pp. 144-188). Armonk, NY: Sharpe.

Watson, R. (1996). Rethinking readiness for learning. In D. R. Olson & N. Torrance (Eds.), *The handbook of education and human development* (pp. 148-173). Cambridge, UK: Blackwell.

Weber, E. (1969). *The kindergarten: Its encounter with educational thought in America*. New York, NY: Teachers College Press.

Weikart, D. P. (1989). *Quality preschool programs: A long-term social investment*. (ERIC Document Reproduction Service No. ED312033)

Weikart, D. P., Hohmann, C., & Rhine, R. (1981). High/Scope cognitively oriented curriculum model. In R. Rhine (Ed.), *Making schools more effective* (pp. 201-219). New York, NY: Academic Press.

Wellman, H., & Gelman, S. A. (1992). Cognitive development: Foundational theories of core domains. *Annual Review of Psychology, 43*, 337-375.

Wells, G. (1993). Reevaluating the IRE sequence: A proposal for the articulation of theories of activity and discourse for the analysis of teaching and learning in the classroom. *Linguistics and Education, 5*, 1-37.

Wells, G. (1998). Some questions about direct instruction: Why? To whom? How? and When? *Language Arts, 76*, 27-35.

Wells, G. (1999). *Dialogic inquiry: Towards a sociocultural practice and theory of education*. Cambridge, UK: Cambridge University Press.

Wells, G. (2002). Learning and teaching for understanding: The key role of collaborative knowledge building. *Constructivist Teaching, 9*, 1-41.

Wentworth, R. L. (1999). *Montessori for the new millennium*. Mahwah, NJ: Lawrence Erlbaum Associates.

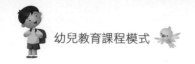

Whorf, B. L. (1956). *Language, thought, and reality*. Cambribge, MA: MIT Press.

Wiesel, T. N., & Hubel, D. H. (1965). Extent of recovery from the effects of visual deprivation in kittens. *Journal of Neurophysiology, 28*, 1060-1072.

Williams, C. R. (1976). In the beginning goals. *Theory into Practice, 15*(2), 86-89.

Windschitl, M. (1999). The challenges of sustaining a constructivist classroom culture. *Phi Delta Kappan, 80*, 751-755.

Wood, D., Bruner, J. S., & Ross, G. (1976). The role of tutoring in problem-solving. *Journal of Child Psychology and Child Psychiatry, 17*, 89-100.

Woodhead, M. (1988). When psychology informs public policy: The case of early childhood intervention. *American Psychologist, 43*, 443-454.

Woods, D. (1996). *Teacher cognition in language teaching*. New York, NY: Cambridge University Press.

Zais, R. S. (1976). *Curriculum: Principles and foundations*. NY: Crowell.

國家圖書館出版品預行編目（CIP）資料

幼兒教育課程模式／簡楚瑛著. -- 四版.
-- 新北市：心理, 2016.09
面； 公分. --（幼兒教育系列；51184）
ISBN 978-986-191-731-3（平裝）

1. 學前教育　2. 學前課程　3. 教學活動設計

523.23　　　　　　　　　　　　105016671

幼兒教育系列 51184

幼兒教育課程模式（第四版）

作　　者：簡楚瑛
責任編輯：郭佳玲
總 編 輯：林敬堯
發 行 人：洪有義
出 版 者：心理出版社股份有限公司
地　　址：231026 新北市新店區光明街 288 號 7 樓
電　　話：(02) 29150566
傳　　真：(02) 29152928
郵撥帳號：19293172 心理出版社股份有限公司
網　　址：https://www.psy.com.tw
電子信箱：psychoco@ms15.hinet.net
排 版 者：辰皓國際出版製作有限公司
印 刷 者：辰皓國際出版製作有限公司
初版一刷：1999 年 11 月
二版一刷：2003 年　3 月
三版一刷：2005 年　8 月
四版一刷：2016 年　9 月
四版五刷：2022 年　1 月
I S B N：978-986-191-731-3
定　　價：新台幣 350 元